2020 年的春天

南开大学思政课程 教研文集

孙寿涛　陈永刚　刘凤义　付洪／主编

人民日报出版社

北京

图书在版编目（CIP）数据

2020年的春天：南开大学思政课程教研文集 / 孙寿涛等主编. —北京：人民日报出版社，2020.12
ISBN 978-7-5115-6721-5

Ⅰ. ①2… Ⅱ. ①孙… Ⅲ. ①高等学校—思想政治教育—研究—中国 Ⅳ. ①G641

中国版本图书馆CIP数据核字（2020）第259861号

书　　名：2020年的春天：南开大学思政课程教研文集
　　　　　2020NIAN DE CHUN TIAN: NANKAI DAXUE SIZHENG
　　　　　KECHENG JIAOYAN WENJI
作　　者：孙寿涛　等

出 版 人：刘华新
责任编辑：袁兆英　刘晴晴
封面设计：中尚图

出版发行：人民日报出版社
社　　址：北京金台西路2号
邮政编码：100733
发行热线：（010）65369527　65369512　65369509　65369510
邮购热线：（010）65369530
编辑热线：（010）65363105
网　　址：www.peopledailypress.com
经　　销：新华书店
印　　刷：天津中印联印务有限公司

开　　本：710mm × 1000mm　1/16
字　　数：290千字
印　　张：18.5
版次印次：2021年4月第1版　2021年4月第1次印刷

书　　号：ISBN 978-7-5115-6721-5

定　　价：46.00元

— 前 言 —

风帆正举，奋进争先

——南开大学思想政治理论课建设巡礼

2016年以来，南开大学高举旗帜，对标一流，多措并举，奋进争先，统筹校内力量，并门办马院，集全校之力建设全国重点马克思主义学院，汇全校之智慧推动思政课程和课程思政同向同行，深化新时代学校思想政治理论课（以下简称思政课）改革创新，出实招、见实效，以学科发展推动思政课改革创新和课程思政建设，全面提升马克思主义学院建设水平，取得了显著成效。

一、对标一流学科，加强顶层设计谋划全局

学校认真贯彻落实习近平总书记在学校思政课教师座谈会重要讲话精神，加强顶层设计，统筹推进马克思主义理论学科建设和思政课教学改革创新、课程思政建设。根据中央精神修订《南开大学全国重点马克思主义学院建设实施方案》、制定《南开大学进一步加强思政课建设实施办法》（简称"思政课30条"），对标一流，举全校之力建设建强马克思主义学院和马克思主义理论学科，以国家标准开足开好思政课。大力推进思政课课程内容建设。坚持用习近平新时代中国特色社会主义思想铸魂育人，以政治认同、家国情怀、道德修养、法治意识、文化素养为重点，以爱党、爱国、爱社会主义、爱人民、爱集体为主线，坚持爱国和爱党爱社会主义相统一，系统开展马克思主义理论教育，系统进行中国特色社会主

义和中国梦教育、社会主义核心价值观教育、法治教育、劳动教育、心理健康教育、中华优秀传统文化教育。从组建学科团队、搭建教学科研平台、优化师资结构、提供经费支持、强化制度保障等方面，推动马克思主义理论学科建设，为提高思想政治理论课实效性提供有力支撑，并带动全校哲学社会科学繁荣发展。

南开大学在马克思主义学科建设和思政课建设方面的努力得到教育主管部门的肯定，马克思主义学院建设、学科建设和思政课建设进入国家队。2016年，马克思主义学院入选首批全国重点马克思主义学院；2019年，"高校思想政治理论课马克思主义基本原理概论教材研究基地"入选首批国家教材建设重点研究基地。2019年，思想政治教育本科专业入选国家级"一流本科专业建设点"，同年马克思列宁主义理论专业正式开始招生。2019年，南开大学与中国社科院大学联手打造"21世纪马克思主义研究院"，推动构建中国特色哲学社会科学创新体系，为发展21世纪马克思主义做贡献。

二、以科研促教学，打造学科育人的"双引擎"

设立新时代思政课改革创新中心，谋划思政课建设，大力推进思政课教学方法改革，提升思政课教师信息化能力素养，推动人工智能等现代信息技术在思政课教学中的应用。优化教研机构设置，理顺教学科研关系。通过设立研究部，优化其与原有教研室的职能配置，整合教师资源，凝练学科优势，以思政课教学中的重点、难点、热点问题为导向，将回答和解决重大理论与现实问题作为科研工作的重点方向，将马克思主义理论学科设为重点建设学科，为思政课建设提供坚实学科支撑。深入研究坚持和发展中国特色社会主义的重大理论与实践问题，为增强思政课的思想性、理论性提供多角度学术支持。充分发挥马克思主义理论学科的领航作用，大力推进中国特色社会主义学科体系建设。倡行将科研成果反哺思政课教学，加大思政课教学思想性、理论性资源供给。

依托各类平台，有效推进"三进"工作。充分发挥南开大学习近平新时代中国特色社会主义思想研究院、天津市高校习近平新时代中国特色社会主义思想研究联盟、21世纪马克思主义研究院、高校思想政治理论课马克思主义基本原理概论国家教材建设重点研究基地等各类平台作用，加强对习近平新时代中国特色社会主义思想的理论阐释和学理研究，加强教材研究和教材建设，在教学中及时融入马克思主义中国化最新成果、坚持和发展中国特色社会主义最新经验、马克思主义理论学科最新研究进展。组织天津市高校思政课教师集体备课、编写教辅教案，及时将研究成果融入思政课教学，有效推动天津市高校习近平新时代中国特色社会主义思想"三进"工作。

南开大学的"三进"工作获得习近平总书记的肯定。南开大学牵头"习联盟"编写思政必修课《习近平新时代中国特色社会主义思想"三进"教学指导方案》，确保党的十九大精神第一时间进课堂，得到天津市委领导的高度肯定。2019年1月17日，习近平总书记视察南开大学时，专门认真翻阅了这套教学指导方案，并对如何进一步推进思政课改革创新做出指示。

三、开展"师生四同"，调动发挥师生双主体积极性

落实习近平总书记关于增强思政课的思想性、理论性和亲和力、针对性的要求，夯实师生"同学同研同行同讲"的"四同"育人新模式。围绕解决重大理论和现实问题，马克思主义理论学科的教师指导学生读原著、悟原理，在经典著作中寻找理论依据，结合在社会实践中对国情、民情、党情的了解，深化对马克思主义的认识，推动理论创新和实践创新，并将创新成果融入课堂教学，在打造师生共同体、促进师生互动中增强学生对党的创新理论的政治认同、思想认同、情感认同，坚定"四个自信"。选派得力教师指导学生理论社团，充分发挥社团对思政课的延伸和促进作用。

"四同"育人模式发挥双主体优势，激发师生双方面积极性，已成为南开思政课的特色与品牌。2019年12月，由孙春兰副总理出席的教育部深化新时代学校思想政治理论课改革创新现场推进会在我校召开，马院师生为与会领导、专家学者进行了各具特色的现场教学展示，"师生四同"育人模式及成果获得高度肯定。近年来，我校接待来自京沪渝粤桂等十余个省（区、市）的高校交流学习马克思主义理论学科建设和思政课教学经验。学生连续三年在全国大学生讲思政课公开赛获得一等奖，思政课改革创新和"师生四同"育人模式在央视新闻联播、"焦点访谈"等播出，《人民日报》《光明日报》《中国教育报》等中央媒体相继对我校思政课改革创新进行了深度报道。

四、强化学科引领，提高课程思政的科学性

本着"开门办马院"的方针，在全校范围整合相关专家队伍，通过马克思主义学科群，统筹发挥南开大学马克思主义理论学科的领航优势和哲学社会科学研究的传统优势，推动课程思政建设取得良好反响。比如，在全校范围内遴选多学科专家教师，率先在全校增设"习近平新时代中国特色社会主义思想概论"公选课和必修课，吸引天津市多所高校思政课教师进入课堂观摩，产生良好反响。在全校范围内建设思政类选修课程群，开设党史、国史、改革开放史、社会主义发展史，宪法法律，红色文化，中华优秀传统文化等方面的思政选修课，筑牢思政课的"外围阵地"。与教务处、教师发展中心合作，开展专题培训，组织思政课教师与专业课教师开展课程思政的教学研究和学术研讨，推动思政课程与课程思政深度融合。南开大学先后与天津市二十中学、天津市第一中学、蓟州一中等单位签订"一体化"共建协议，创设大中小幼思政课一体化建设联盟，建立"手拉手"集体备课会制度，畅通纵向跨学段、横向跨学科的交流研修渠道。

总之，南开大学的思政课建设，在突出习近平新时代中国特色社会主义思想"三进"这条主线下，形成"1234"南开特色思政课改革创新模式。即塑造"一个特色"，让爱国主义教育贯穿思政课始终；融通"两类课程"，让"思政课程"与"课程思政"衔接协同；坚持"三位一体"，让"课堂教学、社会实践、校园文化"形成合力；推动"师生四同"，在师生"同学同研同讲同行"中让思政课在中国大地上延伸拓展。

本论文集是南开大学思想政治理论课建设的部分成果，并由教育部重点项目"马克思主义基本原理教材内容与体系研究"（项目编号：2019GH–ZD–GJ–Y–01）予以支持。希望以此为载体，记录历史，凝练经验，为进一步推进新时代思想政治理论课实效性贡献智慧。

编者

2020年12月

—— 目录 ——

教学设计篇

《中国战"疫"中的爱国情怀与制度优势》教学专题设计……………… 003

《马克思主义基本原理概论》课程专题设计的教学建议 ……… 013

南开大学《马克思主义基本原理概论》专题设计系列方案……………… 018

将战"疫"实践融入"原理"课教学的方案设计——从全球战"疫"

看实践的基本结构与多样性………………………………………… 032

南开大学《思想道德修养与法律基础》课教学建设探索…………… 038

关于提高《习近平新时代中国特色社会主义思想概论》课程实效性的思考

………………………………………………………………………… 043

关于疫情期间高校线上思政课讨论式教学的几点思考……………… 050

"概论"课中"四个全面"战略布局教学的若干思考……………… 059

对于提升概论课线上教学效果的一些思考…………………………… 068

教学研究篇

南开大学：星火渐燎原　奋进正当时——学校思政课教师座谈会一周年

成果巡礼……………………………………………………………… 075

《马克思主义基本原理概论》网上教学与学习的建议……………… 080

马克思主义基本原理概论课程最应该讲清楚的三个重要问题⋯⋯⋯⋯ 084

把劳动教育融入大中小幼思政课教育教学——天津市大中小幼思政课

教师"手拉手"集体备课会顺利举行⋯⋯⋯⋯⋯⋯⋯⋯⋯⋯⋯⋯⋯ 091

思政课教学的历史回顾和面临的问题——以《马克思主义基本原理概论》

为例⋯⋯⋯⋯⋯⋯⋯⋯⋯⋯⋯⋯⋯⋯⋯⋯⋯⋯⋯⋯⋯⋯⋯⋯⋯ 095

思政课教师的首要职责是讲好思政课⋯⋯⋯⋯⋯⋯⋯⋯⋯⋯⋯⋯⋯ 105

遵循总书记要求讲清马克思主义基本原理⋯⋯⋯⋯⋯⋯⋯⋯⋯⋯⋯ 108

红色社团：高校思政课实践教学的一个有效载体⋯⋯⋯⋯⋯⋯⋯⋯ 112

基于O-AMAS的大授小讨线上课堂教学——以《马克思主义基本原理概论》

课智慧教学创新为例⋯⋯⋯⋯⋯⋯⋯⋯⋯⋯⋯⋯⋯⋯⋯⋯⋯⋯⋯ 122

"这是一份暖心给力并很有针对性的文件"——南开马院"纲要"教研室

认真学习《新时代高等学校思想政治理论课教师队伍建设规定》⋯⋯ 130

在"概论"课教学中讲好坚持党的集中统一领导——以党领导新冠肺炎

疫情防控斗争为案例⋯⋯⋯⋯⋯⋯⋯⋯⋯⋯⋯⋯⋯⋯⋯⋯⋯⋯⋯ 133

明确新时代劳动教育目标，坚持知情意行辩证统一⋯⋯⋯⋯⋯⋯⋯ 140

劳动是马克思主义基本原理的核心范畴——基本原理概论教研室热议

《中共中央国务院关于全面加强新时代大中小学劳动教育的意见》⋯ 143

聚焦立德树人的根本任务 把劳动教育融入思政教育——以"马克思主义

基本原理概论"课为例⋯⋯⋯⋯⋯⋯⋯⋯⋯⋯⋯⋯⋯⋯⋯⋯⋯⋯ 146

提升自我效能，疫情中促进大学生健康成长⋯⋯⋯⋯⋯⋯⋯⋯⋯⋯ 149

开学第一课：南开师生线上共话"马克思主义基本原理的现实性"⋯⋯ 153

思政课教师深入学习《新时代高等学校思想政治理论课教师队伍建设规定》

文件精神⋯⋯⋯⋯⋯⋯⋯⋯⋯⋯⋯⋯⋯⋯⋯⋯⋯⋯⋯⋯⋯⋯⋯⋯ 158

理论阐释篇

科学统筹确保实现今年经济社会发展目标任务………………………… 171

努力推动农业复工复产 助力打好脱贫攻坚战………………………… 174

坚定不移推动经济高质量发展…………………………………………… 177

在理论与现实的结合中彰显社会主义制度的比较优势………………… 184

坚持全心全意依靠工人阶级，充分发挥工人阶级主力军作用

——习近平总书记关于工人阶级的重要论述研究……………… 186

丰富和发展中国特色社会主义宗教理论，更好指导我国宗教工作实践

——习近平总书记关于宗教问题的论述研究…………………… 193

战"疫"期间基于其基本逻辑的高校思政课教学浅议………………… 202

提升突发公共卫生事件中舆论引导的科学化水平…………………… 207

战"疫"期间高校思政课在线教学的挑战与应对——基于"概论"课

教学的思考…………………………………………………………… 212

后疫情时代高校思想政治理论课教学的思考………………………… 218

教学总结篇

夯实理论基础，用真理的强大力量引领"马克思主义基本原理概论"

教学工作…………………………………………………………… 229

多渠道扎实推进"思想道德修养与法律基础"课程建设……………… 231

讲好疫情防控故事，打造抗疫"概论"金课——南开大学马克思主义

学院"概论"课教研室开展线上教学………………………………… 234

紧抓学理性、实效性、前沿性，打造优质"概论"课程……………… 237

打造具有南开大学特色的《习近平新时代中国特色社会主义思想概论》

金课品牌…………………………………………………………… 240

夯实理论基础，用真理的强大力量引领思政课程教育教学……………… 243

出实招见实效，深入推动思政课改革创新…………………………………… 247

讲好"抗疫"思政课　坚守育人主阵地……………………………………… 253

"历史是最好的教科书"——厚植"中国近现代史纲要"课思政

育人功能……………………………………………………………………… 260

践行"八个统一"，做好新时代的育人工作——研究生思政课教师

在行动………………………………………………………………………… 264

2020年新冠疫情期间《自然辩证法》线上教学回顾………………………… 266

南开大学思想政治理论课在2020年春季疫情线上教学中交出圆满答卷… 270

后　记………………………………………………………………………… 281

教学设计篇

《中国战"疫"中的爱国情怀与制度优势》
教学专题设计①

编者按：疫情防控是一场人民战争，没有人可以置身事外。在这个特殊时期，南开大学马克思主义学院师生成立师生"四同"教学模式课题组，从上好思政课的角度，选取此次疫情防控中的典型事例，以彰显制度优势、弘扬爱国主义为主旨，设计本教学专题，供全国思政课教师同行选用。教师：余一凡、刘凤义、孙寿涛；学生：岳小清、王伯元、周筠雅、孙涛、蒋昕冶、张子琪。

一、教学目标

弘扬爱国主义，对于振奋民族精神、凝聚全民族力量，实现中华民族伟大复兴的中国梦，具有重大而深远的意义。那么新时代应该如何弘扬爱国主义、加强对青少年的爱国主义教育呢？《新时代爱国主义教育实施纲要》中明确提出：要高举中国特色社会主义伟大旗帜，广泛开展理想信念教育，用党领导人民进行伟大社会革命的成果说话，用改革开放以来社会主义现代化建设的伟大成就说话，用新时代坚持和发展中国特色社会主义的生动实践说话，用中国特色社会主义制度的优势说话，在历史与现实、国际与国内的对比中，引导人们深刻认识中国共产党为什么"能"、马克思主义为什么"行"、中国特色社会主义为什么"好"，牢记红色政权是从哪里来的、新中国是怎么建立起来的，倍加珍惜我们党开创的中国特色社会主义，不断增强道路自信、理论自信、制度自信、文化自信。

中国特色社会主义制度是党和人民在长期实践探索中形成的科学制度体系，

---

① 本文首发于人民网公开课。作者为南开大学马克思主义学院师生"四同"教学模式课题组（小组成员：教师：余一凡、刘凤义、孙寿涛；学生：岳小清、王伯元、周筠雅、孙涛、蒋昕冶、张子琪）。

具有多方面的显著优势。党的十九届四中全会系统总结了我国国家制度和国家治理体系的发展成就与显著优势，指出新中国成立70多年来，中华民族之所以能迎来从站起来、富起来到强起来的伟大飞跃，最根本的是因为党领导人民建立和完善了中国特色社会主义制度。中国共产党领导中国人民在这场疫情防控的人民战争中，从不同层面体现了中国特色社会主义制度的显著制度优势。

本专题旨在通过讲述中国共产党领导中国人民在疫情防控中鲜活生动的实践，展示党的坚强领导、医务工作者的无私奉献、共产党员的冲锋陷阵、领导干部和人民群众众志成城的中国精神，显示中国特色社会主义制度的显著优势。引导青年学生在这场疫情防控战中增强制度自信，坚定跟党走的信念，坚定对中国特色社会主义的信心，夯实爱国主义的思想根基，自觉把小我融入大我，做新时代的爱国者。

二、教学重点

本专题的教学重点主要有两个：

第一，通过展示党的集中统一领导、中国人民身上体现出来的爱国主义精神形成的抗击疫情中的伟大力量，阐释爱国主义是凝聚人心、积聚力量的旗帜，弘扬爱国主义。

第二，深刻阐述中国共产党领导全国人民所进行的疫情防控战所体现出来的中国特色社会主义的制度优势，阐明这种制度优势是我们必定取得疫情防控战胜利的根本原因。

三、教学主要内容

习近平总书记强调："爱国主义是中华民族的民族心、民族魂，培养社会主义建设者和接班人，首先要培养学生的爱国情怀。"[①]习近平总书记还强调："制度

① 《习近平在京津冀三省市考察并主持召开京津冀协同发展座谈会时强调 稳扎稳打勇于担当敢于创新善作善成推动京津冀协同发展取得新的更大进展》，《人民日报》2019年1月19日。

优势是一个国家的最大优势，制度竞争是国家间最根本的竞争。"①本专题拟结合中国共产党和中国政府在疫情防控中的果断决策与举措，结合广大中国人民在疫情防控中勇于奉献、敢于担当的种种事例，彰显广大人民群众身上所体现出来的深厚的爱国主义情怀，分析说明此次疫情防控体现得极为典型的制度优势。

（一）党的领导坚强有力

坚持党的集中统一领导，是我们制度的最大优势，本专题要首先就这一问题进行具体说明。

疫情发生后不久，中共中央印发《关于加强党的领导、为打赢疫情防控阻击战提供坚强政治保证的通知》，对各级党委（党组）、各级领导班子和领导干部、基层党组织和广大党员提出要求。习近平总书记多次主持召开会议、多次做出重要指示和批示，强调要在党中央集中统一领导下，坚定信心、同舟共济、科学防治、精准施策，坚决打赢疫情防控阻击战。这些为我们战胜疫情提供了根本遵循。

1. 保障人民群众生命安全和身体健康——战胜疫情的首要任务

我们首先要引导学生理解，中国共产党是执政为民的。

"把人民群众的生命安全和身体健康放在第一位"，这句话在习近平总书记关于疫情防控的重要讲话和指示中频繁出现。我们通过对这一点的说明，去引导同学们意识到，对于中国共产党而言，人民福祉特别是人民的生命安全和身体是第一位的，我们将不惜一切代价、尽最大努力予以保护，这是以人民为中心的执政理念在此次疫情防控中的集中体现。

2. 习近平总书记的重要讲话和指示——战胜疫情的行动指南

新冠肺炎疫情发生以来，习近平总书记高度重视，亲自部署、亲自指挥，多次做出重要指示和批示，在全国疫情防控进入关键时刻，亲赴北京疫情防控一线调研指导，落子"决胜之地"。通过梳理习近平总书记疫情发生以来的战"疫"时间表，我们发现习近平总书记总会出现在疫情防控的重要节点，为下一步工作指明方向，这是疫情防控中加强党的集中统一领导的典型体现。

① 习近平：《坚持和完善中国特色社会主义制度推进国家治理体系和治理能力现代化》，《求是》2020年第1期。

3. 疫情防控坚持全国一盘棋——战胜疫情的组织保证

几乎从打响疫情防控战的一开始，习近平总书记就强调："疫情防控要坚持全国一盘棋。"[①]

除夕当晚，就有解放军3支医疗队400余人驰援武汉。截至2020年2月14日14时，不含军队派出的医疗队和队员在内，全国各地共派出了217支医疗队，25633名医疗队员，还调集了三个移动的P3实验室。其中，在武汉市有181支医疗队，20374名医疗队员；在其他城市有36支医疗队，5259名医疗队员，大大超过了2008年汶川特大地震医疗救援的调动规模。一方面，我们需要向学生们说明的是，如此大规模的人员、物资的有序调动，没有党中央的集中统一领导，是不可能完成的。另一方面，我们可以通过全国各地向武汉、向湖北的积极驰援，去说明党中央统一指挥、统一协调、统一调度，是我们战胜疫情的有力保证。

（二）小我大我　责任担当

习近平总书记强调："只有把小我融入大我，才会有海一样的胸怀，山一样的崇高。"[②]广大医务工作者在理想信念的指引下，在爱国主义旗帜的感召下，主动将小我融入大我，无私奉献。本专题要通过展示广大医务工作者在疫情救治一线所留下的无数个动人瞬间，来学习他们身上逆行而上的责任担当，彰显他们的爱国主义情怀。

1. 不忘初心，彰显党员本色

对于每个共产党员而言，在入党宣誓的时候已经承诺把人民的利益放在第一位，"不忘初心、牢记使命"就是时刻牢记这一承诺、践行这一承诺。越是在关键时候，越是在危险之际，越要如此。

我们拟通过上海医疗救治专家组组长、华山医院感染科主任张文宏决定一线岗位全部换上党员的事例，武汉大学中南医院重症医学科主任彭志勇牢记入党誓词、发挥老党员带头作用的事例，86岁高龄的老党员张景道主动请缨、要上防疫第一线的事例等，去介绍医务工作者中的党员同志们，如何在理想信念的指引

① 《中共中央政治局常务委员会召开会议 研究加强新型冠状病毒感染的肺炎疫情防控工作 中共中央总书记习近平主持会议》，《人民日报》2020年2月4日。

② 《一项历史性工程——习近平总书记调研京津冀协同发展并主持召开座谈会纪实》，《人民日报》2019年1月20日。

下，牢记自己的党员身份冲锋在前，展现他们对人民、对病患的责任与担当。

2. 医者仁心，勇于担当使命

处理疫情，不仅需要有救治病人的专业技能，还需要有为国为民的责任和勇气。在新冠肺炎疫情给社会带来巨大恐慌之际，医者既是专家，又是人们生命的守护者。

我们拟通过无双国士钟南山一方面告诫全国人民尽量不要去武汉，另一方面自己却义无反顾地赶往武汉防疫最前线的事例，通过疫情上报"第一人"张继先以极强的专业性和对传染病疫情的高度敏感、第一个为疫情防控工作拉响了警报的事例，通过武汉市金银潭医院院长张定宇身为渐冻症患者却一直不间断地奋战在抗击疫情最前沿的事例等，去说明他们如何以医者的使命感和责任感，以对人民生命健康高度负责的态度，用自己的勇敢和专业护卫人们的生命安全与身体健康。

3. 白衣天使，用生命守护生命

当几乎所有人都试图远离病毒时，白衣天使们因为职责所在，主动将小我融入大我，做"最美逆行者"，昼夜奋战在救治病人的最前线。

我们拟通过浙江大学医学院附属医院第四医院护士陈颖和男友隔着玻璃亲吻的事例，通过对支援武汉同济医院中法新城院区医疗队队员刘午所写《与妻书》的欣赏，通过山西医生王卫国和同为医生的女儿王婷两代人相隔17年接力抗"疫"的事例等，去说明这些奋战在一线的医护人员，他们把国家、人民的安危作为首要考虑，把个人利益放在脑后。我们要说明的是，这些医护人员和你我一样也是普通人，只是因为身为医护人员的荣耀，才有了抗"疫"的勇气、决心与付出，成了人们心目中最美丽的白衣天使。在抗击疫情的凶险路途上，他们就是生命的希望所在！

（三）中国速度　中国力量

面对形势严峻的疫情，在党中央集中统一领导下，全国各地用最短的时间、最高的效率创造了建筑史上的"中国奇迹"，最大限度地保障了人民群众的生命安全和身体健康，充分体现了我们集中力量办大事的显著制度优势。

1. "基建狂魔"创造"中国速度"

为救治重症患者和危重症患者，热血建设者们挑战人类的极限，分别仅用10天时间建成"火神山"和"雷神山"两座医院。仅"火神山"医院，建筑面积就超过3万平方米，需要1600余间箱式板房、1.4万方混凝土、10万平方米HDPE膜，需要完成规模庞大的电力供给任务、网络供应任务、水系统建设任务……这样的工程量常规情况下至少需要两年才能完成。但中国人却真的只用10天就完成了这一看似不可能完成的任务，火神山医院最终于2020年2月3日顺利迎来首批患者。

对此，"德国之声"网站指出，中国在建设武汉火神山医院和雷神山医院的过程中展现了惊人的组织力，能在如此短的时间内调动这么多建筑工人，并将所需建材运达武汉，是不可思议的。俄罗斯《共青团真理报》将火神山医院称为"奇迹医院"，称其以"创纪录的速度"完成，其中的艰辛和力量远超人们想象。西班牙《国家报》网站报道说，"新医院建设是中国速度和中国力量的有力体现"。

我们要通过这一事例以及国外媒体的评价，引导同学们意识到，中国人民在建造这两座医院中所创造的"火神山速度""雷神山速度"，是中国制度优势的生动体现和现实见证。我们还要向同学们说明，"火神山""雷神山"只是一个缩影，在"速度"和"奇迹"的背后，是中国实力的上升，增强广大青年学生的民族自豪感和自信心，坚定他们的制度自信。

2. 八方支援凝聚中国能量

"一方有难，八方支援。"武汉疫情牵动每一位中华儿女的心。人们纷纷捐款捐物，迅速汇聚了支援武汉的巨大能量，出现了一幕幕感人场景。

我们要通过全国各地捐款捐物，以各种各样的方式助力解决武汉物资短缺问题的事例，通过国家统筹安排19个省份对口支援湖北省除武汉以外的16个市州及县级市的事例，去引导学生们认识，在疫情防控中，我们的制度具有坚持全国一盘棋、调动各方面积极性、集中力量办大事的显著优势。进一步再去引导学生们意识到，对于疫情中的病患者而言，这种制度优势就意味着生命希望。

（四）万众一心 众志成城

密切联系群众、紧紧依靠群众同样是中国特色社会主义制度的显著优势。习近平总书记指导新冠肺炎疫情防控工作时强调，要紧紧依靠人民群众，坚决把疫情扩散蔓延势头遏制住。按照这一要求，基层组织和人民群众，万众一心，众志成城，铸就了抗击疫情的钢铁长城。

1. 党员在前，发挥先锋带头作用

中国共产党是中国工人阶级的先锋队，是中国人民的先锋队，在日常生活中应该发挥模范带头作用。在这种紧要关头、关键时刻，共产党员更应该发挥先锋带头作用。

我们拟通过各地广大共产党员响应号召，主动向前，积极投入疫情防控各项工作中的种种事例，去说明广大共产党员如何响应中央号召，不忘初心、牢记使命，在危难时刻挺身而出、扎实工作，用实际行动书写对党和人民的忠诚。

2. 坚守阵地，守土有责战疫情

医院是主战场，社区是疫情联防联控的第一线。我们拟通过各地基层组织紧密结合自身实际，研究完善疫情防控工作方案，狠抓落实，大力宣传，积极稳妥推进疫情防控工作的实际事例，去说明基层如何克服资源短缺、人员不足的困难，确保各项疫情防控措施能够落到实处。

基层由于和群众打交道多，处理的问题较为复杂，平时是各种矛盾交织的地方。但在此次疫情防控中，广大基层干部和群众却充分展示了自己的智慧与战斗力。他们宣传疫情防控知识、摸排登记返乡人员、主动跑腿送菜送饭，几乎无所不能。这些基层工作人员，他们不是专业防疫人员，也没有防护服，却同样站在疫情防控的最前线，努力打通疫情防控的"最后一公里"。我们力图通过对基层抗"疫"真实情况的讲述，去说明普通的基层工作人员的勇敢与光荣。

3. 响应号召，防护责任勇敢挑

习近平总书记曾就新冠肺炎疫情防控做出重要指示，要紧紧依靠人民群众坚决打赢疫情防控阻击战。疫情发生以来，广大人民群众众志成城、团结奋战，各地涌现出无数感人肺腑的凡人善举，成为疫情防控阻击战中的重要力量。

"我也希望能贡献一点力量。"南开大学马克思主义学院硕士研究生张玲，春节假期返乡的她主动请缨，参与农村疫情防疫工作，在村防疫一线成为一名党员志愿者。"能为抗疫做贡献，我很自豪。"38岁的公交车驾驶员李旺富，得知疫情消息后，第一时间报名返岗，成为公交党员突击队队员，便利医护人员出行。"能为家乡尽一份绵薄之力，我感到十分荣幸。"何小娟为代表的海外华侨紧急行动起来，筹措援助物资，费尽周折将筹措到的物资运到中国。

这些发生在普通人身上的动人故事，正是我们专题授课的生动素材。通过对这些故事的讲述向学生说明，在此次疫情防控中，正是由于我们大力发挥密切联系群众优势，坚持党的群众路线，广泛动员群众、组织群众、凝聚群众，与群众并肩战斗、风雨同舟，才真正构筑起群防群治的严密防线，疫情防控才会取得目前的阶段性成效。

（五）中国战"疫"　大国担当

抗击新冠肺炎疫情不仅是中国一国的事情，也会对全球产生重要影响。中国作为负责任的大国，秉持人类命运共同体理念，不仅要最大限度保护好中国人民的利益和生命健康，也最大限度地保护世界人民的利益和生命健康。疫情发生以来，中国共产党领导中国人民开展的这场规模宏大的疫情防控阻击战，为维护全球公共卫生安全做出重大贡献，体现了中国作为负责任大国的国际担当，获得了国际社会广泛尊重和支持。无论是中国政府的各种努力，还是国际社会对这种努力的认可，都证明了一件事：中国特色社会主义制度，有着为构建人类命运共同体不断做出贡献的显著优势。

1. 遏制疫情蔓延，增强国际信心

疫情发生后，以习近平同志为核心的党中央本着对中国人民负责和对国际社会负责的态度，采取了最全面、最严格、最彻底的防控举措。内地31个省（区、市）先后启动重大突发公共卫生事件一级响应，武汉等多个城市关闭离城通道，中央要求适当延长春节假期，各地停止大型群众性活动，广大群众减少外出集会，易感人群主动自我隔离……空前严格的防控举措，有效地遏制了疫情的蔓延。

中国科研工作者和医护工作者也将中国速度、中国效率发挥到了极致。疫情发生短短数日，中国团队就用创纪录的短时间甄别出病原体、完成基因测序，并主动同世界卫生组织以及其他国家和地区分享研究成果；全国200余支医疗队、超过2万名医务人员驰援武汉；84岁中国工程院院士钟南山临危受命；身患渐冻症的武汉金银潭医院院长张定宇，不眠不休奔走在战疫第一线……千千万万的"逆行者"，用血肉之躯为中国人民和世界人民筑起"安全墙"。

通过讲述中国各个方面的努力，向学生说明，在经济全球化的背景下，中国

对于疫情防控的每一步探索和付出，都在为全人类健康事业提供弥足珍贵的经验，中国成长的每一小步，都将成为全人类的健康事业的一大步。我们要告诉学生，中国为防控疫情付出了巨大代价，既是为了保护中国人民的生命安全和身体健康，也是为世界人民的生命安全和身体健康着想，中国是在特殊的背景之下，以实际行动践行人类命运共同体的伟大构想。

2. 准确及时，凝聚国际共识

构建人类命运共同体的努力，还要加强不同文明之间的交流交融。中国政府始终本着负责任的态度及时向国内外发布疫情信息，积极回应各方关切。疫情发生不久，就允许世界卫生组织观察员入境开展工作。有关部门在各大网站及时发布疫情最新数据、政策措施和工作进展，几乎每天举行记者会，最大限度地满足国内外各界对本次疫情的信息需求，主动加强与有关国家和地区的信息沟通，共同研讨完善疫情防控措施。

学生们应该理解，中国正在以实际行动向世界证明：构建人类命运共同体，我们是认真的！

学生们也应该看到，从结果来看，中国的这种努力得到了国际社会的赞誉，日本外相、新加坡外长等高度评价中国在疫情防控中的努力，柬埔寨首相洪森、韩国总统文在寅、巴西总统博索纳罗、南非总统拉马福萨、西班牙国王费利佩六世、联合国粮农组织总干事、世界粮食计划署执行干事、东盟秘书长等多国政要及国际组织负责人相继对中国抗击疫情表示慰问和支持。我们相信，人类命运共同体的伟大构想将会得到越来越多国家和人民的肯定与支持。

（六）抗击疫情　中国必胜

在党中央集中统一领导下，在广大党员干部、全国各族人民的共同努力下，尤其是在广大医务人员的无私奉献、英勇奋战之下，疫情形势出现积极变化，防控工作取得积极成效，我国除湖北地区新增确诊人数曾实现了"十六连降"。

在当前疫情防控的关键时期，2020年2月10日，习近平总书记亲赴北京疫情防控一线进行调研指导，极大地提振了全国人民精神，为打赢新冠肺炎疫情防控阻击战注入强大信心。

在此，我们需要对本专题做一个简单的小结：中国共产党的坚强领导，是我们打赢疫情保卫战的根本保证；中国特色社会主义的制度优势，是我们打赢疫情防控战的信心之源。

我们相信，有着各级党委和政府的高度重视，有着无数不计报酬、无论生死的医护人员奋战一线，有着"若有战、召必回、战必胜"的人民子弟兵铸成的铜墙铁壁，有着全国科学家的努力攻关，有着亿万中国人民的万众一心，我们一定能打赢这场疫情阻击战。

《马克思主义基本原理概论》
课程专题设计的教学建议[①]

自2006年"05方案"实施之后，南开大学马克思主义学院专门组建马克思主义基本原理概论教研室，负责贯彻实施"05方案"中主干课《马克思主义基本原理概论》（以下简称"本课程"或"课程"）的教学。2009年，本课程荣获"国家级精品课"称号。为进一步建设和深化课程改革，在总结"05方案"实施以来几轮教学经验和问题的基础上，充分借鉴兄弟院校的做法，我们决定从2011级本科生开始探索教学模式的改革，实施专题式教学。这轮以"专题教学"为主要内容的教学模式改革是成功的，取得了学生的认可，几年来，全体授课老师的学生评教成绩均在90分以上，2012年本课程又荣获"国家级资源共享课"建设资助，2018年下半年，本课程的慕课开始线上运行。

一、本课程专题式教学设计的初衷和意义

自2006年以来，"马克思主义基本原理概论"教研室的教学工作可以划分为两个阶段：从2007年至2011年的第一阶段和自2012年至今的第二阶段。在第一阶段的教学中，我们执行的教学方式是全体教师集中备课、每位老师全程教学。在5轮的教学实践中，每位老师都良好地完成了教学任务。同时，在这5个轮次的教学实践中，我们逐渐也体会到改革教学方式的必要性。

我们认为，进入南开的本科生是具有相当学习积极性和学习能力的，"照本宣科"的理论讲解"小瞧"了南开学生的自主学习能力；"章、节、目"面面俱到式

---

① 本文首发于人民网公开课。作者为杨谦、陈弘，南开大学马克思主义学院教授，教育部"高校思想政治理论课马克思主义基本原理概论教材研究基地"特邀研究员。

的教学，虽然有将教材的所有原理贯彻到课堂教学中的优点，但难免有疏远现实问题的弊病，从而丧失了解答现实疑难的机会，也丧失了引导学生的机会。——特别是，本教研室全体教师从组建开始就均具有博士学位，也都具有相当的学术研究功力和比较专业的研究领域——因此，原有的传统教学方式也不利于发挥全体教师的专长，妨碍了各位老师将研究专长与科研成果融合于教学实践。

基于此，本教研室全体老师统一思想，决定自2011—2012学年度的教学开始，实施专题式教学方式。我们一致认为，这样的教学方式有利于充分发挥教师的特长，将教师们的科研成果融合到教学之中；对于学生而言，有利于促进他们的自主学习，并使他们从专题教学方式中接受更多的与本课程相一致的更高水平的理论教育，从根本上说这是增强思想政治理论课实效性的有效方式。我们探索在本课程全程实施专题式教学，主要基于以下考虑：

第一，有利于科研带动教学，充分发挥各位学有专长的教师的优势，深化对教学内容的研究，将科研融入对教材的理解和教学实践中。避免低水平的重复，特别是避免与高中课程内容重复。

第二，有利于突出讲授基本原理中难懂的和重点的问题，结合资本主义发展的新特点，结合中国改革开放中的重大理论和现实问题进行深入研究与分析。在专题的选择上有意识地增加了弘扬我国传统文化，借鉴西方文明的相关内容，增加本课程的吸引力、感召力，并着眼于扩大学生的理论视野，避免对学生熟知理论的泛泛讲授。

第三，有利于充分发挥我校《马克思主义基本原理概论》课程的资源优势，采用多媒体教学、网络教学，将十余类资源提供给学生供学生拓展使用。这些资源分别有三类：第一类，关于基本原理的理论研究资料；第二类，辅助性教学录像；第三类，拓展资源（如对西方电影大片的介绍和马克思主义评析；对热门游戏的介绍和马克思主义评析；对歌曲的分类和马克思主义评析；《科学·社会·生活》系列科普及其马克思主义阐释）。

二、本课程专题设计的主要内容

专题式教学实施的关键，在于如何设计本课程的专题内容和如何在教学安排上实现教师的优化组合。我们在确定各章节的专题时力图贯彻如下宗旨。

1. 专题应关涉到本课程的重大原理；

2. 专题应涉及国内外重大理论热点、难点问题；

3. 专题应能够将马克思主义基本原理和中国优秀传统文化相结合；

4. 专题应涉及中国特色社会主义建设中的重大问题的理论认识。

在开始设计专题教学内容时，遵循两条原则，一是"紧贴理论"——所有的专题教学内容，严格按照本课程的基本理论设计，既不遗漏任何基本原理、也不超越教学大纲的范围；二是"体现时代变迁"——每个专题的内容，都要从历史和现实的视角展示马克思主义基本理论的魅力。

经反复研讨，最终确定以下选题，并决定在每学期实际授课前根据情况随时增补。

第一讲　马克思主义的前世今生

第二讲　哲学基本问题及其方法论

第三讲　从中国古代经典《周易》看矛盾学说

第四讲　辩证法的范畴学说与中医基础范畴理论

第五讲　认识的本质及规律

第六讲　真理和价值的统一

第七讲　社会发展的动力（毛泽东：《贺新郎·读史》赏析）

第八讲　唯物史观与当代社会发展理论

第九讲　警惕西方意识形态渗透　提高驾驭意识形态局面的能力

第十讲　资本主义国家政治制度

第十一讲　科学技术及其社会作用（拟补）

第十二讲　原始积累与资本主义生产方式的形成

第十三讲　商品经济的基本矛盾与市场经济

第十四讲　剩余价值的来源与本质及其当代表现

第十五讲　资本、资本积累与当代经济社会

第十六讲　从垄断到金融垄断

第十七讲　金融危机与生产过剩

第十八讲　经济全球化及其后果

第十九讲　当代资本主义新特征与新阶段

第二十讲　当代资本主义所有制关系新变化

第二十一讲　当代资本主义劳资关系新变化

第二十二讲　当代资本主义工人阶级新变化：白领化与层级化

第二十三讲　马克思主义经典作家对共产主义社会的展望

第二十四讲　从"中国模式"看社会主义发展道路的多样性

三、本课程专题设计的教学安排

在实施专题教学中，教学安排上如何实现教师的优化组合是决定改革成功与否的关键。我们克服人员不足的难题，在教学安排上，尽力实现正常教学班的安排，老中青相配合，顺利地实现了专题式教学的开展。

1. 教师组合问题

我们采取的方法是，将马克思主义哲学和马克思主义政治经济学背景的教师合理搭配，充分关照到每位教师的研究专长，发挥大家的科研优势，并采取措施将这种优势贯彻到教学中。

2. 对学生专题以外的基本原理的学习引导问题

我们采取的办法是，妥善安排一些章节让学生自学，并采取多种方式检查同学的自学成果。我们引导学生自学的宗旨，在于提高学生学习的主动性、兴趣，培养锻炼学生的理论思维能力；避免课堂教学形式单一化，避免教与学的分离，给予学生自由发挥的空间，充分发挥学生的学习主体性，激发其内在潜力；提高思想政治理论课程的实效性，充分发挥学生的主观能动性，调动学生的学习兴趣，变被动学习为主动获取。

几年来，我们先后尝试采取看一部西方大片写出评论；玩一款游戏写出分析；读一本学术著作写出评论；结合一个原理写出与专业有关的案例；收集和整理一个历史资料；结合所学知识截取部分视频并予以说明；上讲台宣讲介绍作业并由学生参与点评。在这些作业中，要求学生将所学的马克思主义基本原理贯彻进去，使每位同学都能够自觉地学会运用马克思主义基本原理分析问题和解决问题。

通过这些自学作业，我们追求的是将能力培养与学生兴趣结合起来，并在设计专业中，尽量形成一个系列，促使学生能力的提高。在提高学生能力的过程中呈现出由简至繁、由浅入深、由量变到质变的过程。

3. 青年教师的安排问题

对于新入职的青年教师，我们实施先培养，再参与到专题教学中的特殊安排。为了熟悉课程内容，我们安排新入职的青年教师，首先全程按部就班地讲授本课程至少2轮，然后再参与到专题式教学组合中。这种做法，取得了很好的效果，青年教师比较顺利地适应了本课程教学，并得到学生的认可。

4. 特殊班级的分类讲授

特殊班级主要是指"经管法"试点班和"伯苓班"。"经管法"试点班，教务处要求只讲马克思主义哲学原理，并实施单独考试；"伯苓班"则从一开始就要求专题式教学，多人授课，并实施开卷考试。

对于这些特殊班级，相关的教学安排，我们在服从校、院两级统一安排的同时，也在进一步探索如何更好地实施教学，以达到最好的教学效果。我们考虑的基本原则是体现公平，在教学要求上对这些特殊班级的要求应高于普通班，同时对他们应更注重理论素质教育和意识形态教育。

5. 如何在考试中反映专题教学内容

我们认为，考试要考查的一是对马克思主义的最基本理论的掌握；二是对基本理论结合现实问题的理解认识程度。在每年的期末考试命题过程中，我们采取每位教师参与命题，命题内容上充分反映专题教学的内容。每年期末闭卷考试的试卷都包含两个部分：以传统的单项选择与简答题考查学生的基本原理掌握；以材料题考查基本原理的理解认识与应用，在考试过程中实现了基本理论与现实问题的平衡。

同时，我们还编辑出版《马克思主义基本原理》学生辅助用书（南开大学出版社）解决学生备考问题。这本辅助用书的主要板块是：基本原理；复习思考题；经典论述；重要资源。尤其是后两部分，设计宗旨即在于便于生成分析题，在考试中引导学生关注现实问题，注重考查学生的能力。

南开大学《马克思主义基本原理概论》专题设计系列方案

编者按：2009年，南开大学马克思主义学院《马克思主义基本原理概论》课程荣获"国家级精品课"称号，从2011级本科生开始探索教学模式的改革，实施专题式教学。2012年本课程又荣获"国家级资源共享课"建设资助，2018年下半年，本课程的慕课开始线上运行。南开马院"原理"教学团队特整理出本课程专题教学设计系列方案与思政课教师分享，系列共分四个部分。

第一部分　导论的专题设计与教学建议①

导论部分是《马克思主义基本原理概论》课的第一讲，这部分能否设计得当，从而引起学生对这门课程的兴趣，关乎整个学期教学的成败。从教学目的上看，它要求从总体上理解和把握什么是马克思主义，了解马克思主义产生的历史过程和发展阶段，掌握马克思主义的最鲜明特征，深刻认识马克思主义的当代价值，增强学习和运用马克思主义的自觉性。但是，在教学内容的设计上应重点围绕以下五大问题展开。

第一，马克思和恩格斯的生平

通过阅读《马克思传》和《恩格斯传》等相关作品，向同学们介绍马克思和恩格斯的家庭背景、就学经历、婚恋状况和世纪友谊等，让同学们认识到"马克

---

① 本文由天津市高校思想政治理论课"名师工作室"支持，首发于人民网公开课。作者为刘明明，南开大学马克思主义学院教授，教育部"高校思想政治理论课马克思主义基本原理概论教材研究基地"特邀研究员。

思是顶天立地的伟人，也是有血有肉的常人。他热爱生活，真诚朴实，重情重义"。这部分的重点是通过插入具体的案例来论证：马克思和恩格斯是伟人，但不是神。他们也有喜怒哀乐和儿女情长，以此拉近马克思、恩格斯与大学生的距离。例如，在讲到马克思重情重义时，可以引用马克思曾经跟拉法格说过的一段话：

在你和劳拉的关系最终确定下来之前，我必须仔细了解你的经济条件……你知道我已经把我的全部财产献给了革命斗争。我对此并不后悔。恰恰相反，如果要我重新选择一份职业，我还会这样做。只不过我不会结婚。只要我能做到，我就要让我的女儿远离她母亲那种操劳的生活。①

实际上，马克思此时的经济条件也一般，但是，他没有像我们所想象的那样，鼓励她的女儿跟革命者拉法格结婚，而是作为负责任的父亲，关心自己女儿的幸福，不想让自己的女儿受苦。显然，马克思跟我们普通人一样也会爱女心切。但是，他的平凡之举没有影响到其在我们心目中的形象，反而令我们更加敬佩。

第二，什么是马克思主义

习近平总书记指出："马克思给我们留下的最有价值、最具影响力的精神财富，就是以他名字命名的科学理论——马克思主义。"②对于什么是马克思主义？有三个问题要讲明白：一是关于马克思主义的定义，从纵坐标上看，它是由马克思和恩格斯创立并为后继者所不断发展的科学理论体系；从横坐标上看，它是关于自然、社会和人类思维发展一般规律的学说，是关于社会主义必然代替资本主义、最终实现共产主义的学说，是关于无产阶级、全人类解放和每个人自由而全面发展的学说，是指引人民创造美好生活的行动指南。二是区分"21世纪马克思主义""当代中国马克思主义""中国化马克思主义""习近平新时代中国特色社会主义思想"等几个核心范畴的含义，以此让同学们认识到中国道路对马克思主义的重要性。三是马克思主义是一个博大精深的理论体系，马克思主义哲学、马克思主义政治经济学和科学社会主义是其三个基本组成部分，但只是马克思主义基本原理的主体内容，鉴于教材篇幅有限而没有把历史学、政治学、法学、文化

---

① 森·斯珀伯，邓峰译：《卡尔·马克思：一个19世纪的人》，北京：中信出版社，2014：298.
② 习近平. 在纪念马克思诞辰120周年大会上的讲话［N］，人民日报，2018-5-5.

学、新闻学、军事学等内容包括在内。

第三，马克思主义的创立和发展历程

马克思主义产生和发展的社会根源、阶级基础和思想渊源。一是资本主义生产方式的确立，既带来了生产力的飞跃，也产生了两极分化和经济危机；二是资产阶级的残酷剥削，激化了阶级矛盾；三是马克思主义吸收了当时先进的思想文化，三大思潮和三大科学的发现提供了直接的理论来源。本部分要通过内容的设计，让大学生们认识到，马克思主义的产生是时代的产物。在具体的讲授中，可以摘录恩格斯的《英国工人阶级状况》一书的段落，例如：

真正令人发指的，是现代社会对待大批穷人的方法。他们被引诱到大城市来，在这里，他们呼吸着比他们的故乡——农村坏得多的空气。他们被赶到城市的这样一些地方去，在那里，由于建筑的杂乱无章，通风情形比其余一切部分都要坏。一切用来保持清洁的东西都被剥夺了，水也被剥夺了，因为自来水管只有出钱才能安装，而河水又弄得很脏，根本不能用来洗东西。他们被迫把所有的废弃物和垃圾、把所有的脏水，甚至还常常把最令人作呕的脏东西倒在街上，因为他们没有任何别的办法扔掉所有这些东西。他们就这样不得不弄脏了自己所居住的地区。但是还不止于此。各种各样的灾害都落到穷人头上。城市人口本来就够稠密的了，而穷人还被迫更其拥挤地住在一起。他们除了不得不呼吸街上的坏空气，还成打地被塞在一间屋子里，在夜间呼吸那种简直闷死人的空气。给他们住的是潮湿的房屋，不是下面冒水的地下室，就是上面漏雨的阁楼。给他们盖的房子盖得让坏空气流不出去。给他们穿的衣服是坏的、破烂的或不结实的，给他们吃的食物是坏的、掺假的和难消化的。①

这一段可以帮助同学们认识到19世纪40年代英国工人生活的悲惨境况，从而得出马克思主义就是解放无产阶级的革命学说的论断。

第四，马克思主义的鲜明特征

马克思主义具有科学性、革命性、实践性、人民性和发展性，具体而言，一是马克思主义没有因为是意识形态而降低自身的科学性，它的形式是主观的，但

---

① 中共中央马克思恩格思列宁斯大林. 马克思恩格斯文集（第1卷）［M］，北京：人民出版社，2009：410-411.

内容是客观的。二是马克思主义的革命性主要是指其彻底的批判精神，它指引着无产阶级及其政党不断进行革命和自我革命，以推动社会进步。三是马克思主义不是书斋中的学问，而是直接服务于无产阶级和人民群众改造世界的实践活动的科学理论。马克思指出："哲学家们只是用不同的方式解释世界，而问题在于改变世界。"四是马克思主义认为，人民群众是历史的创造者，是社会主义事业的依靠力量，因此，人民至上是马克思主义的价值立场。五是马克思主义是不断发展的学说，具有与时俱进的理论品质。马克思主义理论体系是开放的，它不断吸取人类最新的文明成果来充实和发展自己，确保不会落后于时代。

第五，马克思主义当代价值

马克思主义的当代价值实际上就是要证明马克思主义的有用性，或者它没有过时。在课程安排上要通过我国提出的"人类命运共同体"理念来证明它是观察当代世界变化的认识工具，指引当代中国发展的行动指南，引领人类社会进步的科学真理。近年来，国外左翼学者对马克思主义当代价值的阐述有不少新论点，也可以引入课堂，以更令人信服的方式佐证了马克思主义的时代价值。

人类不断异化，社会生活愈发"商品化"，我们的文化鼓吹贪婪、攻击性、不加思考的享乐主义和日益严重的虚无主义，我们正逐渐失去自身存在的意义和价值。要对上述问题进行富有成果的讨论，离不开马克思主义传统的积淀[1]。

最后，在具体的课堂安排上，要尽可能将课堂设计得丰富多彩，除了具体讲授的内容外，要插入一些教学辅助视频，包括马克思、恩格斯有关的趣闻逸事，习近平总书记《在纪念马克思诞辰200周年大会上的讲话》的部分视频[2]；要精心设计互动的话题让同学们参与发言和讨论，包括"在你的直观印象中，什么是马克思主义？""马克思恩格斯生平知多少？"等。

---

[1] 特里·伊格尔顿. 李杨，任文科，郑义译. 马克思为什么是对的，北京：新星出版社，2012：4.

[2] 习近平：《在纪念马克思诞辰200周年大会上的讲话》，新华网，http://www.xinhuanet.com/politics/leaders/2018-05/04/c_1122783997.htm

第二部分　前三章专题设计与教学建议①*

《马克思主义基本原理概论》（以下简称"本课程"或"课程"）除绪论外，大体分为三部分内容：第一部分是第一、二、三章，内容上涉及马克思主义的世界观、认识论和唯物史观；第二部分是第四、五两章，内容上主要涉及马克思主义关于资本主义社会的理论分析；第三部分是第六、七两章，内容上主要涉及马克思主义的社会主义理论和共产主义理想。

第一部分在整本教材中占有很大比例，其涉及的马克思主义基本理论、基本观点和基本方法，在整个马克思主义基本原理中占有重要地位。

1. 明确"专题教学"的基本原理内容

"专题教学"是以专题的形式对重要的原理展开重点、系统地讲授，促使学生能够深入理解、真正掌握、准确运用马克思主义基本原理。马克思主义哲学原理部分涉及30多个基本原理，涉及马克思主义的世界观、物质观、实践观、辩证法、认识论以及历史观。如果在课堂教学中对这些基本理论——展开讲授，从教学时间上讲不允许，从教学效果上讲，也难以走进学生头脑。这要求我们在这30多条基本理论中选取一些有代表性的、有重要价值的重点展开专题式讲授。如何选取重要的基本理论重点讲授呢？在教改中我们主要按照以下三个原则展开。

（1）选取在马克思主义哲学理论中占据核心地位，体现其哲学品质和具有较强理论色彩的基本原理。在唯物论部分，我们选择重点讲授马克思主义哲学对物质概念的解释以及实践在马克思主义哲学中的重要性。因为只有正确认识马克思主义哲学的物质观，才能真正认识马克思主义哲学的唯物主义立场。是否能够正确认识"物质"概念，决定了是否能够坚持马克思主义理论的唯物主义品性。关于实践的理论又决定了马克思主义哲学的超越和创新。马克思主义哲学之所以不同于旧唯物主义和唯心主义，就在于马克思主义哲学对于社会实践的充分肯定和重视。只有系统地给学生讲清楚、讲明白马克思主义哲学中的物质观和实践观，才能真正引导学生树立正确的世界观。从理论的重要性上讲，"专题教学"中唯物论部分不能回避这两个重要理论。

在辩证法部分，我们选择重点讲"对立统一规律"。因为"对立统一规律"

① 本文首发于人民网公开课。作者为杨谦、陈弘，南开大学马克思主义学院教授，教育部"高校思想政治理论课马克思主义基本原理概论教材研究基地"特邀研究员。

是唯物辩证法的实质和核心，对立统一规律是贯穿质量互变规律、否定之否定规律以及唯物辩证法基本范畴的中心线索，也是理解这些规律和范畴的"钥匙"，掌握了"对立统一规律"，对于其他规律的认识和理解就会变得更加容易。

在历史唯物主义部分，我们选择重点讲授"生产力与生产关系矛盾运动的规律"。因为这一规律是人类社会发展的基本规律，是马克思主义对历史观基本问题的科学回答，是破解"历史之谜"的一把钥匙，也是马克思主义政党制定路线、方针和政策的重要依据。只有认识和掌握这一规律，才能正确地认识人类社会历史，才能正确领悟我党制定的路线方针和政策，才能对中国特色社会主义建设事业充满信心。马克思主义哲学理论中的基础和核心原理，虽然学生们学习起来有难度，但是必须选取出来进行"专题"式讲授。

（2）选取能够正确引导学生树立核心价值观的理论。本课程作为一门思想政治理论课，并不是仅仅讲授马克思主义的基本理论，还要讲清楚马克思主义的基本立场，引导学生们树立正确的价值观。马克思主义的最基本立场就是始终站在人民大众的立场上，一切为了人民，一切相信人民，一切依靠人民，全心全意为人民谋利益。那么，"人民群众在历史发展中的作用"这一基本理论必须要作为专题进行讲授。只有讲清楚"人民群众在历史中的作用"，才能让学生们认识到坚持群众观点，正确树立为人民服务的价值观的重要性，才能让学生们真正站在马克思主义立场上来认识问题、改造世界。

（3）选取与时代问题密切相关的理论。坚持一切从实际出发，理论联系实际，是马克思主义最重要的理论品质。实践没有止境，认识和创新也没有止境。在选取重要理论展开专题教学的时候，必须要结合时代问题，密切关注学生们所关心的现实问题。在讲授基本原理的同时，我们强调应直面学生们对现实问题的困惑，为学生解疑释惑，排忧解难。当前，西方势力正以青年人热衷关注的问题制造话语工具，抢夺话语权，借机植入资本主义意识形态，进行意识形态渗透。在潜移默化的意识形态渗透下，学生们在价值观上难免出现困惑和动摇。面对这一现实问题，在讲授马克思主义哲学原理时，必须要给学生们重点讲清楚"社会存在和社会意识的辩证关系"原理，从理论层面上揭露西方反动势力的丑恶面孔，帮助学生树立价值观的自信。

2. 合理设计课堂教学教案和课件

"专题式教学"不仅要选出合适的基本原理展开讲授，还要正确地、系统地设计讲授原理的方式、步骤、内容和课件。这既涉及如何激发学生学习基本原理的兴趣，也涉及如何引导学生系统全面地把握基本原理。在教改过程中，为避免千篇一律的模式讲授基本原理，我们采取多种形式、多种内容、多种方式来展开"专题教学"。在这里简要举几个例子来展示"专题教学"的教学设计。

（1）"系统理论学习法"。对于马克思主义哲学原理中的一些重要理论需要从整个哲学发展史的角度，讲清楚这一理论的来龙去脉，才能让学生们真正明白这一理论的深刻内涵。比如在讲马克思主义的"物质"概念的时候，必须要梳理整个哲学史，在设计教案时要对哲学史上的重要命题做简要解释和说明，让学生明白哲学所关注的基本问题，并且了解对这一基本问题不同的哲学家是如何做出解释的，从而使学生明白马克思主义哲学对这一问题的解释为什么是科学的、合理的。

（2）"经典著作导入法"。这种模式首先以经典作家的优秀作品（包括理论著作、短篇评论、书信以及诗歌）作为切入点，引导学生在阅读经典著作的同时深入认识其中蕴含的基本原理。比如在讲授"社会历史发展的动力"这一原理时，引入毛泽东《贺新郎·读史》。毛泽东的这首词，包含了一位马克思主义者对于人类社会历史发展的正确认识，通过带领学生阅读这首词，既能激发学生学习原理的热情，也能更好地帮助学生来把握原理。

（3）"历史故事教育法"。在一些重要哲学原理的讲授中，我们也采取围绕一些经典历史故事事件来说明原理、讲解原理。比如在讲授"人民群众是历史的创造者"时，通过引入"淮海战役"相关视频，通过讲解"淮海战争"的胜利是人民群众用小车推出来的这一感人故事来触动学生心灵，让学生真实地认识到"为什么人民群众是历史的创造者"。

（4）"兴趣点激励法"。在讲解重要的基本理论的时候，也可以先引入学生们热衷关注的一些话题来展开讲授。比如在讲授"社会意识的能动作用"时，找一些学生们都看过的好莱坞大片，通过分析这些影片中的意识形态，来帮助学生认识社会意识的能动作用。这一方法受到学生的普遍欢迎，取得了良好效果。

在这里仅仅举几个例子说明"专题教学"的课件内容设计的方法，每位教师在教学实践和改革中，也采用了各具自身特色的内容和方式来讲解基本原理。这是一个不断摸索、不断改进的过程。在教改过程中，我们要求每位教师深入探索"专题教学"内容设计，要做到多尝试，多反思，多学习，多研究。

3. 探索师生积极互动、努力培养学生自主学习

在"专题教学"的教改中，我们始终以课堂"教与学"的改革为教改实施的立足点，以改革教学内容与学生的学习方式为切入点，以促进学生理论水平和精神境界的提高为生长点，在课堂教学中努力实践、探索师生积极互动的教学方式，培养学生自主学习、合作学习、实践性学习的策略。教改最终要保证每个学生都能愿意学、乐意学、认真学马克思主义基本原理，实现《马克思主义基本原理概论》课的核心理念"用马克思主义基本原理武装大学生头脑"的要求。在这部分专题教学中，我们采用了如下方法来探索师生积极互动行之有效的方法。

（1）创设情境、揭示问题。创设情境指上课开始，教师创设一种宽松的、贴近学生生活、学生喜闻乐见、能够调动学生积极参与的教学内容。以揭示问题的方式是创设本次课程的最终指向，以"围绕问题"的方式来引导学生专注于课堂教学。

（2）围绕问题、展开讨论。哲学本身就是在不断辩论中，不断深入对话中认识的。对于一些哲学理论观点采取"问题设计"来让学生们展开讨论，在相互讨论和互动中，辨明是非，明白一些基本理论的重要性，促使学生主动地来认识理解哲学原理。

（3）课后作业、自主学习。在"专题教学"中，除了讲授基本原理之外，布置学生课后运用基本原理来分析现实问题，培养学生自觉运用马克思主义的立场、观点和方法分析问题、解决问题的能力，增强辨别和抵制各种不良思想文化的影响的自觉性，以确立马克思主义的坚定信仰。

第三部分　第四、五章专题设计与教学建议[①]

《马克思主义基本原理概论》（以下简称"本课程"或"课程"）除绪论外，大体分为三部分内容：第一部分是第一、二、三章，内容上涉及马克思主义的世界观、认识论和唯物史观；第二部分是第四、五章，内容上主要涉及马克思主义关于资本主义社会的理论分析；第三部分是第六、七章，内容上主要涉及社会主义和共产主义理论。

---

① 本文首发于人民网公开课。作者为赵春玲、陈弘，南开大学马克思主义学院，教育部"高校思想政治理论课马克思主义基本原理概论教材研究基地"特邀研究员。

第二部分，虽然在教材上只涉及第四、五两章，但却是马克思主义有关资本主义历史和现实的全部分析，且都是以马克思《资本论》及其手稿和列宁的相关论述为依据，体系庞大，如何在有限的时间内让学生理解，让马克思主义政治经济学原理走进学生头脑，说实话，我们面临着巨大的挑战。

专题内容设计上注意把握理论性与时代性的结合。这部分的10余个专题，除了第一个专题"资本原始积累与资本主义生产方式的形成"外，全都安排了与当代资本主义发展紧密结合（结合现实）地对马克思主义基本原理的拓展解读。比如，剩余价值论既是马克思主义政治经济学乃至全部马克思主义理论的核心内容，又是在马克思主义理论教学工作中最难以与现实结合的理论。我们在设计该专题内容时，本着对马克思主义理论的坚定信仰，对剩余价值论做出了马克思主义的当代解读，既突出马克思主义理论的重点，又没有回避现实问题；再如，经济危机的现代表现金融危机，在2008年美国金融危机之后成为备受关注的热点问题，我们从马克思主义经济危机理论出发，结合2008年金融危机的现实，用大量的现实资料剖析金融危机，对经济危机的实质是生产相对过剩的马克思主义经济学原理做出了当代的解释。同样，经济全球化问题、劳资关系问题、阶层阶级问题，都是当代资本主义发展的热点问题，都是马克思主义基本理论在当代广受关注的热点、难点问题，通过这一系列专题的设计，对课堂教学的实践效果起到了良好的推动作用。

我们认为，从内容上讲，在这个部分中，专题讲授应服从于揭示资本主义经济制度的本质和规律这一宗旨。本课程教材第四章，仅前三节就浓缩了《资本论》三卷的内容，相当于以往传统的《马克思主义政治经济学原理》教科书前五章的内容，从大的方面讲涵盖了马克思创建的劳动价值论和剩余价值理论。这部分内容涉及的概念很多、理论前后的逻辑关联性很强，如果从政治经济学原理的角度去讲授，势必要考虑到理论逻辑的连贯性和理论体系的完整性，要在八九个课时内完成第四章教学，难度很大，而随意略去某一内容则可能会影响到对整个理论的系统解释。因此，必须明确思想政治理论课的根本要求是对大学进行思想政治教育，帮助学生从整体上把握马克思主义，正确认识人类社会发展的基本规律，而不是局限于或最主要的不是知识的传授。从这样的根本要求和特点出发，在"马克思主义基本原理概论"这门课中讲授政治经济学基本原理，旨在揭示资本主义经济制度的本质，使学生认识资本主义发展的一般规律，坚信资本主义必然要被社会主义所代替，走历史必由之路。在阐述劳动价值理论和剩余价值生产理论中，帮助学生把握资本主义经济制度的本质在于：资本主义经济特有的雇佣劳动和资本结合以生产剩余价值的特殊生产方式，资本主义生产关系和交换关系反映的是，资本主义直接生产过程和交换过程中资本主义雇佣劳动和资本的特殊结合的社会历史性质和阶级关系。通过阐述资本的积累理论，揭示出资本主义经济关系的发展趋势以及资本主义必然被社会主义代替的客观规律。

专题内容总体设计上遵循"精而新"的原则。"精"是指要依照"学马列要精，要管用"的指导方针，精选出马克思经济学基本观点分专题进行讲授，对价值、货币、资本、雇佣劳动等基本范畴，对价值规律、商品经济基本矛盾、剩余价值的来源与本质、资本积累的实质与经济社会发展影响论等重要理论讲深讲透，帮助学生掌握理论精髓。"新"是指在教学内容上要把学界关于马克思主义经济学最新研究成果及时、科学地反映到教学内容中去。例如，世纪之交，在西方媒体举办的"千年思想家"评选中马克思名列榜首，世界范围内出现了"回归马克思"的热潮，研究马克思及其学说的学术流派风起云涌，纪念马克思活动异常高涨。2008年始自美国经由西方而波及全球的世界金融危机，再次引发西方有识之士反思资本主义制度，开始向马克思寻求解决危机的答案。又如，不仅要透彻地分析马克思的剩余价值理论，更要介绍当代资本主义经济理论关于劳动与资本分配关系的理论前沿，分析实现劳动与资本和谐发展的现实条件等，包括对劳动资本关系发展的总结和对未来发展趋势的分析，这些内容都拓展了学生的理论视野，激发了他们学习马克思主义理论的兴趣。

教改只有进行时，没有完成时。在教学中，我们始终以课堂"教与学"的改革为立足点，以改革教学内容与学生学习方式为切入点，以促进学生理论水平和精神境界的提高为生长点，在课堂教学中努力实践、探索师生积极互动的教学方式，培养学生自主学习、合作学习、实践性学习的能力。教学改革最终要推动每个学生都能愿学、乐学马克思主义基本原理，实现本课程的核心理念"用马克思主义基本原理武装大学生头脑"的要求。

在教学中注重贯彻基本原理和方法的讲授。专题形式拓展易而讲清基本理论难；在教学学时不变的条件下，如何将教材上的基本原理清晰简洁地告诉学生是我们面临的第一个问题。本教研室的老师们在教研室的统一安排下，每一个专题首先将大纲要求的基本原理以最简洁的方式讲授给学生；针对不同专题涉及的理论问题分量与难度的不同，我们也对每一个专题讲授的过程做了不同的处理，针对那些理论分量重和难度大的专题，我们都安排了更多的教学时间处理基本理论的贯彻，做到了基本原理与现实问题的平衡，大纲要求的基本原理不仅没有被忽视，在专题讲座形式的解读下还得到了加强。

马克思主义从根本上来说是一种认识世界的方法论。正如恩格斯所言：马克思的整个世界观不是教义，而是方法。它提供的不是现成的教条，而是进一步研究的出发点和供这种研究使用的方法。《资本论》中表述的各种经济范畴和原理突出地表明了社会关系的分析方法。例如，作为马克思研究资本主义经济关系的逻辑起点的商品范畴就体现了互相独立的私人生产者之间的社会生产关系；作为商品特有的社会属性的价值范畴，在本质上是一种社会关系，它体现了商品生产者之间比较和交换劳动的社会关系；剩余价值是反映社会关系的中心范畴。马克思从社会关系层面深刻揭示了剩余价值的来源和本质，指出剩余价值是由雇佣工人的剩余劳动创造的被资本家无偿占有的那部分价值，它体现了资本家与雇佣劳动之间剥削与被剥削关系的实质。

专题讲授注重应用理论深化对实践生活的认识。马克思主义理论的当代意义和价值是我们在授课中传递给学生的重要价值立场，马克思主义的生命力和现实力量在于它的实践性。这要求教师运用马克思主义基本原理，有针对性地结合案例分析当代的时代问题，反思当代社会发展的热点和难点，帮助学生解决深层次的思想认识问题。比如，剩余价值是商品经济的一般范畴还是资本主义特有范畴？剩余价值理论的观点是否符合当代资本主义利润来源现实及发展趋势、当代资本主义剩余价值分配的新变化以及如何认识资本主义国家的"分享"，由华尔街的金融危机衍生出来的经济危机，是否就是马克思所说的经济危机？马克思关于危机根源的逻辑能否经受得住现实的拷问？资本主义的发展趋势是否验证了马克思所揭示的规律等学生关心或感到困惑的问题，引导学生思考并进行有针对性的理论分析，达到答疑解惑的目的，同学听来情切，对理论的理解和记忆也深刻。

此外，与时俱进是马克思主义最重要的理论品质，随着时代的发展和历史条件的变化，马克思主义创始人针对特定历史条件的一些具体论述可能不再适用，而新的实践又会提出新的问题，这就需要根据实践的发展和时代的变化丰富与发展他们的学说。例如，马克思创立劳动价值论的时代，是工业化初期的蒸汽机时代。现在人类进入了21世纪，与马克思所处的时代相比，社会经济条件发生了很大变化。面对新的情况，必须深化对创造价值的劳动的认识，对生产性劳动做出新的界定，深化对科技人员、经营管理人员在社会生产和价值创造中所起作用的认识，深化对价值创造与价值分配关系的认识。

专题讲授树立"学生为本"的理念，开展学生参与的教学。践行"学生为本"的理念，切实把学生当作教学的主体，采取多种形式引导学生积极主动参与教学活动，充分发挥学生的主动性、积极性。比如问题式教学法，在讲授每章内容前，把思考题布置给学生，让学生带着问题来听课，在课上采用提问、讨论、做习题等方式引导学生主动思考。课后老师把参考书布置给学生，并推荐经典原著，指导他们阅读、写读书笔记，指导学生查阅资料、撰写案例分析报告等。通过这些具体方法的指导，使学生由教学的被动受体向课堂教学主体转换，使学生们产生强烈的探究理论的动机和愿望，提高分析、解决问题的能力。

又如课堂讨论发言的方法，既使学生能够将理论运用到具体实践的分析中，深化了学生对理论的掌握和运用，又能进一步了解学生的理论水平和动向，同时也锻炼了学生的理论表述能力和分析解决问题的能力，使学生从被动听课到主动学习，大大调动了学生的积极性。而在学生思想困惑时，教师及时到位的理论疏导就使学生的思维豁然开朗，达到了解疑释惑的教学目的，此外，伴随专题授课方式，考试方式也相应地进行了变革。期末考试中的"大题"挑选专题所涉及的问题考试，考试也不设传统意义上的标准答案，要求同学们结合专题讲授内容进行回答，以促进学生自主思考、结合基本原理提高分析现实问题的能力。

专题教学中必须注重分工与协作。马克思主义基本原理概论教研室的教师学术兴趣与专长各有不同，专题讲座的课程首先需要的是团结一致的分工协作。我们在决定专题讲座形式教学改革之后，教研室的全体教师就按照自己的研究兴趣与专长设计各自的专题题目，在集体讨论遴选之后进行了分工。全体老师各自编写了专题讲座细致的讲义提交给教研室；每个教师在教学实践过程中也都负责就各自撰写讲义的部分给其他同事提供帮助。而且，我们编写的专题讲义远远超过了实际课时能够容纳的内容，这样一方面可以使每个老师在讲授过程中有所遴选，同时也为同事们提供了较为广阔的相关资料。

专题教学要注重考试方式的改变。在一定意义上，专题上课方式远比传统的方式涵盖的内容更多；这就需要我们在学校给定的期末闭卷统考的考试内容上做相应的调整。

目前我们进行的专题式教学也存在着一些需要调整或解决的问题，如教学班人数还较多（每个教学班学生人数150人左右），学生所学的专业和知识背景不尽相同，所以，同样的授课内容存在着有的学生觉得不解渴，有的学生又觉得跟不上的问题，老师和学生互动也受到限制。建议尽可能地减少教学班的学生人数，以便于老师能根据学生的实际情况准备教案，以提高教学的针对性和效率。再有就是总体课时仍偏少，有些内容无法展开。

第四部分　第六、七章专题设计与教学建议①

在专题设计上，安排本课程的第三部分（教材第六章和第七章）两个专题，分别是马克思主义经典作家对共产主义社会的展望和从"中国模式"看社会主义发展道路的多样性。

专题设计的理论逻辑和依据。之所以安排以上这两个专题主要是基于以下考虑：第一，从教材的逻辑体系来看，科学社会主义部分是在马克思主义哲学和政治经济学基础上的结论，有必要在这一部分讲清马克思主义是如何根据社会发展规律和资本主义经济的内在矛盾导出人类共产主义的前景的，从而引导学生从整体上把握马克思主义理论的体系和逻辑结构。第二，共产主义社会是由社会发展的基本规律决定的人类一定能够实现的伟大理想，但现在我们仍然处在社会主义初级阶段，距离共产主义的实现还有很大的距离。从历史上看人民对共产主义的理解也出现过种种误区。在这种条件下，讲清楚马克思主义共产主义理论的内涵，特别是其方法论特征对于大学生正确把握共产主义理论至关重要。第三，在社会主义历史时期，民族和国家仍然存在。社会主义建设是在各个民族国家的范围内分别地进行的。由于各个民族和国家的历史传统与现实国情不同，建设社会主义的具体道路也会有所不同，进入社会主义时期的国家和民族，应该以具有自身特点的方式逐步向共产主义方向迈进。

当代中国应当走符合自己国情的社会主义建设道路。经过长期的探索，我们已经找到了这条道路，这就是建设中国特色社会主义道路。中国特色社会主义道

① 本文首发于人民网公开课。作者为刘娟，南开大学马克思主义学院教授，教育部"高校思想政治理论课马克思主义基本原理概论教材研究基地"特邀研究员。

路，就是在中国共产党领导下，立足基本国情，以经济建设为中心，坚持四项基本原则，坚持改革开放，解放和发展生产力，建设社会主义市场经济、社会主义民主政治、社会主义先进文化、社会主义和谐社会、社会主义生态文明，促进人的全面发展，逐步实现全体人民共同富裕，建设富强民主文明和谐的社会主义现代化国家。科学社会主义是中国特色社会主义道路的根本依据。

在马克思主义经典作家对共产主义社会的展望的专题中，我们重点讲解的内容是：其一，中西历史上关于理想社会蓝图的设计方案及其分析；其二，马克思主义关于共产主义的理论和设想；其三，马克思和恩格斯关于共产主义必然性的论证思路；其四，马克思主义展望未来社会的科学立场和方法。

在从"中国模式"看社会主义发展道路的多样性的专题中，我们重点讲解的内容是：其一，"中国模式"问题的提出，是世界各国对中国发展态势的重新审视；其二，"中国模式"的世界意义与社会主义发展道路的选择；其三，"中国模式"是对科学社会主义理论与实践的重大贡献；其四，"中国模式"为人类社会发展道路的探索提供了有益的启示。

上述专题的讲授在学生中收到了较好的效果，其主要表现为，首先，学生们不仅系统地了解和掌握了马克思恩格斯是如何依据社会发展的基本规律推导出共产主义结论的，而且理解了马克思主义展望未来社会的基本方法，从而有助于澄清对共产主义种种模糊认识，正确理解共产主义是一种能够实现的理想，但其实现还需要一个长期的过程。其次，学生们理解了当前的中国特色社会主义建设，既是从中国国情出发，在总结过去我们在社会主义建设问题上经验教训的结果，又是一种在马克思主义理论，特别是马克思主义关于社会主义和共产主义理论指导下的实践，同时又为世界的社会主义运动做出了应有的贡献。在当代中国，坚持马克思主义就是坚持中国特色社会主义。

经过几轮的教学，我们现在正结合十八大特别是十九大以来的新情况和新理论，对现有的教学内容进行适当调整，将习近平新时代中国特色社会主义思想纳入专题设计中，引导学生从马克思主义基本理论的角度深入理解十八大以来党关于深化改革开放的一系列重要思想和十九大精神。

将战"疫"实践融入"原理"课
教学的方案设计①

——从全球战"疫"看实践的基本结构与多样性

2020年，世界各国都在经历疫情"大考"，呈现出各种不同的战"疫"方式，从本质上说这也是实践的不同方式。在课前师生集体备课研讨的过程中，我们发现有不少同学存在"不可知论"的观点却不自知，认为人类无法彻底认识病毒，无法彻底战胜疫情。这就需要我们在授课过程中讲清马克思主义关于实践的基本结构与多样性的观点，使学生认识实践的本质是主客体相互作用的不断运动着的辩证过程，而不是在主客二分的基础上人作为实践主体对客体的直观改造和把握。实践关系、认识关系、价值关系在人们能动地改造客观世界的过程中是统一的。

一、教学目标

1. 知识传授。紧扣《马克思主义基本原理概论（2018年版）》教材内容，结合中西方哲学史上有关实践的哲学探讨与马克思主义经典文本中有关实践的论述，讲清马克思主义哲学的实践观，突出"全部社会生活在本质上是实践的"这一基本论断，从而帮助学生更加准确、全面地把握实践的基本特征、实践的结构、实践的形式、实践与认识的关系。

2. 能力培养。注重讲授与启发相结合，围绕问题展开教学，引导学生发现问题"人类该以怎样的方式认识世界，把握世界"；分析问题"马克思通过回溯人

① 作者为马梦菲，南开大学马克思主义学院讲师，教育部"高校思想政治理论课马克思主义基本原理概论教材研究基地"特邀研究员。

类社会历史而发现，第一个历史活动是物质生产实践，人们正是以实践的方式维持生存、实现发展，并不断认识和改造世界的"；进而思考问题"实践的基本结构与多样性是什么"。在不断启发中让学生水到渠成得出结论"实践是人们能动地改造物质世界的活动，是人所特有的对象性活动"。由此培养学生的逻辑思维能力。

3. 素养提升。注重政治性和学理性相统一，将理论与现实相联系，从而提升学生运用马克思主义理论来观察当代世界变化、解决中国问题的能力。通过生动的、现实的案例使学生认识到马克思主义的实践性也体现为中国共产党人的思想路线，即一切从实际出发，理论联系实际，实事求是，在实践中检验真理和发展真理。习近平新时代中国特色社会主义思想坚持并弘扬马克思主义的实践品格，植根于坚持和发展中国特色社会主义伟大实践，在指导实践、推动实践中展现出强大的真理力量。以此深化学生关于中国特色社会主义制度优越性的理解，提升学生在行动中的自觉。

二、课程资源

1.《关于费尔巴哈的提纲》，《马克思恩格斯选集》第1卷，北京：人民出版社，2012年。

2.《德意志意识形态（节选）》，《马克思恩格斯选集》第1卷，北京：人民出版社，2012年。

3.《哲学的贫困》，《马克思恩格斯文集》第1卷，北京：人民出版社，2009年。

4.《共产党宣言》，《马克思恩格斯选集》第1卷，北京：人民出版社，2012年。

5.《反杜林论》，《马克思恩格斯全集》第26卷，北京：人民出版社，2014年。

6. [美]撒穆尔·伊诺克·斯通普夫：《西方哲学史》，邓晓芒译，北京：北京联合出版公司，2019年。

7.《毛泽东选集》第1卷，北京：人民出版社，1991年。

8. 顾海良：《马克思主义与世界》，北京：中国人民大学出版社，2018年。

9. 孙正聿：《马克思主义与我们》，北京：中国人民大学出版社，2018年。

10.《习近平新时代中国特色社会主义三十讲》，北京：学习出版社，2018年。

11. 习近平：《在纪念马克思诞辰200周年大会上的讲话》，北京：人民出版社，

2018年。

12. 习近平:《坚持历史唯物主义 不断开辟当代中国马克思主义发展新境界》,《求是》,2020年第2期。

三、教学内容与过程

（一）教学内容

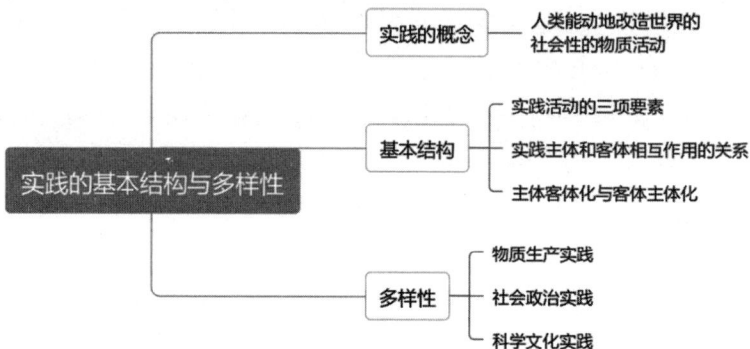

（二）教学过程

1. 问题导入

人类能否认识世界？该怎样把握世界？

2. 讲授与解答

（1）以"实践"把握世界

关键词：实践的本质

马克思主义唯物史观认为，"全部社会生活在本质上是实践的"，实践的本质是人类能动地改造世界的社会性的物质活动。实践形式的拓展与进步，就是人在处理自身与世界关系方面所取得的进步，这就提出了一种不同于以往哲学家的新的世界观与方法论。

（2）实践的基本结构

关键词：三项基本要素、主体和客体相互作用关系、主体客体化与客体主体化人的实践活动是以改造客观世界为目的的客观过程，是实践的主体与客体之间的相互作用，这种相互作用必须借助于一定的手段和工具，即实践的中介。实践的主体、客体和中介是实践活动的三项基本要素，三者的有机统一构成实践的基本结构。第一，实践主体：具有一定的主体能力、从事现实社会实践活动的人，实践主体的能力包括自然能力和精神能力，精神能力又包括知识性因素和非知识性因素。知识性因素是首要的能力，包括对理论知识的掌握，也包括对经验知识的掌握。非知识性因素主要指情感和意志因素。实践主体有个体主体、群体主体和人类主体三种基本形态。第二，实践客体：实践客体是实践活动所指向的对象，实践客体与客观存在的事物不完全等同，它只有被纳入主体实践活动的范围内，为主体实践活动所指向并与主体相互作用的时候才能成为实践客体。是否为实践所创造的角度：人工与天然客体。从自然界和人类社会相区分的角度：自然客体和人工客体。从物质性和精神性相区分的角度：物质性客体和精神性客体。实践的中介是指各种形式的工具、手段以及运用操作这些工具、手段的程序和方法。中介分为两个子系统：作为人的肢体延长、感官延伸、体能放大的物质性工具系统，语言符号工具系统。第三，实践中介：实践的主体和客体相互作用的关系，包括实践关系、认识关系和价值关系，其中实践关系是最根本的关系。

实践的主体、客体和中介是不断变化发展的，因而实践的基本结构也是历史变化发展的，这种变化主要表现为主体客体化与客体主体化的双向运动。主体客体化：人通过实践使自己的本质力量作用于客体，使其按照主体的需要发生结构和功能上的变化，形成了世界上本来不存在的对象物。客体主体化：客体从客观对象的存在形式转化为主体生命结构的因素或主体本质力量的因素，客体变成主体的一部分。比如，主体把物质工具如电脑、汽车作为自己身体器官的延长包括在主体的活动之中。这二者互为前提、互为媒介。

实践的主体和客体相互作用的关系，包括实践关系、认识关系和价值关系，其中实践关系是最根本的关系。实践的主体和客体的认识的主体和客体在本质上是一致的。认识的主体和客体的关系不仅是认识和被认识的关系，而且首先是改造和被改造的关系。主体认识客体的过程就是主体改造客体的过程。主体对客体的认识和改造，说到底是为了满足自己的需要，因而又构成价值关系。

（3）实践的多样性

随着人与世界的关系的发展，特别是随着社会分工的进步，人类实践的具体形式日益多样化。从内容看，实践可分为三种基本类型：一是物质生产实践。物质生产实践是人类最基本的实践活动，它解决人与自然的矛盾，满足人们物质生活资料和生产劳动资料的需要，同时生产和再生产社会的基本经济关系，由此决定着社会的基本性质和面貌。二是社会政治实践。社会政治实践是形成各种社会关系的实践活动，表现为人们之间的社会交往和政治活动。人们在物质生产实践的基础上，形成了复杂的社会政治关系。与物质生产方式的变化发展相适应，社会政治实践的方式也是历史变化的。三是科学文化实践。科学文化实践是创造精神文化产品的实践活动，它有各种不同的形式，包括科学、艺术、教育等。精神文化的生产不是一个纯粹的意识过程。人类的任何实践形式无疑都离不开意识活动，但一种活动能否被称为实践活动，关键是看它是否超出了纯粹的意识活动，是否改变了除实践主体的意识状态之外的其他存在物的形态。

3. 总结与思考

马克思主义坚持以实践为首要的、基本的观点，因而不是教条而是行动的指南，不是书斋学问而是实践的理论，它之所以超越以往及同时代的各种理论，就在于为人们提供了改造世界的强大思想武器。马克思主义自身鲜明的实践品格，使之能够不断发展完善自身，永葆生机活力。因此，全球战"疫"能否取得成功，这不是一个理论问题，而是一个实践问题。

思考：全球战"疫"展现出了哪些形式的实践？实践活动的基本形式是什么？

四、教学评价

思政课的教学目的在于"立德树人"，不应仅仅以知识点考核、科学化考试等手段考查学生的课堂吸收情况，更应当从"入脑入心"的角度考查学生的自主学习情况与学以致用的能力。

1. 量化评价。平时利用学习通软件，对学生整个学期的出勤率、抬头率、互动率等进行评估；期末通过线上章节习题测试、线下科学化考试等方式，对学生的知识掌握情况进行评估。

2. 质性评价。通过学生提交的读书报告、分组展示以及"同研同学同讲同行"等方式了解学生思想动态，鼓励学生积极参与实践教学活动，将质性评价项目以一定比例融入整体课程评价体系之中，引导学生积极投身新时代中国特色社会主义事业。

五、预习任务与课后作业

1. 预习任务：阅读《关于费尔巴哈的提纲》，预习教材中"实践的本质与基本结构"相关内容。

2. 课后作业：结合本课所讲内容，阅读《关于费尔巴哈的提纲》"环境的改变和人的活动或自我改变的一致，只能被看作是并合理地理解为革命的实践"。写500字读书报告。

南开大学《思想道德修养与法律基础》课 教学建设探索①

思想政治理论课是高校思想政治工作的主渠道，在培养什么人、如何培养人以及为谁培养人的问题上发挥着至关重要的作用。为进一步增强"思想道德修养与法律基础"课教学的针对性、实效性和吸引力，更好地完成教学任务、实现教学目标，南开大学"思想道德修养与法律基础"课从创新教学模式、更新教学内容、改进教学方法、重视实践教学、优化教学团队多方面深化改革，将思政课建设成深受学生喜爱的课程。

一、创新教学模式，培养"公能"素质人才

"基础"课贯彻贴近社会发展实际、贴近学生生活实际、贴近学生思想实际"三贴近"原则，坚持理论联系实际，做到知与行的统一，将教学内容的政治性、思想性、知识性、创造性、学术性、趣味性融为一体，不断深化课程改革，创新并采用了"知行教学模式"，也就是理论知识传授与学生参与教学实践相结合、课堂讲授与多样化辅助教学相结合的模式。在具体实施中，我们采用"三大模块"，即理论教学模块、能力训练模块和社会实践模块，来组织教学。在理论教学模块，完善教学内容、改进教学方法、采用"问题式教学法""设计式教学法""讨论式教学法""案例式教学法"等，鼓励学生积极参与教学，提高了教学质量和效果。在能力训练模块，加强课堂讨论和交流环节，提高学生的辩证思维

---

① 本文系南开大学2020年本科教育教学改革项目成果，课题号NKJG2020168。本文首发于人民网公开课。作者为徐曼，南开大学马克思主义学院教授，思想道德修养与法律基础教研室主任，天津市高校习近平新时代中国特色社会主义思想研究联盟特邀研究员。

能力和语言表达能力，采取"课题项目研究"形式，鼓励学生进行专题调查研究，锻炼并提高学生的学术研究能力；通过开放式慕课教学，不断巩固课堂教学效果。在社会实践模块，积极开展第二课堂活动，通过社会调研、微电影拍摄、观看影像资料、进行论文写作等形式，不断提升学生观察问题、分析问题和解决问题的能力。

二、更新教学内容，充分体现思想政治理论课的理论品格和学生思想需要

教学中，怎样把教材内容转化为教学内容，通过课堂，进学生头脑，实现教学目标，是我们"基础"课教师在教学中特别关注和需要做好的事情。我们在教学内容上牢牢把握三个原则，一是充分反映党和政府的理论创新成果。例如，在课堂教学中，我们加强了对党的十九大、全国教育大会、思政课教师座谈会、党的十九届四中全会精神的宣讲。如对新时代大学生历史使命、新时代爱国主义实施纲要、新时代公民道德建设实施纲要等内容的讲授。在讲授法律相关内容时，对党的十九大报告和党的十九届四中全会提出的全面推进依法治国，深入开展法制宣传教育，弘扬社会主义法治精神，树立社会主义法治理念，增强全社会学法尊法守法用法意识，国家治理体系和治理能力视域中的道德与法律等内容进行重点解读和讲授。二是充分反映我国哲学社会科学领域理论研究的最新成果，如学术界关于社会主义核心价值体系与核心价值观的研究成果、社会主义道德建设和法治建设的研究成果等。三是充分反映和真正解决大学生在成长成才中面临的思想热点、难点问题。如大学适应、大学生思想、学习、恋爱、就业等热点问题；如理想信念中的实惠论、无用论观点、新时代爱国主义、历史虚无主义、为人民服务人生观、精致利己主义的道德思考、公民的基本权利和义务及社会主义法治权威等学生关注的问题，教学中都要结合案例、资料、数据，通过案例分析、讨论、调查等方式帮助学生在思想上有正确的认识，起到积极的引导作用。

三、不断推进线下教学方式的探索，提升学生学习获得感

一是改进教学方法，在教学中努力把"注入式"教学转变为"互动式""启发式"教学，如采用"问题式教学法""设计式教学法""讨论式教学法""案例

式教学法"等，鼓励学生积极参与教学。如在教学中所使用的"超星学习通APP"系统可以通过签到、小测、抢答、众答、互评等手段加强和学生的互动，及时帮助学生解疑释惑，实现对学生课堂参与过程的全方位考核和激励。学生在课堂上的个人展示、翻转课堂讨论、辩论、抢答、小测等都通过该系统计入其平时成绩。同时，在教学中，我们还进行了基于O-AMAS的翻转课堂教学改革（基于在线课程的线下教学）试点探索，把O-AMAS有效教学法的趣味性、实用性、有效性和思政课的思想性、政治性、理论性结合起来，真正在理念、内容、方法等全方位切实增强思想政治理论课教学的有效性，提升学生学习获得感。二是在课外辅助教学环节，实现网络互动、自学、作业、讨论交流等多种教学方式的结合。如通过大学MOOC平台、"超星学习通APP"等渠道，加强和学生的网络互动，及时帮助学生解疑释惑；通过我们编写的《"思想道德修养与法律基础"教学辅助用书》（2018版）来指导学生课外学习；通过课下作业，来配合课堂讲授和学生自学，加深学生对教学内容的理解。如老师们给学生提供有关党的十九大精神、全国教育大会、思政课教师座谈会讲话精神的相关资料、文章，让学生课下阅读，帮助学生加深对教学内容的理解。讨论交流，就是根据授课内容并结合当前社会热点问题、贴近学生生活，开展课堂讨论或课外讨论等。讨论的形式可多样化，有以小组为单位的、有采取辩论形式的、有自由发言的，还有以寝室卧谈会形式进行讨论的。通过讨论，学生们加深了对相关理论问题的理解。三是加强实践教学。包括开展社会调研，就是在教学中要求学生围绕大学生信仰状况、新媒体环境对大学生价值观影响状况、流行文化对大学生影响状况、社会思潮对大学生影响状况、大学生网络素养及网络道德状况、学生求职择业取向状况、大学生权利意识和社会责任感状况、大学生法律意识状况等课题，以小组为单位展开社会调研，撰写调研报告，进行课堂展示汇报，全班学生进行打分评价，以提高学生参与教学的积极性，使大学生在社会实践中接受锻炼和教育。同时，还采用微电影拍摄、教师指导和参与美丽乡村建设、精准扶贫等社会调研等学生暑期社会实践，和学生一同深入社会，了解社会现实问题，把思政课教学延伸到学生的第二课堂活动中，延伸到社会生活中，把理论教学和实践教学结合起来，让思政课接地气，更有说服力。

四、加大线上教学方式的改革探索力度，加强新媒体新技术的有效融合

2018年11月，南开大学《思想道德修养和法律基础》在中国大学MOOC平台正式上线运行，针对思想政治理论课教学重点、难点、热点问题，结合专题教学和网络教学要求进行网络在线课程实践探索，一期先行拍摄上线48个视频（每个视频10分钟）及配套PPT以及100多道测试题。课程内容涉及人生观、理想信念、爱国主义、社会主义核心价值观以及道德与法律等关涉大学生思想道德素质和法治素养的诸多方面，内容丰富、翔实、重点突出，理论问题讲解透彻，贴近实际、贴近生活、贴近学生，体现了较强的思想性、政治性、科学性、理论性、实践性。课程在"中国大学MOOC"平台上线三轮以来，已有33000余名学生选学，得到普遍好评。通过线上学习，学生在网络平台观看课程视频，学习相关知识，并参加每一章节的测试题的测试，参与论坛讨论，加深了学生对教学基本知识点的学习和理解。南开大学2018级、2019级大一学生全部进行了《思想道德修养和法律基础》线上线下混合式教学实践探索，学生通过线上学习，在网络平台观看课程视频，学习相关知识，并参加每一章节的测试题的测试，参与论坛讨论等；通过线下学习，在每周的课堂教学中，教师对教学中的重点、难点问题，现实中的热点问题进行专题讲授，并在课上回答学生提出的疑难问题，帮助学生解疑释惑；同时通过课堂上和学生的互动讨论，加强学生对理论问题的深入理解。线上线下混合式教学积累了大量数据和经验，为思想政治理论课与新媒体新技术有效融合，提升思政课有效性打下了基础。

五、优化教学团队，为课程建设提供师资保障

教师是提高教学实效性、在思政课中进行主流意识形态教育、凝聚正能量的关键。教学中，教师们能以正确的态度、科学的方法，按照课程教学目的的要求，引导学生成为社会所需要的德才兼备的合格人才；能通过"言传身教"和"身体力行"成为学生做人、做事的"榜样"，这也是"基础"课教师发挥主导作用的最可靠保证。为此，教研室不断加强教学团队建设，规范和强化教学活动。

首先是制定并实施了双周集体备课制度，在集体备课中，老师们从教学主要内容、授课方法到选取的案例、资料、电子课件都要进行交流。同时，要对备课

中遇到的有争议的问题、疑惑的问题或是争论问题、学生提出的难点问题等展开讨论。

其次是结合南开大学重点马院建设，深化教学改革、建设精品思政课计划，"基础"教研室实施了集体听课、互相评课的制度，教师们不仅要对听课内容进行深入研讨，还要对教师的教学方法、所举案例、课堂互动等进行点评和总结，大家集思广益，对推动课程的整体建设起了积极的作用。

再次是开展专题教学研讨，围绕教学重点、难点，设计15个专题进行讲授，如"培育和践行社会主义核心价值观""树立中国特色社会主义共同理想""中国精神的传承与价值""中华传统美德的创造性转化和创新性发展""正确认识坚持党的领导与依法治国的关系""公民权利和义务的统一"等。专题教学要求教师必须对每个专题要吃透、吃准，练好内功，才能把道理给学生讲清楚、讲明白、讲透彻。

最后是共同制作慕课、编写《"思想道德修养与法律基础"教学辅助用书》（2015版、2018版），每章设有：基本概念和基本理论、基本问题、案例分析、阅读资料、推荐书目与音像资料五个板块。以此进行资源共享，形成一种既发挥教师主导作用、又满足学生自学需要的新型教学模式，更好地实现立德树人的教育目标。

关于提高《习近平新时代中国特色社会主义思想概论》课程实效性的思考[①]

　　《习近平新时代中国特色社会主义思想概论》是一门集中反映十八大以来党的最新理论成果的课程，把它纳入本科生的思想政治理论课教学体系，是与时俱进的必然之举，具有重要的理论和现实意义。本学期以来，随着本课程在笔者所在高校作为一门思想政治理论必修课面向全校本科生展开教学，逐渐收获了不少教学体会，同时也感到有一些问题值得进一步探讨。总体而言，本课程的开设和教学在学生中引起了较好的反响，由于它与现实的密切关系，不同专业的学生都能表现出一定的兴趣。但是，还存在着一些尚待理清的问题，比如，本课程在内容上与其他思想政治理论课如《毛泽东思想和中国特色社会主义理论体系概论》有不少的交叉重合，那么如何处理其间的关系；在疫情期间我们被迫采用线上教学的方式，那么能否以此为契机，保留线上教学的优势，推进线上、线下相融合，优势互补的更有效的教学方式；如何有效地将习近平总书记最新讲话精神和时事热点问题融入《习近平新时代中国特色社会主义思想概论》的课程之中，真正使思政课变得鲜活、及时、深刻、有用；等等。对这些问题的探讨，对于进一步提高《习近平新时代中国特色社会主义思想概论》课程的实效性是至关重要的。

一、明确《习近平新时代中国特色社会主义思想概论》课程的定位

　　将《习近平新时代中国特色社会主义思想概论》纳入思想政治理论课教学体

---

① 作者为吕佳翼，南开大学马克思主义学院副教授，天津市高校习近平新时代中国特色社会主义思想研究联盟特邀研究员。

系之后，首先面临的问题是如何处理好它与其他思想政治理论课在内容上的对接耦合关系，也就是说要对它进行精准的定位。2019年3月18日，习近平总书记在学校思想政治理论课教师座谈会上指出，"在大中小学循序渐进、螺旋上升地开设思想政治理论课非常必要，是培养一代又一代社会主义建设者和接班人的重要保障。"①这个指导思想对于高校内部思想政治理论课的安排同样具有意义，也就是说，本科不同年级的思政课之间，以及本科、硕士、博士不同教学层次的思政课之间也要体现出级差效应，以免在不同课程之间内容重复，进而削弱学生学习兴趣。毫无疑问，必须与时俱进地将习近平新时代中国特色社会主义思想贯穿大中小学思政课建设全程，也必须将习近平新时代中国特色社会主义思想融入高校本、硕、博阶段的所有思政课之中。就高校阶段而言，由于大多数思政理论课的主题不同，只要不同课程组之间有效沟通，就能有效避免内容重复的问题。但在本科阶段《毛泽东思想和中国特色社会主义理论体系概论》《习近平新时代中国特色社会主义思想概论》与硕士研究生阶段《中国特色社会主义理论与实践研究》等课程中内容有较多的交叉重复；而且这三门课程都重在理论性、思想性，《形势与政策》课程在这一点上则有所不同。因此，如何处理《毛泽东思想和中国特色社会主义理论体系概论》《习近平新时代中国特色社会主义思想概论》与《中国特色社会主义理论与实践研究》这三门课程之间的关系，使其体现出"循序渐进、螺旋上升"，就成为一个首先需要明确的问题。

《毛泽东思想和中国特色社会主义理论体系概论》被安排在本科阶段低年级，旨在使学生较为全面地学习了解马克思主义中国化的主要理论成果，因而，理论体系的完整性、理论发展与历史脉络的统一，也即逻辑与历史的统一是其特点。在目前使用的2018年版国家统一编写的教材中，其第三部分也较为全面地介绍了习近平新时代中国特色社会主义思想的主要内容。那么，在本科高年级阶段安排的《习近平新时代中国特色社会主义思想概论》课程将如何体现出对前者的"超越"？第一，以专题讨论取代泛泛"概论"。在更为深入的学习阶段，应当不求"大而全"，而致力于"专而深"，专题化教学是实现理论深入的有效方式。这些专题包括：习近平新时代中国特色社会主义思想是当代中国马克思主义、21世纪马克思主义，习近平新时代中国特色社会主义思想对历史方位的科学判断，新

---

① 习近平在学校思想政治理论课教师座谈会上强调用新时代中国特色社会主义思想铸魂育人贯彻党的教育方针落实立德树人根本任务[N].人民日报, 2019-3-19.

时代坚持和发展中国特色社会主义的领导力量和根本立场，新时代坚持和发展中国特色社会主义的奋斗目标、战略安排、根本动力、本质要求，新时代坚持和发展中国特色社会主义的总体布局，新时代坚持和发展中国特色社会主义的保障条件，推动构建人类命运共同体，新时代教育事业与时代新人培养。第二，带领学生做到读原文、悟原理。这一阶段对习近平新时代中国特色社会主义思想的学习应当紧密联系习近平总书记的著作或讲话原文，对其中的重点段落节录学习，对重要的篇章全文学习。在每一专题中都选取五篇左右习近平总书记的原文作为必读材料，供课内学习或课后阅读。第三，增强理论深度。把习近平新时代中国特色社会主义思想与马克思主义经典著作和基础理论联系起来学习，在每一专题中都选取三篇左右与之相关的马克思主义经典文献作为结合学习的材料，而不仅仅在当代的横截面上作为时政内容学习习近平新时代中国特色社会主义思想，是增强其理论深度的重要维度。

通过以上几点举措，能有效提升《习近平新时代中国特色社会主义思想概论》课程相对于《毛泽东思想和中国特色社会主义理论体系概论》课程的层次。但除此以外，还涉及与硕士研究生公共政治理论课《中国特色社会主义理论与实践研究》的关系。后者由于涉及"中国特色社会主义理论与实践"的整体，因而更应突出马克思主义中国化的一种历史性、整体性视域，在新中国成立以来的历史性视域中和马克思主义中国化的理论视域中，对习近平新时代中国特色社会主义思想中的理论要点形成一种理论、历史、实践相结合的立体式理解。与本科阶段的《毛泽东思想和中国特色社会主义理论体系概论》课程相比，不仅聚焦于中国特色社会主义这个新阶段，而且要超越概论式的平铺直叙，凸显马克思主义中国化的内在叙事、逻辑、结构和范式演进，回答马克思主义中国化的发展进入"新时代"的逻辑必然性和历史必然性。通过这样一种定位，大体上能够确定《毛泽东思想和中国特色社会主义理论体系概论》《习近平新时代中国特色社会主义思想概论》《中国特色社会主义理论与实践研究》这三门涉及相同内容的课程在不同阶段各自的主要教学目标，以体现"循序渐进、螺旋上升"的层次性。

二、融入习近平总书记最新讲话精神，理论结合实践

《习近平新时代中国特色社会主义思想概论》虽然是最新开设的一门思想政

治理论课，体现了我们党最新的理论成果，但这一理论成果的发展性、动态性、开放性使其比其他课程更加拒绝故步自封，而必须要时时更新。总体上说，学生之所以对这门课较有兴趣，很大程度上也在于其与当前生活的密切关系，所以作为教师必须满足学生的这种需求，使它对学生来说及时、有用，如此才能有趣、有效。

因而，我们必须把习近平总书记的最新讲话精神和重大社会关切有机地融入本课程中。第一，"融入"须体现出习近平总书记的最新讲话或重要时政热点与习近平新时代中国特色社会主义思想中理论要点的内在联系，而不是把它作为简单的宣讲或新闻播报，也就是说应当体现出本课程应有的理论深度。第二，"融入"可以是专题性的融入。关于劳动教育的问题即是如此。2018年9月10日，习近平总书记在全国教育大会上明确提出要努力构建德智体美劳全面培养的教育体系，在学生中弘扬劳动精神，进行劳动教育，着力培养德智体美劳全面发展的社会主义建设者和接班人。2020年3月20日，中共中央、国务院印发《关于全面加强新时代大中小学劳动教育的意见》（以下简称《意见》），要求把劳动和教育有机结合，把劳动教育纳入人才培养全过程，这是对习近平总书记劳动教育思想的贯彻落实。按照《习近平新时代中国特色社会主义思想概论》的专题安排，劳动教育的内容应当融入"新时代教育事业与时代新人培养"这一专题之中。既讲清楚它与马克思主义关于人的自由而全面发展这一目标、劳动创造人和人类社会、劳动创造价值和财富等经典马克思主义劳动思想的关系，也要讲清楚它在新时代的重大现实意义，如有助于形成尊重劳动、崇尚劳动的氛围，有助于加强青少年的动手能力和全面发展，有助于扭转好逸恶劳、拜金主义的价值观，有助于全社会鼓足干劲、实干兴邦，等等。第三，"融入"也可以是整体性地融入。对于这次影响巨大的新型冠状病毒防控问题即是如此，在不同专题中可以从不同角度回应这个问题。在专题三"新时代坚持和发展中国特色社会主义的领导力量和根本立场"中，可以回答坚持和加强党的全面领导、坚持以人民为中心的根本立场为什么是我国得以在较短时间内有效控制住疫情的决定性原因。在专题四"新时代坚持和发展中国特色社会主义的奋斗目标、战略安排、根本动力、本质要求"中，可以在全面深化改革这一知识点中结合党的十九届四中全会通过的《中共中央关于坚持和完善中国特色社会主义制度推进国家治理体系和治理能力现代化若干重大问题的决定》，来阐释（在与西方国家的比较中）我国的国家治理体系和治理能力在这次疫情防控中的显著优势。在专题五"新时代坚持和发展中国特色社会主义的总体布局"中，在生态文明建设这一知识点中可以结合本次疫情进一步反思人与自然的关系问题。在专题六"新时代坚持和发展中国特色社会主义的保障条件"中，可以将本次疫情纳入社会安全的范畴加以考量。在专题七"推动构建人类命运共同体"中，更可以从人类命运共同体的高度审视重大传染性疾病的防治问题，并由此体会习近平总书记关于人类命运共同体理念的重大理论和现实意义。在专题八"新时代教育事业与时代新人培养"中，可以从这次抗疫汲取精神力量，从民族精神、时代精神、革命精神等精神维度理解和诠释抗疫精神，从而转化为我们的教育资源。

要使学生感到"有用"，《习近平新时代中国特色社会主义思想概论》课程应当体现较强的实践性。第一，知识点本身应当体现理论与实践的结合。这是由马克思主义中国化的本质决定的，正如毛泽东同志所说："马克思主义的'本本'是要学习的，但是必须同我国的实际情况相结合。"[①]第二，课程的教学应对学生构成实践导向性。高校思政课的根本任务是立德树人，这就要使思政课的教学内容转化为学生实践的血肉，以习近平新时代中国特色社会主义思想以及习近平总书记的人格力量感染和塑造青年学生的世界观、价值观和人生观。比如，以习近平总书记的劳动教育思想现实地指导青年学生改变生活习惯，实现健康成长；以习近平总书记给北京大学援鄂医疗队"90后"党员的回信激励青年学生不畏艰难，勇挑重担；以习近平总书记在纪念五四运动100周年大会上的讲话激发青年学生的爱国热情以及为社会主义现代化强国而奋斗的抱负；等等。第三，课程教学可以与一定的社会实践结合起来。在每学期选取一些实践选题，如某地大学生对全面依法治国的认知与认同度及其引导研究、某地进行生态文明建设的现实举措及其效果等，供学生分组调研并撰写调研报告，从而使他们真实而非抽象地认识到新时代以来我们国家、社会的发展在我们身边生活中的反映，使学生更感同身受地认同和接受《习近平新时代中国特色社会主义思想概论》的课程内容。

通过把习近平总书记的最新讲话精神、重大社会关切融入课程内容，以及理论与实践的结合等举措，使《习近平新时代中国特色社会主义思想概论》对学生有用，也使本课程的教学有效，这是把课程进一步变得有趣的前提和基础。

---

① 毛泽东选集[M].北京：人民出版社，1991(2),111.

三、进一步探索更为有效的教学机制

由于疫情防控的需要，《习近平新时代中国特色社会主义思想概论》课程也积极探索有效的网络教学方式，实现了"自主学习资料＋观看慕课视频＋收听直播见面课＋教师在线答疑＋师生论坛讨论＋课后作业作答"的六位一体教学新模式。具体来说，每一次专题授课前教师预先将本讲的教学大纲（附习近平总书记的讲话或著作原文）、PPT、慕课视频等相关教学资料上传至网络授课平台，供学生预习；对于网络教学来说，学生的预习环节更显重要。在开启直播见面课的时间，教师不仅按部就班地根据教学大纲讲授，而且解答学生在自主学习和观看慕课过程中产生的问题。课后，学生可以在网络平台或微信群中留言、交流、讨论，并完成教师在网络平台上布置的作业。助教批改作业并帮助学生解决作业中的问题。这六个环节构成了一个完整的学习过程，每一专题的学习都由这六个环节构成。其优点在于使学习过程覆盖课前、课中、课后全程，更有利于激发学生学习的独立性、自主性、主动性，比起平时仅仅用有限的上课时间来学习不仅在学习时间上更久，而且这一学习过程会更深地嵌入他们的生活。但其缺点也一目了然，在直播见面课时只能与学生进行十分有限的交流，学生彼时的学习状态究竟如何，恐怕是常常会令在线授课教师头疼的问题。

如果更积极地看待这一问题，疫情期间被迫进行的线上教学或许可以成为促进课堂教学改革的契机，问题不在于埋怨网络教学的不足，而在于到恢复正常教学后如何保留此时在教学方式上探索得到的有益成果，实现线上、线下教学的有机融合，优势互补。如果在恢复正常教学之后，把学生自主学习、观看慕课视频的预习环节和论坛讨论、作业作答等课后环节仍利用网络平台保持下来，同时探索网络技术嵌入课堂教学的方式，为签到、投票、快捷查阅资料等提供技术辅助，则不仅可以使学生的学习效果倍增，也将使教师的工作效率提高。

除此以外，还可以在以下方面探索《习近平新时代中国特色社会主义思想概论》课程更为有效的教学方式。第一，以问题导入型取代开门见山型。《习近平新时代中国特色社会主义思想概论》的课程内容是深度嵌入人们的现实生活，与每个人的生活息息相关的，以重大社会问题或社会热点现象为引线导入理论讲授，一般更能引发学生兴趣。在理论讲授中，不仅要把基本知识点传授给学生，而且要以此对上述重大社会问题或社会热点现象做出回答、回应、评论等，使学生有获得感，从而在潜移默化中使学生在理论与实践、课程与生活中建立桥梁，使这门课进入他们的"生活世界"。这可以概括为"问题导入→理论讲授→回归生活"的三部曲。第二，将以理服人和以情动人相结合。思想政治理论课重在理论，《习近平新时代中国特色社会主义思想概论》的本质是探讨理论问题，因而发挥马克思主义的理论魅力，把理论讲深、讲透，是第一重要的。正如马克思在《〈黑格尔法哲学批判〉导言》中所说："理论只要说服人，就能掌握群众；而理论只要彻底，就能说服人。"①另外，情感陶冶在教育特别是德育教育中的作用和意义也日益受到重视。情感陶冶法是指通过设置特定的情境让学生的道德情感和心灵自然而然地受到熏陶与教育的一种重要的德育方法，是一种暗示性的教育方法。观看习近平总书记的相关视频资料、有感情地朗读或收听习近平总书记的讲话或著作、到一些实践基地实地参观等，都是情感陶冶法在《习近平新时代中国特色社会主义思想概论》课程中的应用。因而，以理服人和以情动人"两手抓"是提升本课程教学实效的有效方法，两者的结合起到春风化雨、润物无声的效果。第三，将理论教化与人格感化相结合。习近平总书记是习近平新时代中国特色社会主义思想的主要创立者，与习近平总书记的生平事迹、人格魅力相结合来学习本课程，将使课程内容更加生动饱满、鲜活感人。《习近平的七年知青岁月》以及《习近平在正定》《习近平在厦门》《习近平在宁德》等系列书目的出版为我们在这方面提供了丰富的资料，只要我们能把它们有机融入课程，将使学生们在感情上受到更深的熏陶和感化。

总之，既要使习近平新时代中国特色社会主义思想贯穿思想政治理论课的全程，起到统领作用；又要使《习近平新时代中国特色社会主义思想概论》有机嵌入高校思想政治理论课程体系，体现习近平总书记关于思想政治理论课"循序渐进、螺旋上升"的指导思想。要使《习近平新时代中国特色社会主义思想概论》课程鲜活、及时、深刻、有用，就要运用辩证方法，探索理论与实践、原理与时政、线上与线下、守正与创新、理论世界与生活世界、以理服人和以情动人、理论教化与人格感化等一系列的有机统一。《习近平新时代中国特色社会主义思想概论》是一门新课，不仅内容上需要与时俱进地发展，在教学方法和理念上也需要找到最适合本课程特点的方式。教学改革的探索没有止境，也没有捷径，需要我们随着教学实践的展开和深入，不断反思、不断总结、不断完善，才能从中结晶出更上层楼的教学技巧。

---

① 马克思恩格斯选集[M].北京：人民出版社，1995(1),9.

关于疫情期间高校线上思政课
讨论式教学的几点思考①

突如其来的新冠肺炎疫情，不仅扰乱了高校正常的教育教学秩序，也迫使高校思政课的主阵地由线下转移到线上。然而，对广大高校思政课教师而言，在在线直播授课无法全程跟踪和全员参与的情形下，线上讨论式教学便尤为重要。线上讨论式教学利用网络作为教学媒介，网络平台成为教师与学生关于学习内容进行交流讨论的教学载体。教师与学生在固定的网络平台上以主题讨论形式积极互动、发表各自见解，形成一种沉浸式的互动交流教学模式。讨论式教学"坚持学生主体原则，充分发挥受教育者在教育过程中的主体作用"②。线上思政课讨论式教学，就其具体操作而言，是指思政课教师在具体教学大纲的框架内，根据思政课教学内容，将思政课理论内容与社会现实结合起来，设立各个不同的主题或者问题，通过网络平台（班级微信群或QQ群）的文字讨论，引发学生积极思考学习内容。线上思政课讨论式教学，通过教师对学生就问题的引导思考、师生之间就问题的思想碰撞、学生之间就问题的辩证讨论，以达至思想上的共识和情感上的共鸣，有效提升学生的思辨能力，加深学生对思政课理论的理解，从而提升在疫情特殊时期的思想政治理论课水平。

一、疫情期间高校线上思政课讨论式教学"何以必要"

首先，高校线上思政课讨论式教学更符合疫情期间师生的实际情况。由于疫

① 本文为基金项目：南开大学2020年度本科教育教学改革项目（NKJG2020105）。作者为竟辉，南开大学马克思主义学院讲师，天津市高校习近平新时代中国特色社会主义思想研究联盟特邀研究员；张彦，南开大学马克思主义学院博士研究生。

② 陈万柏，张耀灿.思想政治教育学原理[M].北京：高等教育出版社，2007：215.

情影响，网络在线直播上课成为各大高校"停课不停学"的特殊教学方式，思想政治理论课也不例外。但是线上思政课直播囿于一些现实困境，其成效会有所减弱。第一，线上思政课受制于网络硬件设备，教师和学生缺乏线上直播的专业设备。教师和学生大多是利用自己的手机或者电脑进行在线上课，但是大家的设备并不是专业的直播设备。在直播过程中会出现各种硬件或者系统程序问题，可能导致教师或者学生的设备出现中断现象。第二，线上思政课的教师和学生在疫情之前基本很少运用直播软件进行在线上课。由于疫情的突发性，教师和学生需要面对不熟悉的直播软件，其操作技术难免生疏。教师与学生在直播教学过程中可能由于操作失误，而花费教学时间研究操作问题，直接影响了师生的课堂注意力。第三，线下与线上的课堂环境由于其差异性，使得教师必须运用不同的教学方式。但在疫情之前，教师所接受的教学训练是针对线下课堂而言，故缺乏专业的网络教学训练。这些实际情况必然会导致线上思政课的课堂实际效果减弱、教学进度迟缓。相反，线上思政课讨论式教学以线上文字主题讨论为主，更符合师生的实际情况，可以克服上述线上思政课教学困难。首先，它无须专业的直播设备。线上讨论式教学主要是依托师生日常使用的通信平台，只需要具有通信平台的基本网络设备即可。其次，操作要求简易。师生已经非常熟悉通信平台的使用，无须花费时间再学习操作技术，可节约在线直播教学的时间成本。最后，教师具备课堂讨论式教学技巧。教师在以往的课堂教学中已经积累教学经验，可将其直接运用于线上讨论式教学中。

其次，高校线上思政课讨论式教学能够减轻疫情期间网络拥堵现象。尽管"超星""雨课堂""学堂云""智慧树""腾讯会议""B站直播"等在线学习平台已相对成熟，但面对全国2800余所高等院校和3700万名大学生几乎同时利用网络平台开学、开课，网络"拥堵"现象时有发生。甚至有些来自贫困落后地区的学生由于家庭条件不具备无线网络条件或者由于地处偏远导致网速较慢，在线上课对于他们而言有些许难度。在线直播课堂的网络"拥堵"现象一经发生，轻则部分学生处于离课状态，重则课堂整体全线崩溃，导致课堂秩序紊乱。教师在上课的同时还需要处理课堂"掉线"问题和安抚学生的不安状态，加重了教师教学负担，同时也打断了课堂的前后连贯性。而讨论式教学在疫情特殊时期则能够减缓网络教学平台的负载压力。一方面，线上思政课讨论式教学主要是利用班级微信群或者QQ群进行一系列思政课相关的主题讨论，无须直播上课的高网速要求，只需要有网络能够接收群消息即可。这样有利于保持课程的前后接续性和课堂的稳定性，可以保证教师和学生在讨论的同时无须担心网络中断扰乱课堂秩序问题，从而专心致力于思政课讨论，增强师生的学习沉浸感。另一方面，线上思政课讨论式教学减缓了整体的在线学习平台网络"拥堵"现象，可以为其他必须直播上课的课程腾出相应的网络空间。全国各大高校各门课程同时开课对网速有极高要求，有些课程是必须进行在线直播教学才具有教学效果。而思政课主要是以贯彻基本理论、提升思想觉悟、拔高思想高度、培养高尚人格的思想性课程。讨论式教学极大程度地活跃学生思想，可在讨论中潜移默化地融理论知识、思想情怀与人格品质为一体。因此讨论式教学在疫情特殊时期也可相应完成思政课的教学任务。这样也可减缓其他课程的网络服务器负载压力。

最后，高校线上思政课讨论式教学有助于调动疫情期间学生积极性。线下思政课由于是师生实体的面对面教学模式，在教学过程中为调动学生积极性，本身就具有一定的即时互动性。但在疫情特殊时期，思政课由线下转为线上。线上直播教学由于缺乏必要的互动性，不利于学生学习积极性的调动。首先，线上教学直播由于教师与学生面对的都是直播设备，教师无法直观了解学生的线上课堂状态，难以引导学生互动；学生又没有直接渠道对教师进行及时的课堂反馈。教师形成单线教学模式，隔断教师与学生的互动，易导致满堂灌现象，阻碍了学生主体能动性的发挥。其次，一些在线学习平台没有创建与直播同时的在线互动程序，导致在一个平台直播上课，而在另一个通信平台师生互动的混乱局面。这种在线学习与交流平台来回切换的烦琐现象，迫使学生无法真正融入课堂进行思想互动。最后，线上教学直播又由于网络的延迟性，严重弱化了师生之间的互动积极性。而讨论式教学则可以有效解决互动性弱化问题，增加学生的互动沉浸感。一方面，线上讨论式教学统一方便的讨论平台为学生的讨论积极性创造了良好的教学环境。在线上讨论式教学中，教师与学生、教学与讨论都是基于统一的网络平台，可以很好地衔接融合教学与讨论。这避免了教学、交流的切换程序，使得教师和学生全身心投入课程主题的互动讨论之中。另一方面，就教学方式而言，讨论式教学是调动学生思考积极性的有效模式。讨论式教学主要围绕着思政课某个主题进行交流讨论，教师与学生在讨论过程中形成的双向交流，促使学生成为线上课堂的主体主动进行思考。

二、疫情期间高校线上思政课讨论式教学"何以可能"

第一，讨论式教学在以往高校线下思政课教学中已有应用，并积累些许实践经验。讨论式教学是一种强调学生主体性、提升学生积极性的实践教学方法。其主要特征是民主性、平等性、互动性。在以往为了提高高校思政理论课水平的课程改革中，就已不断强调提升学生主体性与积极性。自教育部陈宝生部长正式提出本科教育"要着力推动课堂革命"[①]，更是将学生的主体性提升至重要位置。在线下思政课上不断涌现出凸显学生主体性的讨论式教学的具体课堂模式，如高校思政课的"翻转课堂""1+1课程教学""大班教授+小班研讨"等各种模式。由以往传统的教师进行理论传授的单一灌输模式转变为"理论传授与学生探究相结合"的双向互动模式。由以前的"教为中心"转变为"学为中心"，倡导教师启发学生积极思考、鼓励学生参与讨论、推动学生多向互动、引导学生收集案例、激发学生研究兴趣。课堂革命的推出与教学模式的创新，都是基于发挥学生主体性的教学原则，充分彰显了讨论式教学的民主性、平等性和互动性。这都为线上思政课讨论式教学积累了丰富的实践教学经验，帮助教师转变传统的教学思维，建立一种"教师主导+学生主体"的新型教学思维，树立一种师生平等民主的教学意识；教师具备了基本的讨论式教学技能，使得教师熟悉讨论的程序与原则，知道如何引导学生进行讨论；提供了契合教学内容的讨论议题等。

第二，网络空间的交互性适合高校思政课讨论式教学的开展。首先，网络空间的交互性改善了学生在讨论式教学中的紧张心理状态，为讨论式教学奠定了良好的心理条件。线下思政课堂具有面对面的直接交互性，学生多少对于直接的课堂讨论带有胆怯心理。更有性格内向的同学对于当众当面发言有排斥情绪，课堂难以开展热烈而全体性的主题讨论。但网络空间带有一定的虚拟交互性与开放性，可以促使师生之间、学生之间无障碍互动，也有助于缓解学生在课堂讨论中的胆怯排斥心理。其次，网络空间的交互性加强了学生在讨论式教学中的逻辑性与思辨性，为讨论式教学增加了重要的理论维度。线下思政课由于是以语言作为交流方式，课堂讨论多以口头辩论与交流为主，具有一定的随意性，缺乏严密的条理性和组织性。而网络平台主要是以文字作为交流方式，在阐述自己的观点时需要精心梳理组织文字，更具逻辑性与理论性。网络平台在讨论开始时呈现出清

---

① 陈宝生.在新时代全国高等学校本科教育工作会议上的讲话[J].《中国高等教育》2018年第（Z3）期。

晰的讨论主题，在讨论过程中凸显了讨论的层次进展，有助于师生沿着一条线索持续深入地进行讨论，从而提升高校思政课的理论深度。最后，网络空间的交互性提供了全面即时的教学反馈条件，为讨论式教学创造了活跃的互动氛围。讨论式教学是一种双向互动模式，有效的反馈循环圈是影响互动成效的重要因素。网络平台的交互性有助于师生双方即时全面收到对方的反馈信息，帮助建立双向反馈循环圈。网络平台的交流同时也具有可记录、可回溯特点，帮助教师和学生在大量的讨论中不遗漏讨论信息，师生可根据讨论历史给予积极反馈。

第三，师生信息化素养的提升为高校线上思政课讨论式教学奠定了主体条件。现代社会科学技术迅速发展，我们处于"人手一机"的时代。学生基本拥有自己的信息化设备，这就为高校学生信息化素养的提升提供了基本的硬件设备。同时国家大力推行教育信息化，一是加强信息化人才的培养力度，将提高信息素养正式纳入教育目标；二是提高信息资源的利用率与范围。普及数字资源服务、推动信息技术与教育的深度融合，全面提升师生的信息化素养。我们不断创建信息知识学习平台，利用多方面学习资源，拓宽了学生获取知识的途径。信息化的硬件和软件条件的具备，都大大提升了学生的信息化素养。信息化素养的提升无疑为讨论式教学奠定了主体条件，一是提供了讨论式教学的主体获得信息知识资源的设备。二是提供了讨论式教学的主体所必需的积极心理状态条件，即自愿主动进入主题讨论之中。讨论式教学由教师设置主题，学生可运用信息化设备以主题为线索，主动搜索思政课讨论主题的相关知识资源，经过自己的信息筛选和资源整合，形成自己关于主题的见解。由此，学生由被动接受转为主动学习。三是为讨论式教学创造了师生相对平等的主体间关系。讨论式教学所要求的平等不只是教师与学生在讨论过程中的心理平等，同时也需要二者在信息、资源上的相对平等。教学信息化素养的提升一方面为学生拓展了信息资源的获取渠道与范围，丰富学生的讨论材料，增强了学生在讨论中的主体意识与平等意识；另一方面为教师了解学生的思想精神世界提供了有效突破点，为讨论式教学中的师生交流搭建有效的沟通桥梁，也创造了讨论的契机。网络信息的大众性、普及性，将师生置于相似的网络信息环境中。教师可依据教学内容，联系学生关注的网络热点与学生进行讨论。

三、疫情期间线上思政课讨论式教学"何以设计"

其一，要围绕社会发展，标注高校线上思政课讨论式教学的思想高度。习近平总书记在主持召开学校思想政治理论课教师座谈会时强调："思想政治理论课是落实立德树人根本任务的关键课程。"[①]其中，落实立德树人根本任务的具体要求之一就是"厚植爱国主义情怀，把爱国情、强国志、报国行自觉融入坚持和发展中国特色社会主义事业、建设社会主义现代化强国、实现中华民族伟大复兴的奋斗之中"。线上思政课讨论式教学要标注其思想高度，引导学生厚植家国情怀，将激发爱国主义精神、坚定爱国主义意志与导出爱国主义行为三者相统一。第一，线上思政课讨论式教学可以适时引入关于社会、国家的发展成就展示，提升学生对于国家的归属感、认同感、尊严感与荣誉感。教师和学生作为平等的主体，共同利用网络资源搜寻国家发展的物质和精神文明成果。在讨论过程中，教师可以引导学生进行纵向比较和横向比较，引领学生体会到新中国成立前后、改革开放前后的国家发展、中国特色社会主义制度优越性所带来的成就感；而对于国家需要完善的地方，则激发学生的报国奋斗情怀，使学生明白个人发展是植根于社会发展、国家发展的大环境之中，个人发展需要适应国家的发展要求，鼓励学生运用自己的专业知识和聪明才智为国家发展做贡献。鉴于是疫情特殊时期，教师可与学生共同探讨国家在防控疫情中所做的组织统筹工作，让学生体会到国家是我们的坚强后盾。第二，线上思政课讨论式教学要帮助学生建立理性、理智的爱国主义思维，提升学生判断力，明确辨别爱国主义与极端爱国主义、狭隘的民族主义等伪爱国主义。现代网络渠道众多，网络资源繁杂，其中夹杂着打着爱国主义旗号，事实上却阻碍国家发展的伪爱国主义信息。讨论式教学需要教师在讨论交流中帮助学生规避非理性爱国主义的思想风险，正确筛选网络信息资源。学生具有正确、科学、理性的爱国主义思维，才能做出真正对国家有益的爱国主义行为。第三，鼓励学生观看党和国家最高领导人、人民英雄的相关影视剧并发表观后感。爱国主义的影视剧易于把学生带入爱国主义氛围当中，能够使学生体会到在不同的时代背景下的爱国主义精神。这种榜样示范教学法，可以将爱国主义精神以一种潜移默化的形式导入学生的思想中，向爱国主义榜样学习艰苦奋斗、献身祖国的精神，从而转化为爱国主义行为。第四，将"战疫"先进事迹与先进人

---

① 《习近平谈治国理政》第3卷，北京：外文出版社，2020年，第329页。

物引入讨论中，如身处疫区前线的医护人员、基层党员，凸显其爱国主义精神，具化疫情特殊时期爱国主义行为，以学生能切身体会到的现实爱国主义抗疫实例作为讨论案例，引起学生共鸣。

其二，要紧扣教学内容，凸显高校线上思政课讨论式教学的理论深度。理论思维具有抽象性，是一种经由逻辑推理、透过现象窥探事物的本质和探索事物规律的思维活动。当下网络信息在提供广泛信息资源的同时也呈现出信息碎片化、知识浅薄化特征，网络信息的这种缺陷急需理论思维的指引与判别。高校思政课涵括了关于思想道德与法律的基本理论、马克思主义基本理论、毛泽东思想和中国特色社会主义基本理论、中国近代史基本理论以及形势政策基本理论。这一系列课程旨在引导高校学生深刻认识理解共产党执政规律、社会主义建设规律和人类社会发展规律，帮助学生总结过去历史经验、应用于当下社会实际、预测未来发展趋势，具备一定的理论深度。理论的深度决定说服学生的程度，习近平总书记也提出："要坚持政治性和学理性相统一，以透彻的学理分析回应学生，以彻底的思想理论说服学生，用真理的强大力量引导学生。"[①]因此线上思政课讨论式教学需紧扣教学内容，深挖线上思政课的理论深度。第一，线上思政课的讨论式教学不能脱离教材，需根据教学要点设置讨论议题。教材始终是线上思政课的中心线索，讨论式教学也是针对教材内容进行交流议论。教师可以根据整节课的中心思想设置议题，也可抓住某个教学重点设置议题，还可以某个案例为切入点，导入教学内容上。第二，讨论过程不可浮于表面，要引导学生进行理论升华与总结，再形成价值认同。在讨论中，教师和学生不是仅仅发表结论性陈述，而是要表达自己的理论依据，做到言之有物、言之有理、言之有据。第三，运用经典文献，进行文献分组研读与讨论，学习前人的理论分析过程。教师选取具有代表性的思政课经典著作，尽量少而精，分组布置研读任务，争取做到精读，学生线上发布自己的学习报告与心得体会。

其三，要针对现实问题，增强高校线上思政课讨论式教学的实践热度。线上思政课讨论式教学在提升理论深度的同时，也要将理论与实际相勾连。思政课担负着"铸魂育人、立德树人"的根本任务，本就是理论与实践并重的课程。其任务不仅是提高学生理论思辨能力，更是要敦促学生化思想为行动，使其立志为中国特色社会主义事业奋斗终身。线上思政课讨论式教学不是杂乱无章、毫无目

---

① 《习近平谈治国理政》第3卷，北京：外文出版社，2020年，第330页。

的的讨论，而是根据教材内容，针对社会现实问题，运用所学理论对其进行分析，加大学生对党情、国情、世情的关注力度，以增强线上思政课讨论式教学的实践热度。首先，教师在线上讨论中，可运用教材中的历史人物促使学生认识理解"现实问题孕育出理论问题"。比如，在《马克思主义基本原理》中，教师就可让学生认识到马克思、恩格斯、列宁等人之所以创建马克思列宁主义；是他们基于当时所处的社会状况，深刻洞悉当时现实问题的本质，针对现实问题所提出的解决方案。由此促使学生意识到思政课不是生硬的教条，而是扎根于我们生活的现实世界。其次，鼓励学生多提问题，增强学生的问题意识，激发学生的探索精神。线上思政课的讨论并非仅是注重结论，而是启迪学生运用自己的知识与智慧去探讨问题。这就需要教师首先对现实有自己的见解与问题意识，以自己的问题牵引学生的问题。最后，适当引入现实案例加以讨论，加强对社会现实的关注度。有效结合"思政小课堂"和"社会大课堂"，"对思想政治理论课的实践教学而言，则要求通过社会大课堂来实现强化理论认知、活化理论知识、培养政治认同、提升能力素养等综合诉求"[①]。做到在线上思政课讨论中参照社会现实，在社会大课堂中用思政理论进行理性审视与判断。例如，疫情特殊时期，教师引导学生正确认识疫情背后的意识形态斗争，拨开意识形态上的政治偏见。面对西方媒体攻击、污蔑中国共产党领导、中国社会主义制度，我们要增强"四个意识"、坚定"四个自信"、做到"两个维护"，不信谣不传谣不造谣。同时引导学生进一步深入了解，我们国家的"抗疫战"深刻体现了社会主义制度的优势——集中力量办大事、始终坚持人民利益高于一切。如迅速提供财力、物力、人力支援武汉，短时间内组织全国各地区进行有效隔离，争取最大力度遏制病毒传播范围。

其四，要结合学生需要，保持高校线上思政课讨论式教学的情感温度。思政课是引导学生建立正确的人生观、价值观和世界观的课程，不局限于传授理论知识使其"成才"，同时也是帮助学生形成高尚的品格与健康的心理状态，使其"成人"。这就要求线上思政课的讨论式教学需努力提升"亲和力"，及时关注学生的心理需求和思想动态。教师在讨论中了解学生的情绪和状态，针对学生的心理需求及思想动态，适时给予理解与帮助。线上思政课讨论式教学的情感温度是讨论中师生进行价值认同的加速器。教师的这种"共情意识"，使得教师与学生的沟通交流有了情感的纽带作为基础，有助于提升讨论效果、顺利开展线上思

---

① 韩喜平，王晓阳.论思政小课堂与社会大课堂的结合[J].《思想理论教育》2019年第10期。

政课的讨论。一方面，教师需要转换教学意识，尽量避免照本宣科强行灌输思政课理论，由强行灌输转为逐渐引导。讨论式教学需要的是双主体——教师和学生共同主动积极参与其中。教师在讨论中强行灌输理论而缺乏引起学生兴趣的关注点，学生会产生漠视态度与抵触心理，这种抵触心理会使得思政课的讨论效果大打折扣、事倍功半。学生在这样的讨论中也难以展露自己的情绪，讨论只会变成一种例行公事。教师及时了解学生的学习困惑与心理需求，熟悉学生的学习过程；依据学生思维引导讨论方向。学生在讨论中就会在情感上体会到自己也是讨论中的一员，会对教师具有情感上的依托感，教师更易于进入学生的精神世界，以此降低讨论沟通的成本。另一方面，营造一种生动活泼、民主平等的讨论氛围，鼓励学生进行批判性与创新性思维活动。现代社会的学生个性化突出，学生具有表达自己意愿与看法的强烈倾向。线上思政课的讨论若出现"一言堂"现象，氛围过于压抑则会劝退学生的讨论热情。教师首先营造一种适于讨论的民主平等氛围，将自己与学生置于平等位置，学生容易在情感上贴近教师。同时教师肯定学生的质疑精神，鼓励学生大胆提问、多问多想，则会激发学生的创新性意识，使其更加主动参与讨论之中。

"概论"课中"四个全面"战略布局教学的若干思考①

"四个全面"战略布局的提出，充分体现了以习近平同志为核心的党中央治国理政的总体框架日臻成熟，为中国特色社会主义理论体系注入新的内涵，为中国特色社会主义赋予了新的时代特征，是马克思主义中国化的最新理论成果。青年大学生是祖国的未来和希望，他们对当前"四个全面"战略布局的正确认识和科学把握，有利于坚定中国特色社会主义理想信念，增强对中国特色社会主义的"四个自信"。高校思想政治理论课是大学生思想政治理论教育的主渠道和主阵地，承担着培养社会主义合格建设者和可靠接班人的重要的任务。"毛泽东思想和中国特色社会主义理论体系概论"（以下简称"概论"）课开设的目的就是帮助大学生系统掌握中国化马克思主义的形成发展、主要内容和精神实质，尤其是正确认识和掌握当代中国马克思主义——中国特色社会主义理论体系。由此，作为马克思主义中国化最新理论成果的"四个全面"战略布局思想有效融入教学全过程就必然成为当前高校"概论"课课程建设的必然要求。笔者仅就"概论"课为例，探讨如何在具体教学中实现"四个全面"战略布局有效融入的相关问题。

一、"概论"课教学中应当阐释"四个全面"战略布局形成的历史逻辑

党的十八大以来，以习近平同志为核心的党中央在新的历史条件下，面对不断变化的世情、国情、党情，敏锐把握我国现阶段经济社会发展的特征，科学分

① 本文首发于《高校马克思主义理论研究》2018年第6期。本文系国家社科基金重点项目：社会主义：从基本价值观到核心价值观的认识发展（编号：13AKS008）阶段性成果。天津市哲学社会科学研究规划项目：党的十八大以来思想建党和制度治党相结合的历程和经验研究阶段性成果，编号：TJDJ17-005。作者为肖光文，南开大学马克思主义学院副教授，硕士研究生导师，政治学博士。

析党和国家事业发展面临的机遇与挑战，提出了"四个全面"战略布局的重要思想，描绘出实现"两个一百年"目标的具体行动纲领。"四个全面"战略布局的提出是马克思主义基本原理在当代中国的新运用和新发展，进一步丰富了中国特色社会主义理论体系的内涵。

在"概论"课教学中首先要让学生们了解"四个全面"战略布局思想是如何形成的，要在教学中突出这个问题。教师在讲授时，要让学生们认识到"四个全面"战略布局，有一个逐步提出和形成的历史过程，在学习战略布局思想形成的历史进程中，充分感受到这一重大命题的提出具有必然的历史逻辑。在教学过程中，可以从"小康""改革""法治""治党"等核心概念切入，阐述这些核心概念的基本内涵和对中国特色社会主义发展的重要意义。在讲述"四个全面"战略布局的历史过程时，要讲清楚新中国成立以来、特别是改革开放以来，每一个历史发展阶段中产生了哪些阶段性变化以及彰显出的基本特征。例如，党的十六大提出"全面建设惠及十几亿人口的更高水平的小康社会"；党的十七大报告中重申这一奋斗目标，并把"全面建设小康社会"改为"全面建成小康社会"。在这里要联系新时期的历史背景，党和国家面临的新问题，向学生们讲清楚为什么在这个时间节点把"全面建设小康社会"改为"全面建成小康社会"。2012年党的十八大提出全面建成小康社会和全面深化改革的基本目标。党的十八届三中全会就全面深化改革的若干问题做出重要决定，提出了全面深化改革的指导思想、目标任务、重大原则、描绘了全面深化改革的新蓝图、新愿景、新目标。习近平总书记在论述《中共中央关于全面深化改革若干重大问题的决定》的起草的讲话中体现了全面建成小康社会、全面深化改革、全面推进依法治国这三个全面的紧密逻辑联系。2012年党的十八大报告中明确提出"全面推进依法治国"的要求。2014年党的十八届四中全会，对全面推进依法治国做出了全面的战略部署。随后，习近平总书记在江苏调研时提出"协调推进全面建成小康社会、全面深化改革、全面推进依法治国、全面从严治党，推动改革开放和社会主义现代化建设迈上新台阶"[①]，首次将"四个全面"并提，可谓意义深远。2015年，习近平总书记又在省部级主要领导干部学习贯彻十八届四中全会精神全面推进依法治国专题研讨班开班式上，首次把"四个全面"定位于党中央的战略布局。由上所述，教师在具体教学过程中要着重厘清从改革开放到党的十八大，从党的十八届三中全会

① "四个全面"学习读本[M].北京:人民出版社，2015，第9页.

到十八届六中全会每一个历史阶段的重要议题层层递进的逻辑关系，使学生们能够清晰地了解"四个全面"战略布局提出形成的路线图，形成整体性的概念。教师在讲授中要将这些不同阶段变化的内容以及变化原因讲述出来，使学生们正确把握每一个"全面"变化都有着极强的现实针对性，是立足我国发展实际，顺应人民群众的热切期盼，从破解面临的突出矛盾和问题出发，提出"四个全面"战略布局。

在教学中通过对"四个全面"重要战略布局思想脉络的历史梳理，让同学们认识到"四个全面"战略布局不是无源之水、无本之木，而是有着深厚的历史来源和现实基础，还要使广大学生认识到"四个全面"战略布局既是对马克思主义的一脉相承，又是在不断变化的实践的基础上创新发展，是中国共产党在新的历史条件下推进中国特色社会主义理论创新和实践创新的结果，了解它既立足于党和国家现阶段发展的实际，又着眼于中国特色社会主义现代化事业的未来，集中体现了中国特色社会主义理论体系的延续性和生命力，深刻彰显了中国共产党不断坚持和发展中国特色社会主义的历史自觉与担当。

二、"概论"课教学中应当明确"四个全面"战略布局的重要意义

"四个全面"战略布局的提出，实际上回答了中国共产党在新的历史起点上如何执政、如何治国、如何引领中华民族走向未来的问题，是新时期党治国理政的蓝图规划和行动纲领。在教学中要使学生们充分理解"四个全面"战略布局的重大现实意义。在讲授这一问题时，可以从以下几个方面入手。

第一，要讲解"四个全面"战略布局是对中国特色社会主义的进一步丰富和发展。中国特色社会主义是科学社会主义在当代中国的新发展，是"科学社会主义理论逻辑和中国社会发展历史逻辑的辩证统一"[①]，是适应当代中国具体实际的马克思主义。要讲解党的十八大以来，以习近平同志为核心的党中央在建设中国特色社会主义的实践中如何沿着"什么是马克思主义、怎样对待马克思主义；建设什么样的社会主义、怎样建设社会主义；建设什么样的党、怎样建设党；实现什么样的发展、怎样发展"的逻辑思路，对中国特色社会主义重大理论和实践问题认识不断深入，总结实践经验，提出"四个全面"战略布局重大命题，是创新

---

① 中共中央宣传部.习近平总书记系列重要讲话读本[M].北京:学习出版社，人民出版社，2014，第10页.

中国特色社会主义理论体系，拓宽中国特色社会主义道路，完善中国特色社会主义制度，弘扬中国特色社会主义文化，夺取中国特色社会主义新胜利的重要思想武器。在讲授中要让学生认识到"四个全面"战略布局为中国特色社会主义注入了新的时代内涵，是中国共产党人坚定不移地坚持马克思主义的基本理论和基本信仰、继承党的思想理论建设的必然结果，是实现中华民族伟大复兴的共同思想基础。

第二，要讲解"四个全面"战略布局彰显了新时期党治国理政的顶层设计和整体把握。治国理政总体规划和顶层设计至关重要，它是一个执政党执政能力高低的重要标识。要通过案例充分说明，治国理政需要具有大视野、大思路、大战略，治国理政的顶层设计对于国家发展的重要性。教师在教学中，要使学生们充分认识到"四个全面"战略布局，是基于中国国情的具体实际及其在中国特色社会主义道路实践中遇到的各种实际问题，集中反映了当前我国改革发展进程中面临的主要问题和工作重点。面对现实发展中国家治理体系和治理能力现代化的问题和挑战，新的党中央始终坚持问题导向和整体思维，从中国特色社会主义事业的全局通盘考虑，谋篇布局，在实践中提出"四个全面"战略布局的重要思想。在对这一问题的讲授过程中要突出"四个全面"战略思想的总体性特征。它是立足于中国共产党处于执政地位、长期治国理政条件下提出来的总体性工作框架，既包含深厚的历史底蕴，又富有鲜明的时代内涵；既是认识论的科学思考，又有方法论的辩证指导，是全党全国人民统一思想、统一行动的基本依据，是激发创造、凝聚力量的有力保障，是肩负使命、履行职责的根本遵循。"四个全面"战略思想，既贯穿于十八大以来党治国理政的实践，又是对治国理政实践进行理论升华的结晶，体现了党中央对当前党和国家工作科学的顶层设计和整体把握。

第三，要讲解"四个全面"战略布局深化了对共产党执政规律、社会主义建设规律、人类社会发展规律的认识。教师在教学中，要使学生认识到"四个全面"战略布局是对"三大规律"认识的深化。着重从"四个全面"的具体内容切入，分析"四个全面"与共产党执政规律的紧密关系，具体阐述全面建成小康社会、全面深化改革、全面推进依法治国、全面从严治党都从哪些方面深化了共产党执政规律的认识。在教学中要阐释"四个全面"在哪些方面深化了社会主义建设规律的认识，要讲授为什么全面深化改革和全面依法治国相结合，符合社会主义建设规律的基本要求。同时，全面深化改革和全面推进依法治国的战略部署在很多方面又深化了对社会主义建设规律的认识，在实践探索中我们得出了让市场在资源配置中起决定性作用和更好发挥政府作用的论断，使我们对政府和市场关系的认识更进一步深化，建设中国特色社会主义法治体系和建设社会主义法治国家的部署深化了我们对于法治中国建设的认识，深化了我们对于中国特色社会主义道路的认识。在教学中还要分析"四个全面"战略布局思想如何深化了对人类社会发展规律的认识。在讲授中要强调"四个全面"战略思想不仅科学把握中国的现实国情，而且始终把握时代潮流和世界变革的大趋势，始终在人类文明发展的大道上发展，统一于中国与世界的深刻互动，兼顾中国特色和世界潮流，顺应人类社会发展的总体趋势，加深了对人类社会发展规律的认识。

三、"概论"课教学中应当阐明"四个全面"战略布局的内在逻辑关系

正确理解"四个全面"战略布局关键在于科学把握"四个全面"战略布局的内在逻辑关系。在教学中要向学生重点讲述"四个全面"战略布局的内在逻辑关系问题。习近平总书记指出："这个战略布局，既有战略目标，也有战略举措，每一个全面都具有重大战略意义。"[①]在教学中要既要突出"四个全面"的内在逻辑关系，又要凸显"四个方面"相辅相成、相得益彰，构成一个有机的辩证统一整体。

第一，要讲解全面建成小康社会是全面深化改革、全面依法治国、全面从严治党的共同战略目标。在讲授时，可以从党的十八大报告中提出的"两个一百年目标"切入，重点讲解全面建成小康社会是当前社会发展的重要目标，明确全面建成小康社会在"四个全面"战略布局中居于领导地位，是实现中华民族伟大复兴的中国梦的重要基础、关键一步。要重点讲清楚全面深化改革、全面依法治国和全面从严治党与全面建成小康社会的关系，要分析战略目标和战略举措之间的关系。全面深化改革、全面依法治国和全面从严治党是实现全面建成小康社会的有效路径。实践证明，只有通过不断推进全面深化改革，打破利益固化的藩篱，构建科学合理的制度框架，才能为全面建成小康社会提供发展前进的力量；只有通过不断推进全面依法治国，增强法治意识，树立法治的权威，弘扬公平正义，

---

① 习近平.在省部级主要领导干部学习贯彻十八届四中全会精神全面推进依法治国专题研讨班开班式上发表的重要讲话[N].人民日报，2015-2-3（1）

全面建成小康社会才能获得可靠的制度保障；只有通过不断推进全面从严治党，提高管党治党的能力和水平，始终保持党的先进性和纯洁性，全面建成小康社会才能获得坚强的政治保证和领导核心。教师在讲课中要让学生认识到全面深化改革、全面依法治国、全面从严治党三者统一于全面建成小康社会发展战略之中，前三者都是为实现后者提供支持和保障。

第二，要阐述全面深化改革是全面建成小康社会、全面依法治国、全面从严治党的动力源泉。教师在讲授中要阐明改革是决定当代中国命运的关键抉择，全面深化改革在"四个全面"战略布局中处于关键地位。改革是全方位的调整和变革，包括经济、政治、文化、社会等多方面、深层次。全面深化改革，既要服务于、服从于全面建成小康社会的现实需要，又要为全面建成小康社会提供强大动力；既要维护宪法法律的权威，推动中国特色社会主义法治体系的建设和完善，又要在法治的基础上推进改革；既需要党的领导来保证改革发展目标的顺利实现，又要为全面从严治党提供根本方法和途径。要把全面深化改革置于"四个全面"的整体布局中去把握，使学生真正认识到社会主义改革是有方向、有原则、有立场的，是在中国特色社会主义道路上不断前进的改革，绝不是对社会主义制度的改弦更张，明确全面深化改革在实现中华民族伟大复兴中国梦过程中所具有的重要地位和作用。

第三，要阐释全面依法治国是全面建成小康社会、全面深化改革、全面从严治党的基本制度保障。在教学中，教师可以从历史的维度审视，总结新中国成立以来的历史经验，阐述依法治国对于社会主义建设的重要性。教师在讲授时要着重分析依法治国对全面建成小康社会、全面深化改革、全面从严治党的制度保障作用。全面依法治国与全面深化改革作为"鸟之两翼""车之两轮"，共同为全面建成小康社会提供战略支撑，同时全面建成小康社会的顺利实现，又需要通过全面依法治国来创造公平正义的环境氛围；全面深化改革的每一项措施必须于法有据，其所取得的成果也需要通过全面依法治国来加以稳定和固化；全面依法治国必须坚持党的领导，同时党的各项活动包括全面从严治党又必须在宪法和法律的框架下进行。全面依法治国作为协调推进"四个全面"的制度保障，必将随着中国特色社会主义的不断发展，显示出对于实现党和国家长治久安、中华民族长远发展的深远历史意义。通过讲解一方面使学生们认识到全面推进依法治国的重要性，明确全面依法治国在"四个全面"战略布局中的地位和作用；另一方面要积极培养大学生学法、懂法、守法的良好法治意识，以实际行动积极投身于法治中国的建设中去。

第四，要诠释全面从严治党是全面建成小康社会、全面深化改革、全面依法治国的根本保障。全面从严治党的战略思想，既体现了新一届党中央领导集体对当前党的建设形势的高度认知，也体现了其对自身所肩负责任的使命担当，标志着党对新形势下党的建设规律、治国理政规律的认识提高到了新的境界。在教学中，可以以中共中央推出八项规定和开展群众路线教育实践活动为例说明，全面从严治党既体现了治标与治本的统一，也体现了自律和他律的统一。通过讲解，使学生们认识到全面从严治党关系到全面建成小康社会目标能否顺利实现，又关系到全面深化改革和全面依法治国战略能否顺利推行，是协调推进"四个全面"战略布局之灵魂，它与其他三个"全面"从整体上构成了中国特色社会主义事业发展与党的建设新的伟大工程的辩证统一关系。只有坚持全面从严治党，才能为协调推进"四个全面"提供政治保证，才能为实现"两个一百年"奋斗目标凝聚力量。在教学过程中，使学生们更加明确中国共产党是中国特色社会主义事业的坚强领导核心，办好中国的事情、关键在于党，只有始终坚持全面从严治党，推进党的建设新的伟大工程，不断提高党的建设科学化水平，才能迎接"四大考验""四大危险"的严峻挑战。

四、"概论"课教学中应当诠释"四个全面"战略布局的哲学意蕴

"四个全面"重要战略布局思想集中体现了马克思主义的辩证思维方法，蕴含着深厚的世界观、认识论和方法论的哲学基础。在教学中，教师还需要在讲述"四个全面"战略布局思想的基础上，着重阐释其所体现出的马克思主义哲学基本原理，以此培养大学生坚持马克思主义立场、观点和方法。

第一，讲解"四个全面"战略布局思想体现了人民鲜明立场，以人民发展为中心，彰显了人民群众的主体历史地位。马克思主义最鲜明的立场就是一切为了人民、一切依靠人民。在教学中，要讲清楚"四个全面"战略布局的根本出发点和落脚点就是不断实现好、维护好、发展好广大人民群众的根本利益。应当指出，"四个全面"战略布局顺应了人民群众的愿望和呼声，集中反映了人民群众的根本利益。全面建成小康社会居于引领地位，实际上就是把人民群众的根本利

益放在首位，不断满足广大人民群众的现实需要。全面深化改革，正是破除既有的利益藩篱，调整现实利益格局，更加促进社会公平正义，不断增强人民福祉，从人民的利益出发谋划改革。改革开放的伟大事业从一开始就深深扎根于人民群众之中，全面深化改革就是要站在人民的立场上把握和处理好涉及改革的重大问题。全面依法治国，强调坚持人民主体地位，坚持法治建设为了人民、保护人民、造福人民。全面从严治党，要求加强和改进党的作风建设，坚持全心全意为人民服务的宗旨，始终保持党同人民群众的血肉联系，克服脱离人民群众的问题。可以通过现实事例来说明，广大的人民群众支持和拥护才是中国特色社会主义的力量，要使广大学生认识到人民群众才是历史的真正创造者，进而培养大学生的主体意识和主体责任感，坚定中国特色社会主义的理想信念，增强担当建设中国特色社会主义伟大事业的自觉性。

第二，讲解"四个全面"战略布局思想体现了辩证的系统思维方法。在教学中，通过对"四个全面"逻辑关系的分析，使学生了解到"四个全面"重要战略布局体现了目的和手段、重点和全局、认识和实践的辩证统一。在讲授这一问题时，需要让同学们在分析"四个全面"中战略目标与战略举措之间逻辑关系的基础上，明确战略目标与战略举措体现了"目的与手段"的辩证关系。"四个全面"战略布局既是对中国特色社会主义伟大事业的整体谋划，又是对现阶段突出问题的有效回应，充分体现了"既要注重总体谋划，又要注重牵住牛鼻子"，体现了全局和重点的辩证统一。"四个全面"战略思想是中国共产党人在新的历史条件下，面对新阶段新问题，在总结新鲜实践经验的基础上的理论结晶，充分反映了实事求是，一切从实际出发的思想路线，集中体现了认识与实践辩证统一的马克思主义哲学观点。通过系统的讲解，培养学生们用马克思主义全面的辩证的思维方法以及发展的眼光分析思考问题，进而解决问题的思维习惯。在教学中可以通过案例分析改革开放以来，中国特色社会主义事业发展伟大成就和存在问题。正是通过正反两方面的事例分析，明确中国特色社会主义是一个不断发展的历史过程，不可能一蹴而就，是一个前进性和曲折性相统一的过程，培养大学生"坚持实事求是，不走极端、远离偏颇、杜绝片面，用全面、辩证的观点，历史的、发展的眼光观察和分析"[①]问题的逻辑思维方式。

---

① 韦强.在科学回答热点难点中彰显理论自觉和理论自信——读《辩证看 务实办——理论热点面对面2012》[J].求是，2012（14）.

　　第三，讲解"四个全面"战略布局思想集中体现了马克思主义具有与时俱进的理论品格。教师在教学中要着重讲清楚"四个全面"战略布局的提出，是如何沿着中国特色社会主义理论体系逻辑展开的，在新的历史条件下继续回答了"什么是社会主义、怎样建设社会主义""建设一个什么样的党、怎样建设党""实现什么样的发展、怎样发展"等重大理论与实践问题。通过对邓小平理论、"三个代表"重要思想、科学发展观以及"四个全面"战略布局等重大思想的纵向梳理与横向对比，着重讲清楚在哪些方面发展了中国特色社会主义。通过对这一问题的阐述，使广大学生从历史的维度审视马克思主义中国化的发展，真正了解马克思主义中国化是一个动态的历史发展过程，实践无止境，理论创新也无止境，马克思主义中国化的发展也无止境，进而使学生们从中国化马克思主义理论发展的历史轨迹中认识到马克思主义具有与时俱进的优秀理论品格。通过讲解改革开放以来中国特色社会主义理论体系的形成和发展，使学生们认识到马克思主义从来不是僵化机械的教条，而是伴随着实践的发展而不断发展的，是适应当代中国社会发展需要的，而不是"过时的""无用的"的理论，使大学生以科学的态度正确认识和把握中国特色社会主义理论体系，进而不断增强理论自信和理论自觉，以实际行动参与到建设中国特色社会主义事业中去。

对于提升概论课线上教学效果的一些思考①

突如其来的疫情对以往正常的教学模式产生了冲击，教育部也于2020年1月27日发出通知，要求学校延期开学，但要做到"停课不停学"。对此，南开大学马克思主义学院"毛泽东思想和中国特色社会主义理论体系概论"教研室通过集体线上备课，探讨利用线上教学平台，辅以微信群、QQ群等途径进行线上授课与学生自主学习相结合，从而完成既定教学目标。

与以往不同而全新的授课模式，为课堂上师生互动注入了新鲜的活力，使得传统课堂那种台上教师一人独角戏，台下学生大部分提不起气的氛围有所改观。经过开学头两周的教学活动，笔者初步体验了线上教学这种新模式，获得一定的线上教学心得体会同时也有了一些思考，对日后进行线上线下混合互动式教学方式的探究提供了一些思路。

一、影响课程线上教学效果的因素

1. 教师的因素

线上授课是要求教师能够在网络课堂指导学生进行学习，并对学生自主学习效果进行检验。能否在网络课堂产生良好的互动效果，将对课堂效果以及学生的积极性产生重要的影响。00后的大学生，其话语模式自有其时代特性，例如喜欢使用当下流行的表情包，各种梗，网络流行语等。如果教师不能够适应新潮的网络环境，并理解及灵活运用这些元素，便不能够深入掌握他们的想法，会对学生的参与热情与学习积极性产生一定的消极影响。

---

① 本文首发于人民网公开课。作者为孙海东，南开大学马克思主义学院讲师。

2. 教学平台的因素

线上教学平台的操作是否简单易懂，人机互动体验是否良好，服务器是否顺畅等因素对线上教学有着很大的影响。目前全国都在使用线上授课，对于这些平台的服务器压力剧增，导致出现很多问题。例如在笔者头两周的教学中，很多学生反馈经常出现进不去课程、打不开界面、链接无效、无法签到以及不能参与讨论等问题，甚至出现笔者的教师客户端课程无故被删除以致无法上课，不得不采用备案的情况。教学体验有待进一步提高。

3. 学生的因素

本学期笔者教学班的学生总数在470人左右。通过线上调查问卷得知，学生使用的手机、iPad及电脑的型号与功能有很大差异，各个家庭具备的网络情况不一致，有的网络顺畅，有的网络较慢，有的用4g流量，有的没通网络且手机信号差，出现了教学同步方面的一些偏差，甚至有的同学因设备及网络原因，至今没有加入课程中。此外，在线上教学过程中，学生是否在认真按要求进行学习活动、学生之间的自主学习进度是否一致以及精神面貌状况教师无从得知，不利于提升教学效果。

二、线上教学活动的心得体会

1. 将新元素融入教学，活跃线上氛围

笔者平时的课余时间喜欢浏览各种有趣帖子并看下方留言；喜欢打王者荣耀、荒野求生等竞技游戏；喜欢去虎牙、斗鱼等平台看直播；比较关注微博热搜话题；留意饭圈的一些新闻等。因此，在利用表情包斗图、接梗、讲段子、使用流行语等方面能够跟上学生们的思路，并合理地将这些新元素融入教学。例如，在本学期第一次课做自我介绍时，笔者加上了"关注本胖不迷路，胖胖带你上高速"（取自笔者微信的昵称）以及"我是一个在中国特色社会主义道路上狂飙的赛车手，用正能量带你们狂奔在中国特色社会主义的道路上"等流行于网络空间的话语，以网络直播平台主播们常用的套路语言模式瞬间拉近了师生距离。在随后的教学互动中，学生的课堂参与度很高，绝大部分同学对于布置的讨论题积极参与并踊跃发言，相当部分的学生发表了很有主见的看法，体现出了年龄特色、

学科背景特色、家庭地域特色等。同时，学生也积极主动地提问，反过来促进了讨论深入进行，课堂的教学效果较之以往的传统课堂大幅度提高。

2. 实际与理论结合的开放式讨论，提升教学效果

根据以往教学经验，思政课上空洞的说教极易使学生们反感，因为他们没有感同身受，便没法深入地理解并接受理论。所以设置开放式的讨论将理论联系实际，用实践验证理论，更能增加说服力。在本课讲到坚定"四个自信"时，为了使同学们更深入地了解中国特色社会主义制度的优越性，坚定制度自信，笔者出了一道紧密联系实际的讨论题："从中国抗击新冠疫情的战役中能体会到中国特色社会主义制度的哪些优越性"。由于亲身经历其中，所以同学们略加思索，便将亲身感受到的中国特色社会主义制度的优越性写了出来。有同学答道："党中央对疫情形势的判断是准确的，部署的各项工作是及时的，采取的有力举措十分有效。厘清了人们对疫情的认识，也为我们打赢疫情防控阻击战坚定了信心。通过我国应对这场重大公共卫生危机的实践，再次彰显了中国共产党领导和中国特色社会主义制度的显著优势。"再如有同学写道："不得不提的是在抗疫战争中，火神山、雷神山两座医院的建成使中国速度再一次惊艳了世界。在党中央的坚强领导下，勤劳勇敢的中国人民打响了这一场极度压缩了时间和空间的战斗，仅用时十天便完成了'不可能'完成的任务，这支建筑界的超强战队，在被外界誉为宇宙最拼的工地上向世人展示了中国速度。这体现了在中国特色社会主义制度下，可以集中力量办大事的优越性"，等等。较于以往的课堂讨论，由于网络空间的开放性，由于身临其境，同学们少了一丝拘禁，多了几许热情，讨论参与度极高。发言不在此——列举，同学们用亲身经历深刻地领悟了中国特色社会主义制度的优越性，坚定了制度自信。

3. 做好预案，确保线上教学工作的顺利进行

受此次疫情影响，全国大部分学校都在开展线上教学活动，或慕课、或直播、或视频会议等方式，使得线上教学时间高度集中，用户高度密集，同一时段的网络访问量激增，这对于线上教学平台的维护管理是一次严峻的挑战。在现有的资源环境下，在现有的技术条件下，平台的使用差强人意，短时间做到大幅度提升线上教学平台的使用体验确有难度。在线上教学平台技术、网络环境改进的过程中，不可依靠单一的网络平台，面对可能出现的突发情况，需要提早做出预

案，确保教学活动的顺利进行。对此，笔者在线上教学平台以外，建立了班级微信群，以防一旦线上教学平台暂时出现网络波动，可以用微信平台继续进行教学活动。此外，每节课均提前给学生们布置自主学习任务，一旦出现状况，学生们可以先完成自主学习任务并进行思考，待网络恢复以后针对自学过程中不理解、有难点的地方进行答疑及讨论。

线上教学活动顺利地开展，离不开教师、教学平台、学生的共同努力，笔者认为可以通过提升教师的网络时髦度以熟练掌握新鲜元素，加快改进教学平台的使用体验，努力满足学生进行线上课程所需的条件来提升线上教学效果。在教学过程中则可以采取以流行话语体系讲理论，更多地以实践视角来帮助学生理解理论，同时做好预案，以应对突发状况。

②

教学研究篇

南开大学：星火渐燎原　奋进正当时

——学校思政课教师座谈会一周年成果巡礼①

2019年3月18日，习近平总书记主持召开学校思想政治理论课教师座谈会并发表重要讲话，对新时代学校思想政治理论课建设指明前行方向，对广大思想政治理论课教师提出殷切期望。2019年12月13日，深化新时代学校思想政治理论课改革创新现场推进会在南开大学召开，中共中央政治局委员、国务院副总理孙春兰出席并观看了由我院学生参加的教学示范展示。2019年12月19日，南开大学召开"思想政治理论课改革创新成果展示推动会"，展示教学创新成果，凝聚全校力量推动思政课深化改革。座谈会一年来，南开大学以习近平新时代中国特色社会主义思想为指导，借百年校庆和"不忘初心、牢记使命"主题教育为契机，充分发挥教师的积极性、主动性、创造性，不断增强思政课的思想性、理论性和亲和力、针对性。

一、加强顶层设计，引领改革方向

学校认真贯彻落实习近平总书记在学校思想政治理论课教师座谈会重要讲话精神，组织全校思政课教师认真学习研讨。结合开展"不忘初心、牢记使命"主题教育，全面梳理思政课建设中存在的问题，修订《南开大学全国重点马克思主义学院建设实施方案》，出台了《南开大学进一步加强思政课建设实施办法》（简称"思政课30条"）。"思政课30条"包含课程体系建设、师资队伍建设、教材体系建设、"师生四同"育人模式、后备师资队伍培养和主体责任等方面，是新时

---

① 本文首发于南开大学新闻网，作者马超，现为南开大学历史学院辅导员，撰写此文时为南开大学新闻中心记者；贾蔡伦，南开大学21世纪马克思主义研究院科研干事。

代加强思政课建设的纲领性文件，为南开大学的思政课指明建设方向。

二、高标准开新课，新思想进课堂

学校成立"习近平新时代中国特色社会主义思想概论"课教研室，整合多学科优秀师资，2019年春季率先为本科生开设"习近平新时代中国特色社会主义思想概论"公选课，取得良好反响，依托人民网公开课频道上线慕课资源。按照中央和教育部要求，2020年春季面向全体大三本科生开设"习近平新时代中国特色社会主义思想概论"必修课，把党的创新思想及时融入思政课课程体系，用习近平新时代中国特色社会主义思想铸魂育人，全面推动习近平新时代中国特色社会主义思想"三进"工作。与此同时，学校出台文件进一步深化"形势与政策"课教学改革，加强课程培训与督导，形成了校领导上讲台，各学院（部处）领导和马院教师共同讲授"形势与政策"课的新模式，确保全过程全覆盖，并继续建设"中国发展"课程，探索校领导和著名专家学者讲思政课的长效机制。

三、建设教材基地，深化教学研究

2019年2月，南开大学获批"全国高校思想政治理论课马克思主义基本原理概论国家教材建设研究基地"。教材基地建设坚持党的领导，立足国家重大需求，汇集马克思列宁主义理论领域的高级人才，建立灵活、开放、高效的运行机制，坚持基础理论研究与实践应用研究相结合，定性研究和定量研究相结合，以国内的马原理教材研究为主，兼顾国际比较研究，以现实问题研究为主，兼顾历史研究和前瞻研究。南开大学依托教材基地，致力打造一支专业化教材建设研究队伍、搭建高端教材建设研究平台、建立教材建设与使用专门数据库、提供教材建设研究高端交流平台，全方位助力思政课教学质量的提升。2019年1月17日，习近平总书记视察南开大学时，翻阅了南开大学牵头天津市高校"习联盟"各单位编写的习近平新时代中国特色社会主义思想"三进"教学辅导用书。随后，依托教材基地对这套辅导书进行了修订，并服务天津市思政课教学。教材基地还与天津市一中、二十中、蓟州一中等单位签约，开展大中小幼"手拉手"集体备课。

四、提升学科实力，夯实教学基础

积极推动校内学科人才力量整合，探索以学科群方式推动马克思主义理论学科和其他人文社会科学互动发展模式。与中国社科院联合成立"21世纪马克思主义研究院"，聘任王伟光担任院长，打造学科龙头。通过高端平台建设为思政课教学和研究的质量提升发挥强有力的支撑作用。整合重组设立马克思主义基础理论、马克思主义中国化和思想政治教育3个研究部，建立了国外马克思主义研究中心，健全学科管理体系。出台《二级学科团队建设支持计划》，凝练学科重点发展方向。对全院教师具体归属的二级学科进行梳理，明确各二级学科负责人职责并在团队建设、科研攻关、学术交流等方面充分授权。积极推动二级学科的校际交流和协同创新，与中国社科院大学、广西大学马克思主义学院等单位达成合作共建协议；与中国政法大学等校开展"马克思主义与全面依法治国"协同创新中心的合作研究。

五、加强科学研究，服务理论宣讲

2019年，马克思主义学院师生科研效果显著，共发表学术论文80余篇，其中CSSCI来源期刊70余篇，出版学术专著14部，在《人民日报》《光明日报》《求是》等重要报刊发表论文多篇。《马克思政治哲学研究》入选国家哲学社会科学成果文库。加强组织领导，科研立项从数量到质量皆有显著提升。围绕重点马院基本建设目标，坚持问题引领、问题导向，积极组织纵向、横向项目申报工作，力争以重大招标项目的申报聚焦重大理论现实问题，引领研究方向更加明确。2019年共获得省部级以上课题16项，其中国家社科基金6项，教育部4项，天津市6项。打造理论研究宣传的坚实阵地，组织申报并获批教育部习近平新时代中国特色社会主义思想研究中心南开大学基地。动员组织师生广泛开展理论宣讲，开展校内外理论宣讲100余场，理论社团宣讲20余次，覆盖群体包括中小学生、高校学生及研究生骨干、街道社区党员干部及群众、公司党员及普通职工等近千余人次，形成了比较稳定的宣讲服务基地。

六、建强师资队伍，助力教师成长

队伍建设再上新台阶。通过引进、整合和培育加强思政课教师队伍建设，搭建思政课教师成长平台。加强建设规划，努力解决师资队伍断层问题。2019年新进专职教师7名，日益接近教育部师生比1∶350的要求。采取讲座教授、兼职教授等非全职聘任方式，设立思政课兼职教师岗位，制定党政干部和其他学科教师转岗为思政课教师的政策，实现教师队伍的有机融合。作为教育部"全国高校思想政治理论课教师理论研修基地"，积极组织理论研修。举办青年教师教学技能竞赛，获首届全国思政课教学比赛一等奖1项，二等奖1项。获评天津市引进领军人才专项资助1人。用好天津市思政课"名师工作室"，开展国情调研、"立公增能、培根铸魂"提升计划。支持中青年教师积极申报全国高校思政课教师"择优资助计划"和天津市思政课领航学者、教学改革创新示范团队、教学改革成果推广、精品课程等项目，支持具有发展潜力的青年领军人才发展。成立学院青年教师发展协会，举办青年教师教学科研沙龙。

七、打造"师生四同"，创新育人模式

积极开展思政课改革，打造"师生四同"育人模式成为品牌成果，以"同学同研同讲同行"激发师生双方面积极性。先后设立近百项课题，开展"同学同研，师生结对"读原著、悟原理活动，选派得力教师指导建好红色记忆宣讲团、新觉悟社等学生理论宣讲社团，选拔培养学生理论骨干，充分发挥社团对思政课的延伸和促进作用。继续承办教育部高校思政课教指委主办的全国高校学生讲思政课公开课展示活动，并获全国一等奖。加强实践育人，整合学工部门力量开设"公能实践"课程。迎庆中华人民共和国成立70周年，举办"共和国摇篮"全国苏区大巡礼专题社会实践，14位教师指导12支团队走访70余天，行程2万余里，入选教育部百佳实践项目，《光明日报》头版报道相关事迹。实践教学成果在"深化新时代学校思想政治理论课改革创新现场推进会"上做专门教学展示。

八、统筹人才培养，培养后备师资

着眼马克思主义理论学科和思政课教师队伍后备人才培养，探索人才培养新模式。修订完善思想政治教育本科专业培养方案和课程教学大纲，该专业入选国家"双万计划"。正式招收马克思主义理论专业本科生，进一步完善本科生学术导师制度。修订优秀本科生直博培养方案和硕博连读实施细则，继续举办优秀学生夏令营。实行博士学位论文的全盲审制度，提升博士学位论文质量。将教学实践纳入思政课后备师资专项计划培养方案，建立硕、博士研究生教学助理制度。举办大学生讲思政课能力训练营，主办京津冀学生讲思政课交流活动。筹办"马克思主义在南开"主题展览。在江西省社科院、古田会议纪念馆和天津市部分机关、街道、立"马克思主义理论人才实践教学基地"。加强境内外学术交流，与越南社会科学翰林院、日本创价学会等开展学术交流活动。

2019年是南开大学思政课改革百花齐放、硕果累累的一年，10月21日，中央电视台"新闻联播"报道了南开大学思政课改革创新模式。星火渐燎原，奋进正当时。2020年，面对汹汹而来的新冠肺炎疫情，南开大学加强思政课在线课程建设力度，不停研、不停教、不停学，组织师生学习教育部46号令，开展线上教研活动，在人民网公开课频道发表教学方案和学习心得18篇，获"学习强国"平台转载报道。迎着和煦的春风，南开思政课教师正沿着正确的道路，在平凡的岗位上为落实高校立德树人根本任务执着前行。

《马克思主义基本原理概论》
网上教学与学习的建议^①

《马克思主义基本原理概论》（以下简称"原理课"）是本科生必修的思想政治理论课之一。通过原理课，要求大学生学习从整体上把握马克思主义的基本立场、观点和方法，正确认识人类社会发展的基本规律，端正对世界、人生、自我的态度，把人生的追求梦想与中华民族复兴梦紧密结合，积极投身于中国特色社会主义建设的伟大实践，并为共产主义的实现而努力奋斗。

防疫期间，各校都采取网上教学，笔者从以下几个方面给大家提点建议。

一、明确教学与学习的基本要求和侧重

第一个是基本要求，就是应该以教育部中宣部编写的"马工程"《马克思主义基本原理概论》（2018年修订版）教材作为基本的授课依据。

第二个是教学重点，就是要在总体上了解马克思主义的基本理论体系，可以用三句话说明马克思主义基本原理的教学重点和要义，使学生明了整体性视域下的由马克思列宁主义哲学、马克思主义政治经济学和科学社会主义构成的马克思主义基本原理：

系统掌握马克思主义哲学中的唯物论和辩证法原理，用以分析人类社会的发展规律，从而建构历史唯物主义的社会历史观；

用辩证唯物主义和历史唯物主义的观点剖析资本主义社会的本质、内在矛盾

---

① 本文得到天津市高校思想政治理论课"名师工作室"专项支持，首发于人民网公开课。作者为杨谦，南开大学马克思主义学院教授，教育部"高校思想政治理论课马克思主义基本原理概论教材研究基地"和天津市高校习近平新时代中国特色社会主义思想研究联盟特邀研究员。

及历史发展进程，认识到资本主义社会必然灭亡、共产主义必然胜利是历史发展的必然；

认识社会主义制度的建立、完善、发展的规律，坚定为实现人类共同的终极目标共产主义而奋斗的信念。

第三个是基本思路，就是要紧紧围绕马克思主义在当代发展过程中遇到的重大现实问题和当代大学生普遍关注的热点问题进行讲授。善于把当前社会发生的重大事件、热点问题作为教学内容的切入点。本次网课应该结合正在发生的重大问题：2019—2020年新冠肺炎的突发等，进行分析，从世界观和方法论上，引导学生用科学理论认识问题。宣传党的领导和国家治理能力，宣传我国的社会主义制度优越性，宣传正能量，粉碎谣言和负面消息。

第四个是教学针对性，就是要提高理论教学的实效性和针对性，力争使教学内容与大学生的生活思想实际紧密相连。

二、关于网络学习的相关资源准备和介绍

人民网、爱课程网站，以及各个权威网站都可以使用。

1. 2018年修改的马工程教材《马克思主义基本原理概论》教材。大灾大疫期间，很多具有知识产权版权的图书（如中国社会科学文库等）都无私地开放了，各位如果购书不便，可以下载学习。

2. 相关的权威著作：马克思恩格斯文集、列宁专题文集、马克思恩格斯选集、列宁选集、毛泽东选集、邓小平文集、习近平著作选编等，这些都有电子文本。还有党的十八大报告、十九大报告，以及各次全会公报等。学习马克思主义哲学部分，首选马克思恩格斯1845年合著的《德意志意识形态》第一卷第一章；《共产党宣言》1882年的俄文版序言和恩格斯1883年的德文版序言、马克思1859年的《政治经济学批判序言》。

3. 相关的权威报刊的文章，首选《人民日报》《光明日报》《求是》。可以侧重学习党的十八大以来的理论文章，南开大学当代中国问题研究院组织多人收集整理了几十个专题，有助于大家有针对性地学习。

4. 进一步拓展阅读，一是史类教科书，是用较短时间比较多比较快速地了解基本理论、基本流派、主要代表、主要观点的方法。可以选择马工程的《马克思

主义发展史》《马克思主义哲学史》《国际共产主义运动史》以及各种马克思恩格斯列宁的经典著作导读；二是可以选择阐述基本原理的教科书：《马克思主义哲学》《马克思主义政治经济学》《科学社会主义概论》等，这些教材的内容符合我国意识形态的基本立场和观点；三是选择学习马工程教材的课件，现在完成的有几十种，多数可以找到PPT；南开大学马克思主义学院有全程的比较详细的《马克思主义基本原理概论》PPT，在国家级精品资源共享课程网站可以看到。

三、学习其他网络拓展资源时特别需要有所选择

思政课首先是国家意识形态的解读，同时是理论知识的传授。政治立场不能有丝毫的偏移，切忌信马由缰，离题千里。

有几种现象要注意鉴别：

1. 不能因为国家提倡对外开放，我们在理论上就可以把西方的学术观点原封不动地介绍给学生，把马克思主义基本原理课讲成了西方学术思潮课，在讲授中缺乏正确的引导，缺乏明确的立场和态度，使学生无所适从，难以分辨真伪是非。

2. 习近平主席是继毛泽东主席之后，对中国优秀传统文化最重视的国家领导人，在多种场合都有引经据典，并主张对中国优秀传统文化的继承和创造性运用。所以有人片面地领会了这种重视，课堂讲授就对中国文化的某一问题津津乐道，把马克思主义基本原理课讲成了中国文化概论，这就偏离了教学大纲。

3. 党的十八大以来反腐力度和决心都有目共睹，"反腐永远在路上"。反腐是进行思想政治教育的重要内容之一，就使得有人在教学或学习中过于关注腐败案例数量和细节，这就会冲淡马克思主义基本原理的讲授和分析，势必使学生产生很大的疑惑，无法从正面理解治党治吏的意义，也许会产生一定程度的质疑。

4. 有的课程不去精选案例，而且没有思政课案例选择要体现正能量的觉悟。往往找一些负面的、"卖惨"的案例博人眼球，使教学的氛围和效果发生逆转。

5. 有的图表和数据大大过时，缺乏说服力，有的偏爱自己的调研数据，可能是很小范围，而且问卷也缺少科学性，这些都不利于马克思主义基本原理的正常教学，都难以收到合理的效果。

总之，我们强调，所有的举例都是为了说明马克思主义基本原理，所以不能

喧宾夺主。

四、学习要理论联系实际，多关注以下类型的案例

第一类：习近平新时代中国特色社会主义思想的理论和学界研究的相关观点；

第二类：新时代各领域反映正能量的典型案例；

第三类：中国传统文化中优秀的合理的观点；

第四类：反映科学技术创新、社会治理、生产力发展水平的数据和案例；

第五类：对西方影响较大的学术思潮批判分析的观点；

第六类：党建、反腐、生态建设成果的案例；

第七类：中国近现代史上重大事件、人物案例；

第八类：经典作家著作中提及的典故和名言。

……

五、对学生的期望

希望大家做好自我调适，尽快熟悉和适应网上读书学习；

希望大家认真阅读教材，不要追求速度，要循序渐进，弄通弄懂，借助强大的网络，补齐知识点不够详细和完整的缺憾；

希望大家能够具有问题意识，自己设问，自己寻求答案；

希望大家合理分配各门课程的学习时间，把思政课放到重要的地位对待；

当然最重要的是希望大家平平安安，不虚度每一天；

愿我们众志成城，共克时艰，期待再相聚。

马克思主义基本原理概论课程
最应该讲清楚的三个重要问题①

伽利略曾经说过："自然界这本大书是用数学语言所写的。"我们同样可以说，"中国共产党"和"中华人民共和国"这两部"大书"，是用马克思主义理论的语言写的。因此，欲知党史、国史，需要明了并坚持马克思主义理论，毫不动摇！坚持马克思主义不仅仅是一个认识问题，更是一个政治上的大是大非问题；坚持马克思主义需要科学地研究资本主义与社会主义的关系；需要我们恢复并保持对于社会主义/共产主义的信心。

一、坚持马克思列宁主义关涉政治上的大是大非

1840年鸦片战争后，在西方列强入侵下，中国逐渐沦为半殖民地半封建社会，中华民族陷入空前深重的民族危机。各种政治力量激烈角逐，各种社会思潮激烈交锋。封建统治阶层发起的自强运动，各种名目的改良主义，旧式的农民战争，资产阶级革命派领导的民主主义革命，照搬西方政治制度模式的各种方案，轮流尝试，但历史事实证明，这些都未能完成中华民族救亡图存和反帝反封建的历史任务，更谈不上实现国家富强、民族复兴和人民幸福。1917 年俄国十月革命的胜利开辟了人类历史的新纪元，毛泽东曾经说过："十月革命一声炮响，给我们送来了马克思列宁主义。"在先进的马克思主义理论指导下，1921 年中国共产党诞生。从成立之日起，中国共产党就以马克思主义作为自己的行动指南，以实

---

① 本文由天津市高校思想政治理论课"名师工作室"支持，首发于人民网公开课。作者为孙寿涛，南开大学马克思主义学院教授，教育部"高校思想政治理论课马克思主义基本原理概论教材研究基地"特邀研究员。

现中国人民当家作主和中华民族伟大复兴为己任。

在马克思主义指导下，结合中国具体国情，中国共产党率领全国各族人民经过艰苦卓绝的革命斗争，推翻了帝国主义、封建主义、官僚资本主义三座大山，建立了新中国，进行了社会主义改造，确立了社会主义基本制度。在探索过程中，屡经曲折，但党在社会主义建设中取得的独创性理论成果和巨大成就，为新的历史时期开创中国特色社会主义提供了宝贵经验、理论准备、物质基础。改革开放后，中国共产党带领全国各族人民深刻总结社会主义建设正反两方面经验，借鉴世界社会主义历史经验，成功开辟了中国特色社会主义道路，形成了中国特色社会主义理论体系，取得了社会主义建设新的伟大成就。

95年来，中国共产党之所以能够完成近代以来各种政治力量不可能完成的艰巨任务，就在于在任何时候任何情况下，我们党从未动摇过对马克思主义的信仰，始终把马克思主义这一科学理论作为自己的行动指南，并坚持在实践中不断丰富和发展马克思主义。因此，马克思主义的指导地位，不是个人个别党派的主观意志决定的，而是历史的选择、人民的选择。毫不动摇地坚持马克思主义的指导地位，不是一般的认识问题，而是政治上的大是大非问题。在庆祝中国共产党成立95周年大会上的重要讲话中，习近平总书记指出，我们坚持不忘初心、继续前进，就要坚持马克思主义的指导地位。就要以更加宽阔的眼界审视马克思主义在当代发展的现实基础和实践需要，坚持问题导向，更加深入地推动马克思主义同当代中国发展的具体实际相结合，不断开辟21世纪马克思主义发展新境界，让当代中国马克思主义放射出更加灿烂的真理光芒。

二、科学认识资本主义与社会主义的关系

在资本主义与社会主义的关系上，马克思主义理论有着科学的论断，即"两个必然"和严密的论证。"两个必然"（资本主义必然灭亡、社会主义必然胜利）最初来自《共产党宣言》中"资产阶级的灭亡和无产阶级的胜利是同样不可避免的"[1]这一命题。马克思恩格斯的全部理论和实践活动，都是围绕此主题展开的，而他们构建的唯物史观、剩余价值理论和科学社会主义理论，对此做出了杰出而雄辩的论证。

---

[1]　《马克思恩格斯文集》第二卷，北京：人民出版社2009年，第43页。

　　而在唯物史观中，这涉及一个关键性问题——社会历史规律（历史必然性）与社会历史主体（选择）之间的关系问题，也即历史主体和历史客体的关系问题[1]。马克思恩格斯的唯物史观应该说是科学地解决了这个问题的。在他们看来，历史是现实的人的历史，历史规律是人的活动的规律。而人的历史活动又不是为所欲为的，而只能在当时历史条件所许可的范围内进行。因此，正确地解决历史客体和历史主体的关系问题，需要同时扫清历史领域的唯意志论和宿命论。马克思在《路易·波拿巴的雾月十八日》中说："人们自己创造自己的历史，但是他们并不是随心所欲地创造，并不是在他们自己选定的条件下创造，而是在直接碰到的、既定的、从过去承继下来的条件下创造。"[2]就是说，一方面，我们要从浩瀚的历史材料和经验中发现某种规律、现象、特点。因为"一切已死的先辈们的传统，像梦魇一样纠缠着活人的头脑"[3]；但另一方面，如果没有某种"先见之明"，就会使得这种发现无从下手。因为当人们去寻找社会发展规律和对未来的共产主义进行设想和规划的时候，他们的头脑中已经有了先入之见和理论思维，这是前提。

　　而这一在唯物史观领域中的历史必然性与历史主体的关系问题，在马克思主义的政治经济学中表现为资本积累与阶级斗争之关系的问题，资本主义社会特有的有机的相互作用的主要线索之一就是"关于资本积累和阶级斗争的线索"[4]。马克思在《资本论》中从分手资本主义财富的元素形式——商品——开始，指出商品价值的生产与实现之间的矛盾根源于私人劳动与社会劳动之间的矛盾，这一矛盾进入资本主义生产方式，通过资本的积累规律扩大为资本主义基本矛盾。资本主义基本矛盾促使平均利润率下降和人口相对过剩同时产生，于是在突破一定限度之后产生资本主义周期性的经济危机，资本主义生产方式为了赚取更多的剩余价值，不得不通过破坏生产力的方式缓和资本主义基本矛盾。因此，马克思认为，这种危机在资本主义生产方式内部是解决不了的，只要资本主义生产方式存在，资本主义的经济危机就不可避免。当生产资料的集中和劳动的社会化达到资本主义外壳不能相容的地步的时候，资本主义必然灭亡，无产阶级必然胜利，社

---

① 鲁绍臣：《佩里·安德森的历史唯物主义图绘》，《兰州学刊》，2008年第3期。

② 《马克思恩格斯文集》第二卷，北京：人民出版社2009年，第470-471页。

③ 《马克思恩格斯文集》第二卷，北京：人民出版社2009年，第471页。

④ [美]伯特尔·奥尔曼：《辩证法的舞蹈——马克思方法的步骤》（田世锭，何霜梅译），北京：高等教育出版社，第209页。

会主义也就必然产生了。一般来讲，这是从资本积累角度来谈的资本主义发生、发展和灭亡的规律；而这一规律是资本主义社会中人的活动的规律，因此，需要补充"阶级斗争"的视角，资本积累过程的始终，都表现为两大阶级之间的互动——冲突、协调、斗争等。简言之，资本主义的灭亡，不是大家等着的一个"命定"之事，而是需要一个先进阶级主动的历史抉择和奋斗才能实现的一种历史可能，资本主义是被"推翻的"，而不是自然走向灭亡的。

因此，所谓资本主义必然灭亡的论断，本来是马克思主义的常识，也是定论。但是，因为现实的资本主义历史发展（繁荣、萧条、危机等）和现实的社会主义实践的起落（特别是东欧剧变）的缘由，人们对此常识，往往陷入半信半疑之中，甚至反而怀疑社会主义之可能，而自觉不自觉地陷入赞同资本主义"终结历史"的论调中。东欧剧变后，苏东国家和地区放弃苏联模式的社会主义而转向资本主义市场经济的"彻底转轨"被许多人认为是"社会主义的失败"，极大地打击了人们对于"两个必然"的信念。有学者出于辩护目的指出，马克思曾经在1859年提出"两个决不会"的命题，即"无论哪一个社会形态，在它所能容纳的全部生产力发挥出来以前，是决不会灭亡的；而新的更高的生产关系，在它的物质存在条件在旧社会的胎胞里成熟以前，是决不会出现的"[1]。面对着"两个必然"与"两个决不会"的论断，人们转而开始强调后者，不提甚至否定前者。陈学明曾一针见血地指出："说穿了，当今有些人之所以如此执迷于'两个决不会'，就是为了说明资本主义制度的永恒性和共产主义的不可能性。"[2]实际上，既然强调"决不会"，那么当现实中已经出现"决不会"时，则说明"决不会"的前提已经消失了："苏联社会主义国家和新中国的出现，就已经表明在当年的旧俄国和旧中国，新的更高的生产关系的物质存在条件已经在旧社会的胎胞里成熟了。"[3]

而回到马克思的一生来看，他在1848年提出"两个必然"的命题，1859年提出"两个决不会"的命题之后，在1867年《资本论》第一卷中仍然在充分的理论论证基础上"敲响资本主义的丧钟"。他说："这个外壳[即资本主义的外壳，引者注]，就要炸毁了。资本主义私有制的丧钟就要响了。剥夺者就要被剥夺了。"[4]

---

① 《马克思恩格斯文集》第二卷，北京：人民出版社2009年，第592页。

② 陈学明：《唯物史观与共产主义信念》，《浙江学刊》，2006年第3期。

③ 余斌：《马克思恩格斯关于资本主义的基本思想及其当代意义》，《马克思主义研究》，2011年第1期。

④ 《马克思恩格斯文集》第五卷，北京：人民出版社2009年，第874页。

显然，马克思从未放弃"两个必然"的观点，反而终其一生都在致力于"工人阶级的反抗"，致力于研究"工人阶级解放的条件"，致力于"推翻资本主义"的革命事业。这个敲响资本主义私有制丧钟的历史过程当然并不容易，但它至少比人类历史上敲响前一个私有制的丧钟还是要容易得多。这是因为，前一个丧钟的敲响是少数掠夺者剥夺人民群众，而这后一个丧钟的敲响则是人民群众剥夺少数掠夺者。马克思公开发表这段文字50年后，世界历史上第一个社会主义国家诞生了。正如余斌严正指出的，苏联尽管最终解体，但历史上资产阶级第一次革命之后不也同样遭到复辟吗？更何况当前世界上仍然存在着社会主义国家。随着资本主义社会劳动生产力的发展，随着资本主义生产方式内在矛盾的日益全球化和更加激烈，世界社会主义运动的高潮还将来临，世界资本主义私有制的丧钟就要响了。①

三、恢复并保持人们对于社会主义的信心

2007年这次金融-经济危机，虽然带来了人们对于马克思主义的重新关注，但学者们更多的是将这次危机归因于特定的资本主义模式或体制，而避谈资本主义的"崩溃"或"灭亡"。我们先摘引国内学界关于2007年危机的几个论断：著名经济学家孟捷认为："这次危机动摇的并不是资本主义本身，危机动摇的是30年以来美国，甚至英国所采用的新自由主义的经济体制。"曹亚雄和刘军指出："金融危机给资本主义以很大打击，但并未导致其崩溃；资本主义进入金融资本主义阶段，仍具有生命力；金融危机源于资本主义制度，并成为其危机的常态。"杨玉成指出："此次金融危机之后，欧美国家采用政府干预的方式'救急'，改良论新自由主义暂时处于上风。但在危机平息之后，保守论新自由主义肯定会重新抬头，不可能'破灭'。经济危机其实就是资本主义自我调整机制的一部分。我们切不可低估资本主义的自我修复能力"。

可以看出，危机面前，马克思主义学者确实坚持了马克思主义的分析路径，也充分估计到了资本主义的活力，成功地躲避了"两个必然"的话题。很显然，学者们已经沉溺于"资本主义的不同形式/体制/模式"等的研究很久了，再三地

---

① 余斌：《马克思恩格斯关于资本主义的基本思想及其当代意义》，《马克思主义研究》，2011年第1期。

强调"不可低估资本主义的自我修复能力",而视资本主义的"必然灭亡"为不可能,丧失掉了想象后资本主义社会的能力。造成这种局面的原因之一,是我们在理论上缺失了从未来的社会主义反观现实的资本主义的视角,缺失了科学的社会主义观。我们需要重新恢复人们对于社会主义的信心,强调社会主义/共产主义作为后资本主义社会的可能性和现实性,强调资本主义的崩溃或灭亡、社会主义的胜利是需要人们付之于主动的创造性的历史活动。而资本主义每一次严重的危机,可以说都为社会主义可能性的实现打开了一个窗口。假如我们总是一味地停留于资本主义一而再再而三地渡过危机的"恶的无限",那么,确实,我们只能永远地停留于现在,停留于资本主义"历史的终结"中!

今天的马克思主义者更需要清醒地认识到,我们之主张社会主义,是面临着许许多多的自觉的敌手,他们自觉而主动地维护着资本主义的现状,而对社会主义、马克思列宁主义等严加防范。在此,我们引证一位反社会主义学者的话,可以看出其宣告中蕴含着多少对于社会主义的敌意:"建立一种能够预防和去除社会主义的理论假如说我们已经得出了社会主义有道德上是不可接受的,在历史上已宣告失败并且在思想上是一个谬误的结论,那么我们最终还有必要建立一整套理论,在战术与战略上去除社会主义并预防它的出现。"

可以说,主要是苏联的垮台,使得许多社会主义者开始"质疑任何形式的社会主义的可能性",并陷入一种对于"未来的羞怯"。对此,我们需要将"两个必然"带回资本主义分析的中心,需要正确地认识和确认资本主义的"历史暂时性",需要一种社会主义观或共产主义观来摆脱对于资本主义的沉溺;同样我们需要清醒地认识到"资本主义的崩溃"是需要社会主义者付之于努力自觉和创造性而推动实现的一种历史可能。因此,社会主义者需要在避免制度崩溃方面向过去100年来的资本主义的政治家和学者学习,这些资本主义的政治家及学者"学会了运用使资本主义免于毁灭的经常性危险的方法",而"我们的任务是不仅要保持伟大的社会主义思想,而且要为发展社会主义文化和人类文明而斗争"。

因此,我们需要重提"两个必然",再次强调"两个必然"的真理性,重新打开人们对于未来想象的空间。为此,在方法论上,我们需要辩证法。正如美国马克思主义者奥尔曼所说,无论是理解"巨大而又复杂的资本主义,理解帮助我们认识资本主义的马克思主义,指导和帮助我们发展一种收回公有地的政治策略",我们都需要辩证法。我们需要辩证法来帮助我们"把隐藏在工人阶级受压迫的日常生活之中的非常的可能性告诉他们，并使他们对此变得敏感，正如它会增加他们能够成功的自信心一样，将会通过指出如何行动和与谁一起行动（所有那些将会因为这些可能性的实现而立刻获益的人们）而极大地增强他们举行政治行动的力量"。一句话，我们需要以"两个必然"来激活大家对于"社会主义/共产主义未来"的信心，我们需要"赢得这一确信"——"确实存在实现这种社会主义的可能性——成了一种实践的、革命的日常政治的实际准备"。没有这一种确信，资本主义就不会被无产阶级推翻。而在我们中国已经建立社会主义制度的基础上，就更应该坚持并维护社会主义思想和社会主义文明。我国的改革开放乃至当代人类的未来实践，是趋同、止步于现今的欧美资本主义，还是必然超越资本主义而迈向更高级的社会形态到达共产主义？邓小平早在改革开放之初就指出："我们实行改革开放，这是怎样搞社会主义的问题。作为制度来说，没有社会主义这个前提，改革开放就会走向资本主义。"习近平总书记强调："中国特色社会主义是社会主义而不是其他什么主义，科学社会主义基本原则不能丢，丢了就不是社会主义。""党的十八大精神，说一千道一万，归结为一点，就是坚持和发展中国特色社会主义。"为此，我们需要在全面从严治党过程中筑牢马克思主义的理论根基。

把劳动教育融入大中小幼思政课教育教学

——天津市大中小幼思政课教师"手拉手"集体备课会顺利举行[①]

2020年5月5日,"把劳动教育融入大中小幼思政课教育教学——天津市大中小幼思政课教师'手拉手'集体备课会"在优学院直播课堂平台举行。人民网公开课总监盛卉、南开大学马克思主义学院党委书记付洪、院长刘凤义出席会议,来自甘肃省庄浪县通化镇中心小学、天津市蓟州区山倾城小学、天津市蓟州区第一小学、天津市蓟州区第三幼儿园、天津市第一中学、天津市第二十中学、南开大学马克思主义学院的14位教师参会并做主题发言。会议由南开大学马克思主义学院副院长孙寿涛主持。

付洪书记对参加本次集体备课会的各个学校的领导、老师表示诚挚欢迎,对人民网公开课领导的鼎力支持和会议工作人员的辛勤筹备表示由衷感谢。她指出,"五一"劳动节期间,大中小幼各位领导、专家、老师齐聚云端,共同探讨如何将劳动教育融入大中小幼思政课教育教学,是贯彻落实全国教育大会精神、全国高校思想政治工作会议精神和《中共中央国务院关于全面加强新时代大中小学劳动教育的意见》精神的一项重要举措,是持续、深入推动习近平新时代中国特色社会主义思想和党的十九大精神"三进"的一次积极尝试。她希望以此次活动为契机,进一步加强不同学段学校之间的联系与合作,真正把大中小幼的思政教育教学联系起来,加强思政课教育教学的整体性协同,切实提高思政课的育人效果,为培养造就担当民族复兴大任的时代新人做出我们的贡献。

盛卉总监认为,崇尚劳动是中华民族的传统美德,劳动教育是社会主义教育的重要特征,更是培养社会主义建设者和接班人的重要途径,劳动教育贯穿大中

---

① 作者为楚恒叶,南开大学马克思主义学院教务干事;宋杰,南开大学马克思主义学院2018级硕士研究生。

小幼教育教学，对人才培养具有重要意义。她还介绍了人民网公开课平台建设，以及与南开大学马克思主义学院等的深度合作情况。

备课会上，参会教师围绕劳动教育中思政课教师的作用、大中小幼劳动教育教学的具体实践与做法、新时代劳动教育提出的具体背景、科学内涵、育人功能、价值认同，以及大中小学劳动教育一体化建设探索等主题开展深入研讨。

甘肃省庄浪县通化镇中心小学教师高雅洁从举止文明、诚实守信、尊重他人、守时惜时、懂得感恩、勤俭节约、遵守秩序、勤于动手、锻炼身体以及讲究卫生十个方面进行讲解，并结合自身小学思政教育经验，分享教师对于办好思政课的具体作用。甘肃省庄浪县通化镇中心小学教师胡晓丽认为，实施小学劳动教育对学生培养具有重要的意义。她对当前小学生劳动教育现状进行了分析，并对如何加强劳动教育舆论宣传、建设劳动教育课程提出了思考和建议。

天津市蓟州区山倾城小学校长陈小兵认为，劳动教育对于社会主义建设具有重要意义。她结合本校劳动教育中的七项举措进行讲解，并介绍了学校下一阶段劳动教育的实施方向和具体内容。天津市蓟州区第一小学教师刘秀芳结合自身教学经历，详细介绍了在小学道德与法治课教学中渗透劳动教育的重要意义、具体做法和努力方向。天津市蓟州区第三幼儿园园长冀树敏指出，幼儿劳动教育对人才培养的重要意义，并详细列举了本校为幼儿劳动教育创造的优良环境及开展幼儿劳动教育的具体做法。

天津市第一中学马杰副校长详细介绍了本校的光荣历史、校风学风、教学经验、优秀成果及开展劳动教育教学的师资、课程保障，并重点讲解了该校"一核三层五度"的特色劳动教育模式。天津市第二十中学德育主任周子云从思政当先，树立正确马克思主义劳动观；大处着眼，构建新时代劳动教育课程观；多措并举，加强劳动教育要素保障三个方面，讲解了该校为构建新时代劳动教育一体化建设做出的积极探索。

南开大学马克思主义学院毛泽东思想和中国特色社会主义理论体系概论教研室教师刘昊详细阐释了劳动认同的范畴和内涵，对当下劳动认同危机出现的根源进行了探析，并提出化解劳动认同危机、重建劳动认同的具体建议。南开大学马克思主义学院形势与政策教研室主任盛林认为，劳动教育对新时代立德树人具有重要意义，面对当下青少年劳动教育缺失造成的问题，他从提升智力、磨炼意志、培养品德三个维度对新时代劳动育人功能进行了思考。

南开大学马克思主义学院本科教学部副主任余一凡认为，开展劳动教育体现了社会主义的本质特征，是中国特色社会主义教育制度的重要内容，加强劳动教育是新时代党对教育的新要求；基于劳动教育具有极强的现实针对性的特征，他提出了新时代劳动育人的基本要求。南开大学马克思主义学院习近平新时代中国特色社会主义思想概论课程负责人陈文旭从新时代劳动教育提出的背景出发，分析了劳动教育淡化、弱化、软化和虚化的原因，梳理了劳动教育的发展轨迹，结合新时代劳动教育的基本内涵，总结了新时代劳动教育的基本内容和主要特征。

南开大学马克思主义学院马克思主义基本原理概论教研室副教授刘明明从马恩经典文献出发，阐述了"劳动创造了人本身"的概念，并认为联合劳动为自由全面发展提供物质基础和闲暇时间，自由劳动造就自由全面发展的人。南开大学马克思主义学院中国近现代史纲要教研室讲师吴淑丽从党史进程中梳理了劳动实践的意义，进而谈到新时代加强劳动教育的必要性，提出开展劳动教育应注意"三个打通"，促进青少年在劳动教育中丰富自身发展、深化社会责任。南开大学马克思主义学院思想道德修养与法律基础教研室主任徐曼认为，大中小学劳动教育环环相扣、密不可分，她分别从理念先行、遵循规律–创新方式方法、加强整体统筹、具体思路举措四个方面对新时代推进大中小学劳动教育一体化建设进行了全面分析。

最后，刘凤义院长对本次集体备课会进行总结。他指出，在伟大的无产阶级革命导师马克思诞辰日和习近平总书记在纪念马克思200周年诞辰讲话2周年的日子，依托本次会议，重新研究马克思主义劳动教育理论，探讨习近平总书记关于劳动的论述，有着深刻的意义和巨大的收获：一是提供了关于大中小幼四个层次关于劳动教育的经验；二是达成了关于劳动教育的重要意义、发展目标、生活化、多样化、特色化、层次化、多学科化等的共识；三是深化了劳动教育与中华优秀传统文化关系、中国化马克思主义劳动观、新时代劳动教育背景、劳动内容、劳动特点等的认识；四是明确了大中小幼劳动教育的具体内容、劳动教育如何科学地区分层次性、劳动教育如何螺旋式上升等的研究方向。他表示，"手拉手"集体备课会，为探索大中小幼劳动教育一体化建设提供了新途径，南开大学马克思主义学院愿意以此为起点，把大中小幼"手拉手"集体备课活动越办越好、越办质量越高。

据悉，本次会议由南开大学马克思主义学院、天津市马克思主义基本原理协同创新中心、蓟州一中学区大中小幼思政一体化联盟、南开大学高校思想政治理论课马克思主义基本原理概论教材研究基地、天津市高校习近平新时代中国特色社会主义思想研究联盟联合主办、人民网公开课协办，当天共计有来自10多个省市的思政教师同行1000余人次观看会议直播，在社会中引起了广泛好评。

思政课教学的历史回顾和面临的问题①

——以《马克思主义基本原理概论》为例

摘要：新时代推进《马克思主义基本原理概论》（以下简称《原理》）课教学是整个思想政治教育教学十分关键的一环，是整个"思政"课体系的学理基础。《原理》课教学中需要在弄清新中国70年"思政"课发展脉络的基础上，认识并处理好教材与教学的关系、教学内容与教学形式的关系等问题。

2019年3月18日，习近平总书记在学校思想政治理论课教师座谈会上发表重要讲话，特别对进一步做好思政课教育教学工作提出新时代的要求。讲话中"六个要"和"八个统一"对包括《原理》课在内的思想政治理论课教学都有重要指导意义。②现阶段，在《原理》课教学中仍然"存在着教师讲不透、学生不愿听的困境，《原理》课教学的实效性有待进一步增强"。我们认为，要把《原理》课需要传递的马克思主义立场、观点和方法阐释清楚，需要在把握新中国70年"思政"课程演变历程的基础上，正确认识和处理好教材与教学的关系，正确认识和处理好教学内容与教学形式的关系。

① 本文得到天津市高校思想政治理论课"名师工作室"支持，首发于人民网公开课。作者为寇清杰，南开大学马克思主义学院教授，教育部"高校思想政治理论课马克思主义基本原理概论教材研究基地"和天津市高校习近平新时代中国特色社会主义思想研究联盟特邀研究员。王建君，南开大学马克思主义学院2019级博士研究生。
② 《习近平主持召开学校思想政治理论课教师座谈会强调：用新时代中国特色社会主义思想铸魂育人 贯彻党的教育方针落实立德树人根本任务》，《人民日报》2019年3月19日。

一、新中国70年"思政"课程的演变

新中国70年，"思政"课程方案屡经调整。"考察每个问题都要看某种现象在历史上怎样产生、在发展中经过哪些主要阶段，并根据它的这种发展去考察这一事物现在是怎样的。"①考察"思政"课程演变可以从新中国成立至改革开放和改革开放以来两个阶段来考察，每个阶段又以特定的时间节点划分成若干小的阶段。

1. 新中国成立初社会主义革命和建设时期的"思政"课

1949年新中国成立到改革开放这一历史阶段，"思政"课的主要任务是在广大人民群众中"破旧立新"，进行马克思列宁主义的思想政治教育。

第一，全党先后在1951年5月和1954年5月两次召开全国宣传工作会议，立足于党和国家事业的战略任务强调了思想政治工作的极端重要性，在此时期的主要任务就是巩固无产阶级专政的新政权、恢复经济建设、保障向社会主义阶段过渡。"思政"课程也围绕党和国家战略部署，先出台了"52方案"（1952年），名称为"马克思列宁主义、毛泽东思想课"，课程包括：新民主主义论、政治经济学、辩证唯物主义与历史唯物主义；后又出台"54方案"，名称为"政治理论课"，课程设置：马列主义基础、中国革命史、政治经济学、辩证唯物主义与历史唯物主义。

第二，1956年至1966年，社会主义革命和建设经历了各种曲折，"思政"课发展同样不平坦。一方面，党和国家的各项建设取得较为积极的发展。毛泽东于1957年2月发表《关于正确处理人民内部矛盾的问题》的讲话。党中央于同年4月发出《关于整风运动的指示》，提出开展"一次既严肃认真又和风细雨的思想教育运动"。这些对我国当时各项建设产生了积极的影响。另一方面，在贯彻党的八大正确路线上出现偏颇，党在指导思想上出现"左"的错误倾向。在此背景下，"思政"课"61方案"应运而生，名称为"共同政治理论课"，课程设置：文科四门：中共党史、马克思列宁主义基础（主要学习毛泽东同志的政治学说）、政治经济学、哲学，理工科两门：中共党史、马克思列宁主义概论（包括马克思主义的三个组成部分）。

---

① 《列宁选集》（第4卷），[M].北京：人民出版社，1995：26。

社会主义革命与建设时期的"思政"课发展，对中华人民共和国成立初期巩固无产阶级专政，促进社会主义建设起到了关键作用，又饱受挫折。但总体来说为此后的"思政"课建设与发展奠定了制度管理和系统建设的雄厚基础。

2. 改革开放以来的"思政"课发展

从1978年至今，"思政"课主要围绕中国特色社会主义建设与发展为主题。可分为三个小阶段。

第一阶段，改革开放初期（1978年至1992年）。党的十一届三中全会，全面开启社会主义改革开放的伟大征程。1981年6月，党的十一届六中全会通过了《关于建国以来党的若干历史问题的决议》，从根本上拨乱反正，重新确立了解放思想、实事求是的思想路线以及马克思主义的指导地位。在党和国家全面恢复发展的阶段，"思政"课"78方案"出台，名称为：马列主义理论课，课程设置：政治经济学、辩证唯物主义与历史唯物主义、中共党史、国际共运史；此后，又调整出台"79方案"，名称为：政治理论课，课程设置：中共党史、政治经济学、哲学、国际共运史；"86方案"，名称为：政治理论课，课程设置：中国革命史、中国社会主义建设、马克思主义原理、世界政治经济和国际关系。1987年，国家教委提出"思想教育课"，标志着出现"一课"，为"两课"的提出做出了准备。

第二阶段，改革开放稳步发展（1992年至2012年）。在这个时期，党的十四大系统科学概括了建设有中国特色的社会主义理论，确立建设社会主义市场经济体制目标。与此同时，新形势下党内外"左"右的干扰、西方颠覆势力等，始终干扰着党的各项事业。"思政"课面临一定挑战。党中央结合国内外情势，把握住改革开放和社会主义市场经济的前进方向，不断将马克思主义理论中国化。"思政"课教育工作者也紧紧围绕中国发展实际遇到的问题，在引导人民、凝聚共识、引领社会思潮方面做了大量细致工作。

1995年，国家教委发布《关于高校马克思主义理论课和思想品德课教学改革的若干意见》，明确提出"马克思主义理论课和思想品德课"（简称"两课"）[1]，此后这一说法沿用多年，影响深远。接着出台"98方案"，名称为："马克思主义理论课和思想品德课"，简称"两课"，课程设置：马克思主义理论课包括马克思主义哲学原理、马克思主义政治经济学原理、毛泽东思想概论、邓小平理论、当

---

[1]　国家教育委员会：《关于高校马克思主义理论课和思想品德课教学改革的若干意见.高校理论参考》1995（10）：2-5。

代世界经济与政治（文科）；思想品德课包括思想道德修养、法律基础。2005年12月，国务院学位委员会、教育部下发《关于调整增设马克思主义理论一级学科及所属二级学科的通知》①，重新定位"思政"课，提高了思政课"身价"，即目前正在通行的"05方案"。名称：思想政治理论课，恢复"一课"，统编教材，纳入"马工程"。"05方案"实施以来，思政课改革不断深入，自上而下层层重视，教师积极努力，取得明显效果。

第三阶段，创新发展阶段。党的十八大以来，中国特色社会主义各项事业进入新时代。"思政"课在创新中前进。但是时间不等人，"思政"课发展一刻不能停歇，需要与新时代的召唤无缝对接，并且需要学界时刻保持清醒的头脑，冷静面对各类社会思潮特别是广大青少年的思想状况及价值取向变化的各种挑战。"思政"课在新的历史条件下面临的新问题值得关注：第一，以信息化为主要特征的新媒体环境以及伴随互联网长大的新一代学生的特点，对讲好思政课提出更高的要求，但是思政教师队伍的整体水平和能力相对不足。第二，从全国来看，思政教师队伍仍面临人才匮乏瓶颈。第三，思政课教材的系统性和连贯性不足，这也是思政教师反映的焦点。"知识的传授应是递进式，但现在的思政课教材从小学到大学，重复内容多，且重点观点阐释不足，不易被年轻人接受。另外，思政教材还需要避免知识的简单化、抽象化、重复化。"第四，当前思政课在对一些现实问题的解释和回应上不够及时，对学生思想引领作用发挥不够。一些教师缺乏问题导向，不关注现实问题，不进行学术研究和教学研究，上课被看成例行公事。

新时代飞速的发展带来的种种挑战为接下来的"思政"课攻坚克难提供了发展机遇。

二、正确认识和处理教材与教学的关系

教材（教科书、课本）作为国家意志、民族文化、社会进步和科技发展水平的集中体现，是实现培养目标的最直接的载体，具有隐性与显性的意识形态功能。我国具有注重教科书显性意识形态功能的传统，而西方发达资本主义国家更

---

① 国家教育委员会、教育部：《关于调整增设马克思主义理论一级学科及所属二级学科的通知》（学位〔2005〕64号）。

注重教科书隐性的意识形态功能的发挥。近代教育家陆费逵在《中华书局宣言书》中明确提出"教科书革命"的口号，他指出："国立根本，在乎教育，教育根本，实在教科书。教育不革命，国其终无由巩固，教科书不革命，教育目的终不能达到也。"①

第一，教材自身发展是教学活动中的出发点。首先，打铁还需自身硬，教材是"思政"课能否科学、系统、高效开展的基础。教材攻坚是提高思想政治理论课质量和水平的突破口。思想政治理论课是大学生思想政治教育的主渠道，承担着培养社会主义合格建设者和可靠接班人的使命，思想政治理论课是政治性、思想性与学术性的统一体，不仅关系到大学生科学世界观、人生观、价值观的养成，而且关系到育人育才、立德树人的整体。因此，思想政治理论课教学必须符合培养社会主义合格建设者和可靠接班人的教学目标，要求教学活动的科学性和规范性，而教材无疑是其中的关键一环和重要依据。其次，为了提高思想政治理论课教学质量，党和国家特别重视教材建设，将其纳入"马工程"教材，由国内著名专家学者直接完成，由资深专家组成咨询委员会负责审定。"马工程"教材的出版，解决了高校思想政治理论课长期存在的教材不统一、质量参差不齐等难题，也为思想政治理论课教学质量提升提供了重要依据。自"05方案"实施以来，《原理》教材建设与时俱进，从2006年出版第一版以来，先后相继出版了2008年、2009年、2010年、2013年、2015年、2018年六个修订版。加上第一版共出了七版。可谓是"十年磨一剑"！十几年来，《原理》教材作为"马工程"重点教材，在使用过程中，不断听取广大师生的意见，不断吸取理论界研究的新成果，不断在党的创新理论发展中，在中国特色社会主义实践的发展中，与时俱进地充实和增加新内容，使教材不断完善，理论性、现实性、可读性明显增强。而且，不断加强修订工作是教材自身建设体系化的关键。以2018年《原理》教材修订工作为例，其中有以下特点：①修订工作启动非常迅速；②教材修订课题组成员做了较大调整；③相对以往历次修订，本次修订力度最大；④因为时间紧，本次修订仍然是有限目标。毋庸置疑，推动习近平新时代中国特色社会主义思想进教材、进课堂、进头脑，是当前教育系统的一项具有战略性、系统性的大事。

第二，教学过程是将教材物尽其用的实践环节。一方面，要用好、讲好新修订的高校思政理论课教材，用中国特色社会主义最新理论成果武装大学生头脑。

---

① 《中华书局宣言书》[N].申报，1912.01.23（003）。

"思政"课教师能否将教材修订内容理解透彻是教材充分发挥自身优势的关键一环。一个时代需要新的理论，新的理论也必定在实践中不断检验，最终成为这个时代发展的指针。"思政"课教师必须对每一次变动后的教材进行学理性的考量。例如，2018版《原理》教材中增加了"马克思主义的当代价值"，为什么增加这一部分内容，值得"思政"教师深入思考加以研究。另一方面，应从教材体系向教学体系转化。其一，从单纯的教材理论知识"灌输"，转变为抽象层面的讲解与现实生活现象融会贯通。不能简单对教材一知半解，或者妄加解读，这是教学过程中未能"吃透"教材的表现，往深里来说是教学态度上的缺失。其二，杜绝对教材形而上的讲解。马克思主义是继承了人类文明发展的优秀成果，是深度剖析社会历史运动规律的科学理论。马克思主义理论具有强大的方法论意义，《原理》课教学也需要运用马克思主义的方法，将理论具体化、大众化、生活化是"思政课"教师必须掌握的本领。一位颇受学生欢迎的思政名师的授课秘诀就是"三个贴近""一个转换"：一要贴近实践，要有"问题意识"，"用现实激活理论"，引发学生兴趣；二要贴近学生，设身处地从学生角度想问题；三要贴近时代，利用现代科技手段提升授课效果；"一个转换"是实现教学话语的转换，要讲"家常话"，将高深理论用通俗的话表达出来。

三、正确处理教学内容和教学形式的关系

无论如何创新，都是内容为王，思政领域的创新一定要在理论上、在内容上进行创新。形式创新要为内容服务，为教学目的服务。要警惕空泛化、空心化，反对过度娱乐化。习近平总书记在哲学社会科学座谈会讲话中指出："在有的领域中马克思主义被边缘化、空泛化、标签化，在一些学科中'失语'、教材中'失踪'、论坛上'失声'。这种状况必须引起我们高度重视。"①

第一，空心化在学术界的表现。

当前，意识形态领域的一个倾向性和苗头性问题就是在学术探讨的幌子下对马克思主义基本原理和核心理论的全面否定。如果对这一现象不加遏止，马克思主义就会被歪曲得面目全非，完全失去其合法性、正当性和思想上的指导性。众所周知，马克思主义核心理论的形成，标志着马克思主义的产生，标志着社会主

---

① 习近平：《在哲学社会科学工作座谈会上的讲话》，《人民日报》2016年5月19日，第2版。

义从空想到科学的发展。如果否定了这些核心理论，马克思主义就失去了它固有的阶级性、科学性和创造性，就会成为任何阶级、任何人都可以接受的一般学术观点和理论派别。这样，马克思主义就被空心化了。学术界的大环境直接影响"思政"课的小氛围，所以对学术界空心化要引起高度注意。其主要表现在以下几个方面。

（一）对历史唯物主义基本原理的否定

马克思主义哲学中的物质论、认识论、辩证法等辩证唯物主义内容，在马克思恩格斯以前或多或少为中外思想家所阐述和论证，因此还不能说是马克思恩格斯的原创思想和核心理论。只有历史唯物主义才是马克思恩格斯的原创思想，恩格斯把它称为马克思的两大发现之一。唯物史观产生以后，"唯心主义从它的最后避难所即历史观中被驱逐出去了，一种唯物主义的历史观被提出来了，用人们的存在说明他们的意识，而不是像以往那样用人们的意识说明他们的存在这样一条道路已经找到了"。①列宁说："马克思的历史唯物主义是科学思想中的最大成果。"②唯物史观原理，对于一切社会科学，都是一个具有革命意义的发现。从此，人类社会有了认识自身历史发展的战无不胜的理论武器。唯物史观的创立是人类思想史上"壮丽的日出"。这是马克思主义核心理论之一，无论是在学术探讨还是在"思政"课内容上都是不容动摇的。但是，这个本来在马克思主义理论界确定的和毫无争议的问题，现在却受到种种质疑。一些学者认为，历史唯物主义基本原理已经无法解释当代社会发展的新情况和新问题，它主要适用于解释社会革命和阶级冲突；还有人认为唯物史观把物质生产作为分析社会现象的基础和出发点是"见物不见人"，不是以人为本；唯物史观强调的生产力、生产关系、经济基础、上层建筑社会结构之间的矛盾运动及其社会革命思想，是造成社会动荡和社会灾难的根源，因此要"告别革命"；更有甚者，认为唯物史观的五大社会形态理论，即人类社会按照原始社会、奴隶社会、封建社会、资本主义社会、社会主义和共产主义社会从低级向高级依次更替和发展的现象是一种主观想象，不仅不符合中国社会发展的历史现实，而且也不符合世界发展的历史现实。

---

① 《马克思恩格斯文集》（第二卷）[M].北京：人民出版社，2009:5。
② 《列宁专题文集·论马克思主义》，人民出版社，2009年，第68页。

（二）对剩余价值论的否定

马克思主义政治经济学体系包括劳动价值论、剩余价值论、资本积累论、资本流通论、资本分配论等，其中剩余价值论是马克思主义政治经济学体系的核心理论。因为政治经济学中的其他理论，在马克思之前的古典经济学家中或多或少已经阐述过了，马克思对这些理论进行了批判性继承，并且进行了革命性改造。只有剩余价值理论才是马克思的原创思想，因此，剩余价值理论是马克思的另一个伟大发现。有的学者发文全面否定马克思的两大发现之一剩余价值论和剥削理论，对资本主义大加赞扬和歌颂。文章鼓吹剩余价值论是一个理论假设，它夸大了工人阶级的劳动价值贡献量。作者认为利润是诸生产要素投入的结果，而非单一劳动要素的结晶。不变资本和可变资本理论难以自圆其说，因为所有资本都会带来价值增值，因此都是"可变"的。在讨论按生产要素分配的理论依据时，比较有倾向性的观点是：之所以要按生产要素分配，因为生产要素在价值创造中也做出了贡献。反过来说，劳动不是价值的唯一源泉，生产要素也在创造价值。把生产要素在使用价值生产中的作用和在价值创造中的作用直接合二为一。这种观点直接否定马克思的劳动价值论，进而否定剩余价值论。

（三）对无产阶级专政理论的怀疑否定

科学社会主义也有核心理论，这个核心理论就是无产阶级专政。无产阶级专政理论是马克思主义的精髓。马克思在谈到自己的新贡献时，曾经明确指出："无论是发现现代社会中有阶级存在或发现各阶级间的斗争，都不是我的功劳。在我很久以前，资产阶级历史编纂学家就已经叙述过阶级斗争的历史发展，资产阶级经济学家也已经对各个阶级做过经济上的分析。我所加上的新内容就是证明了下列几点：（1）阶级的存在仅仅同生产发展的一定历史阶段相联系；（2）阶级斗争必然导致无产阶级专政；（3）这个专政不过是达到消灭一切阶级和进入无阶级社会的过渡。"[①]列宁在同第二国际修正主义斗争中则强调："只有承认阶级斗争、同时也承认无产阶级专政的人，才是马克思主义者。"[②]有的人在无产阶级专政问题上大做文章，认为无产阶级专政"是一种理论假说""在现实中是一种虚幻""既

---

① 《马克思恩格斯文集》（第三卷）[M].北京：人民出版社，2009：5.

② 《列宁全集》（第31卷）[M].北京：人民出版社，1985：32.

缺乏科学依据，又缺乏法律条文""后人有责任研究专政论断中的缺陷"。有人为了否定当今世界存在的两个阶级、两条道路的斗争，从而否定无产阶级专政存在的必然性和必要性，就断定，到19世纪50年代末期，马克思恩格斯已经"不再提出"无产阶级夺取政权的目标，"改变了"早期认为资本主义社会存在着两大阶级生死搏斗的观点。还认为，列宁《帝国主义论》对一些资料的占有不充分，所以提出的观点"站不住脚"，斯大林的资本主义总危机理论"可笑"。学术界种种对马克思主义的责难与故意歪曲都是值得防患于未然的，否则会城门失火殃及池鱼。

第二，思政课教学中的空心化现象。

习近平总书记在哲学社会科学工作座谈会上的讲话中，在谈到如何坚持马克思主义的指导地位时，强调了四个"不能"。对待马克思主义，不能采取教条主义的态度，对待马克思主义，不能采取实用主义的态度，不能把马克思主义政治经济学当作过时的理论，对马克思主义的学习和研究，不能采取浅尝辄止、蜻蜓点水的态度。① "思政"课教学进入新时代已经取得了较以前很大的成果，但是在具体问题上还存在亟待解决的问题。

首先，缺乏问题导向、热衷例行公事。有些"思政"课教师对《原理》课重视程度不够，认为按照教材形式要求的条条框框照本宣科走一遍即可，就是完成了教学工作，存在疲于应付、敷衍了事的心理。2018年9月10日，习近平总书记强调："建设社会主义现代化强国，对教师队伍建设提出新的更高要求，也对全党全社会尊师重教提出新的更高要求。人民教师无上光荣，每个教师都要珍惜这份光荣，爱惜这份职业，严格要求自己，不断完善自己。做老师就要执着于教书育人，有热爱教育的定力、淡泊名利的坚守。"② "思政"课教师不仅肩负着传道授业解惑的职责，还要为国家培养中国特色社会主义事业的合格接班人。"思政"教师更是人类灵魂的工程师，是人类文明的传承者，承载着传播知识、传播思想、传播真理，塑造灵魂、塑造生命、塑造新人的时代重任。这支队伍承担着更高的使命与责任。

其次，形式大于内容，现象大于本质。形式和内容是统一的、不可分离的。

---

① 习近平：《在哲学社会科学工作座谈会上的讲话》，《人民日报》2016年5月19日，第2版。

② 《习近平在全国教育大会上强调 坚持中国特色社会主义教育发展道路 培养德智体美劳全面发展的社会主义建设者和接班人》，《人民日报》2018年9月11日。

形式服务于内容。为更好地展现内容、达到思政课的效果要探索和使用多种方式，但过多地强调形式，可能会使课程的理论性无意中被淡化，忽视思政课的意识形态要求。现在有一种现象，就是一些老师过于往形式上用力，形式可谓"花样翻新"，甚至在一些课堂上出现了过于"娱乐化"倾向，冲淡了思想政治理论课的主题。"娱乐化"，按照传播学的解释，就是"事物以更显著的煽情性、花边性、刺激性的内容或形象出现，以吸引住观众眼球为目的，让一切形态的思考变得更感性、更具诱惑力，以达到人情味更浓、更贴近观众、更容易吸引大众关注的目的。"教学娱乐化是指在教学活动中，为了达到吸引学生注意的目的而对教学过程进行娱乐修饰，使其以更显著的煽情性、花边性、刺激性的内容或形象呈现给学生。一些老师为了提高课堂气氛，提高学生到课率，一改马克思列宁主义严肃的话语模式，代之以说唱、表演，融入小品、相声、舞台艺术，穿插游戏竞猜、影像播放等多种教学手段，老师俨然成为一位说学逗唱、十八般武艺集一身的舞台演员，学生如同身置秀场、笑声不断的演播厅，整个课堂教学显得气氛活跃、高潮迭起，只是下了课，除了那些笑话和八卦，学生往往想不起到底学到了什么。

最后，片面追求某种效应、效果。为了吸引学生的兴趣，一些"思政"课老师用麻辣新奇的解说、现代化的网络语言，甚至用灰色的网络段子对伟人事迹进行加工改造。殊不知，这种演绎不仅有损于思政课教学的严肃性和权威性，同时也给人以媚俗、庸俗之感，甚至影响到思政课意识形态的引领作用。思政课过度娱乐化、综艺化，就会把课堂变成"故事会""影院"，就会失去思政课的政治性，达不到对理论的学习以及对学生的思想政治教育的目的。如果思政课教学失去本有的理论性，就不能指导学生形成正确的世界观、人生观、价值观。遇到现实问题，学生会因为缺失正确的理论指导，而不能发现问题、分析问题和解决问题，不能看清问题的本质，找不到解决问题的方法。

高校是意识形态的主战场，思政课则是高校意识形态工作的前沿阵地。一切以娱乐化为目的的教育理念，往往会将政治的、道德的、历史的等一切价值都溶解于娱乐之中，把文化和思想完全当作一种"游戏"或"消遣"，全然倾注于形式、技巧和观赏的需要，忽视了思政课的思想导向性以及价值观的培养，使学术变得空洞、苍白，使教学变得无思想、无立场、无观念，这与思政课的教学宗旨是背道而驰的。

思政课教师的首要职责是讲好思政课①

从习近平总书记亲自主持召开学校思想政治理论课教师座谈会并发表重要讲话，到《新时代高等学校思想政治理论课教师队伍建设规定》(以下简称《规定》)的出台，国家对思想政治理论课的重视前所未有，可以说，马克思主义理论学科和思政课教师迎来了最好的时代。作为一名思政课教师，如何能不负时代的重托，交出一份满意的答卷？结合学习《规定》的相关精神，笔者做如下思考。

第一，思政课教师必须将教学放在第一位。《规定》指出，思政课教师的首要岗位职责是讲好思政课。但是，在当前思政课发展的大好形势下，有的学院将办会当成了工作的重点，有的思政课教师热衷于参加各种形式主义的研讨会，有的名师专家专注于"串场"跑会。思政课的繁荣不应该是会议的繁多、论文的飙升、课题的丰富而应该是教学质量的切实提高。思政课教师是国家思想文化宣传领域的一支队伍，从国家的角度来看，这支队伍的首要职责是讲好思政课，让大学生能够认同中国特色社会主义制度，坚定"四个自信"。任何偏离教学主线的举措都是本末倒置。

思政课教师要研究透教材，将相对枯燥的教材体系转化为大学生乐于接受的教学内容，不能照本宣科，敷衍应付。思政课教师的主要价值在课堂上，不站在讲台上向大学生传道授业，即使著作等身，也很难称为合格的思政课教师；思政课教师的成就感应该来自学生的认可，而不是论文的发表和课题的申报。《规定》明确提道："高等学校可以结合实际分类设置教学研究型、教学型思政课教师专业技术职务（职称），两种类型都要在教学方面设置基本任务要求，要将教学效

① 本文得到天津市高校思想政治理论课"名师工作室"专项支持，首发于人民网公开课。作者为刘明明，南开大学马克思主义学院副教授，教育部"高校思想政治理论课马克思主义基本原理概论教材研究基地"和天津市高校习近平新时代中国特色社会主义思想研究联盟特邀研究员。

果作为思政课教师专业技术职务（职称）评聘的根本标准。"从中可以发现，思政课教师只有两类，即教学研究型和教学型，没有研究型这一类，并且这两类都是将教学效果作为最关键标准，这足以体现国家重视思政课教学的导向。

第二，上好思政课的关键在于教师。实事求是地讲，讲好思政课并不容易：一则现在大学生的精力很容易被手机和游戏占据，他们对课堂教学的专注度不高；二则学生们在中学时代就掌握了一定的思想政治理论，大学的思政课，因为仍然没有很好地完全解决与中学的衔接问题，缺少新鲜感；三则思政课被贴上"无用"和"洗脑"的标签，一些学生本身对其持排斥心理。但是，对于思政课教师来说，我们很难要求大学生像中学时代那样为了应试成绩而认真听课，学生对这门课程的分神和偏见，需要我们通过自身的努力去改变和纠正。从现实中看，这并非不可能，因为每门思政课在各个高校都有热门和抢手的教师，甚至出现"一课难求"的情况，这就说明：只要老师教得好，学生完全会喜欢上思政课。

我们应该思考的问题是：作为思政课教师，我们在教学上的投入多吗？我们每天用于备课的时间多吗？我们上课给学生传授的内容自己感兴趣吗？如果我们将大部分的时间用在了与教学关联不大的科研上，如果我们的教学内容陈旧而不更新，如果我们自己都对所教内容提不起半点兴趣，那么怎能期望学生会喜欢上我们的课呢？我们通过保持教学内容和教学方式的常新，让学生们喜欢上这门课，不能让它沦为学生无须认真听课就可以轻松拿学分，教师无须认真备课就可以蒙混完任务的"水课"，而要让它成为学生乐听且能终身受益的"金课"。

第三，思政课教师的科研要服务于教学。《规定》中对思政课教师的科研任务提出："坚持以思政课教学为核心的科研导向，紧紧围绕马克思主义理论学科内涵开展科研，深入研究思政课教学方法和教学重点难点问题，深入研究坚持和发展中国特色社会主义的重大理论和实践问题。"这里包含着的要点是，思政课教师的科研不能自娱自乐，搞自己的"小圈子"。思政课教师的科研是有价值取向和目标导向的，它要研究思政课教学，要回答中国特色社会主义的重大理论和实践问题，它要应用于课堂中去。

思政课教师从事科学研究可以提高自己的理论水平和认识水平，这本身对教学是有益的，因为"理论只要彻底，就能说服人"。但是，如果我们发表的文章，申请到的课题只满足了晋升职称的需要，无法应用到课堂教学，或者无法影响到大学生，那实际上不符合国家的意志。所以，思政课教师在从事论文撰写和课题时，不应该将过多精力用于非本学科的问题上，而应将服务于教学和走进课堂作为最重要的选题标准。

第四，《规定》强调思政课教师应该将教学作为重中之重，这一条的贯彻落实，除了教师的自觉，更要建立相应的保障机制。如果在马克思主义学科的评估指标中，论文和课题仍是衡量一个学院综合实力的最关键指标，那么，期望学校和学院减轻教师们的科研压力，让他们专心教学，这是不可能的；如果在绩效分配上，科研分值远高于教学，那些上课多、教学效果好、学生喜欢的思政课教师所得少，而上课少、论文多、课题多的老师所得多，期望教师们重视教学是不可能的。如果在思政课教师的职称评定中，仍将论文数量、期刊级别和课题级别放在首位，只注重教学的课时数，而不考虑教学效果，那么，期望教师们专注教学也是不可能的。所以，必须真正打破思政课教师评价中的"唯论文"和"唯课题"，切实将思政课教师的评价考核机制落实到遵循《规定》的要求上。

遵循总书记要求讲清马克思主义基本原理[①]

2013年8月，习近平总书记在全国宣传思想工作会议上指出："宣传思想工作就是要巩固马克思主义在意识形态领域的指导地位，巩固全党、全国人民团结奋斗的共同思想基础。"总书记"两个巩固"的思想对于我们把握"马克思主义基本原理概论"（以下简称"原理"）课的地位具有重要指导意义。"原理"课是根据"05方案"的统一要求，在对原有政治理论课"马克思主义哲学原理"和"政治经济学原理"整合的基础上形成的，旨在从整体性角度和战略高度对青年学生进行系统的马克思主义理论教育，帮助青年学生掌握马克思主义世界观和方法论，教育青年学生认真学习马克思主义基本原理，努力掌握马克思主义的基本立场、观点和方法，树立马克思主义人生观和价值观，坚定社会主义信念和共产主义信仰，切实地巩固马克思主义在意识形态领域的指导地位。

一、遵循总书记要求讲清马克思主义哲学原理

习近平总书记指出："马克思主义哲学深刻揭示了客观世界特别是人类社会发展的一般规律，在当今时代依然有着强大生命力，依然是指导我们共产党人前进的强大思想武器。我们党自成立起就高度重视在思想上建党，其中十分重要的一条就是坚持用马克思主义哲学教育和武装全党。学哲学、用哲学，是我们党的一个好传统。"在马克思主义哲学原理中，他曾特别强调说，"要学习和掌握社会基本矛盾分析法，深入理解全面深化改革的重要性和紧迫性"，"只有把生产力和生产关系的矛盾运动同经济基础和上层建筑的矛盾运动结合起来观察，把社会基本

---

① 本文获得天津市高校思想政治理论课"名师工作室"专项支持，首发于人民网公开课。作者为孙寿涛，南开大学马克思主义学院教授，教育部"高校思想政治理论课马克思主义基本原理概论教材研究基地"和天津市高校习近平新时代中国特色社会主义思想研究联盟特邀研究员。

矛盾作为一个整体来观察，才能全面把握整个社会的基本面貌和发展方向"，"要学习和掌握物质生产是社会生活的基础的观点，准确把握全面深化改革的重大关系"，"要学习和掌握人民群众是历史创造者的观点，紧紧依靠人民推进改革"。他的这一系列论述均已融入"原理"新版教材中。这些论述，是我们讲清马克思主义哲学原理，特别是讲清社会基本矛盾、生产方式是社会历史发展的决定力量、改革是推动社会发展的重要动力、人民群众是历史的创造者等原理的重要依据。

社会生产力理论是历史唯物主义的重要内容。习近平总书记多次强调社会生产力理论的重要性，如"我们的责任，就是要团结带领全党全国各族人民，继续解放思想，坚持改革开放，不断解放和发展社会生产力，努力解决群众的生产生活困难，坚定不移走共同富裕的道路。""要通过发展社会生产力，不断提高人民物质文化生活水平，促进人的全面发展。""全面建成小康社会，实现社会主义现代化，实现中华民族伟大复兴，最根本最紧迫的任务还是进一步解放和发展社会生产力。"他的这些论述更加明确了我们解放和发展社会生产力的重要性。他特别强调，"要正确处理好经济发展同生态环境保护的关系，牢固树立保护生态环境就是保护生产力、改善生态环境就是发展生产力的理念。""最大限度解放和激发科技作为第一生产力所蕴藏的巨大潜能。""要靠通过不断改革创新，使中国特色社会主义在解放和发展社会生产力、解放和增强社会活力、促进人的全面发展上比资本主义制度更有效率。"这些论述进一步明确了当今中国解放和发展社会生产力，就是要依靠改革创新、推动科技创新、保护生态环境等。习近平总书记关于解放和发展社会生产力的系列谈话，不仅丰富了马克思主义社会生产力理论，也为"原理"课的教学增添了鲜活的内容。

二、遵循总书记要求讲清马克思主义政治经济学原理

列宁曾经指出，政治经济学是"马克思主义理论最深刻、最全面、最详尽的证明和运用"。党的十八大之后不久，习近平总书记在新进中央委员会的委员、候补委员学习贯彻党的十八大精神研讨班开班式的讲话中，就提出续写"马克思主义基本原理和中国社会主义实践相结合的政治经济学"新篇章的神圣使命。在党的十八届三中全会上，他就《中共中央关于全面深化改革若干重大问题的决定》做了说明，就市场在资源配置中起决定性作用和更好地发挥政府作用、坚持

和完善基本经济制度等问题做了回答。他的这些论述是对党的十八大以来中国特色社会主义经济理论和实践问题深入思考的结果，也是我们讲清马克思主义政治经济学原理的重要依据。

2014年，习近平总书记在经济形势专家座谈会上强调指出："实现我们确定的奋斗目标，必须坚持以经济建设为中心，坚持发展是党执政兴国的第一要务，不断推动经济持续健康发展。发展必须是遵循经济规律的科学发展，必须是遵循自然规律的可持续发展。各级党委和政府要学好用好政治经济学，自觉认识和更好遵循经济发展规律，不断提高推进改革开放、领导经济社会发展、提高经济社会发展质量和效益的能力和水平。"而且，他还对世界经济形势给予准确定位："世界经济低速增长态势仍将延续，各种形式的保护主义明显抬头，潜在膨胀和资产泡沫的压力加大，世界经济已由危机前的快速发展期进入深度转型调整期。"他更以历史唯物主义的宽广视野观察社会发展趋势，阐明人类社会历史发展的必然趋势，提出科学认识两大社会制度关系的新思想。他基于马克思主义政治经济学原理明确指出："马克思、恩格斯关于资本主义社会基本矛盾的分析没有过时，关于资本主义必然消亡、社会主义必然胜利的历史唯物主义观点也没有过时。这是社会历史发展不可逆转的总趋势"。习近平总书记的这些论述，既是探索中国特色社会主义经济发展道路的理论结晶，也是对马克思主义政治经济学的丰富和发展。同时，这些论述也使我们更清醒地认识到学好用好政治经济学的重要性，更清醒认识到，通过"原理"课讲清马克思主义政治经济学原理的重点和关键，在于培养学生扎实的马克思主义政治经济学理论基础和战略性经济思维。

三、遵循总书记要求讲清科学社会主义原理

习近平总书记曾"分六个时间段对社会主义五百年的历史进行了系统回顾和梳理，展现了中国特色社会主义的历史渊源和发展进程"。这六个时间段就是：空想社会主义产生和发展；马克思、恩格斯创立科学社会主义理论体系；列宁领导十月革命胜利并实践社会主义；苏联模式逐步形成；新中国成立后我们党对社会主义的探索和实践；我们党做出进行改革开放的历史性决策、开创和发展中国特色社会主义等。在坚持和发展中国特色社会主义问题上，他强调道："中国特色社会主义是社会主义而不是其他什么主义，科学社会主义基本原则不能丢，丢

了就不是社会主义。""中国特色社会主义，是科学社会主义理论逻辑和中国社会发展历史逻辑的辩证统一，是根植于中国大地、反映中国人民意愿、适应中国和时代发展进步要求的科学社会主义。""社会主义从来都是在开拓中前进的"。

他还强调："必须认识到，我们现在的努力以及将来多少代人的持续努力，都是朝着最终实现共产主义这个大目标前进的。同时，必须认识到，实现共产主义是一个非常漫长的历史过程，我们必须立足党在现阶段的奋斗目标，脚踏实地推进我们的事业。"这是马克思主义"两个必然"和"两个决不会"的基本原理在当代中国的具体运用和发展。

他更明确指出："人民立场是中国共产党的根本政治立场，是马克思主义政党区别于其他政党的显著标志。"他深刻指出，带领人民创造幸福生活，是我们党始终不渝的奋斗目标；要顺应人民群众对美好生活的向往，坚持以人民为中心的发展思想；要把人民拥护不拥护、赞成不赞成、高兴不高兴、答应不答应作为衡量一切工作得失的根本标准；让人民群众有更多的获得感，做到发展为了人民、发展依靠人民、发展成果由人民共享；以促进社会公平正义、增进人民福祉为出发点和落脚点，使改革成果更多更公平惠及全体人民。

习近平总书记的这一系列重要论述，让我们进一步明晰了社会主义发展史上的两次飞跃，进一步明晰了社会主义发展道路多样性的原因，进一步明晰了社会主义在实践探索中曲折前进的道理，丰富发展了社会主义本质理论，从新的历史定位上进一步丰富和发展了科学社会主义原理，对我们在"原理"课上讲清科学社会主义原理具有极强的指导意义。

当前，高校思想政治理论课处于"必须办好"的重要节点。"原理"课深入贯彻落实习近平总书记的相关要求，有助于我们明晰课程定位、丰富教学内容，更增强了我们的话语底气、增添了"看家本领"，是进一步提升"原理"课教学实效的重要指南。2020年1月19日，习近平总书记在参观艾思奇纪念馆时指出："我们现在就需要像艾思奇那样能够把马克思主义本土化讲好的人才。我们要传播好马克思主义，不能照本宣科、寻章摘句，要大众化、通俗化。这就是艾思奇同志给我们的启示。"因此，我们要遵循总书记要求，以习近平新时代中国特色社会主义思想为核心，用本土化的语言努力向青年学生讲清马克思主义基本原理，传播好马克思主义，推动马克思主义大众化和通俗化，做新时代的"艾思奇"。

红色社团：高校思政课实践
教学的一个有效载体①

在深化新时代高校思政课改革创新的探索中，实践教学得到越来越多的重视，已经成为思政课教学的一种重要方式。实践、认识、再实践、再认识……这是认识发展的必然规律。学习马克思主义及其中国化的理论成果，就是要做到学、思、用贯通，知、信、行统一，在实践中去检验认识的真理性。特别的，实践既是对理论认识的验证，更蕴含着情感和理想信念的深化。思政课的教学目标是培养学生运用马克思主义的立场、观点和方法看待事物、分析问题的能力，是一种在情理交融中科学信仰的生成。通过深度有效的思政课实践教学，与课堂教学统一起来，不断促进教学目标的达成，深化立德树人的育人效果。本文拟结合近年来的教学实践，就依托红色社团开展思政课实践教学做一些探索和思考。

一、问题的提出

通过什么样的载体去组织思政课实践教学，这个载体能不能有效实现思政课的教学目标？相较于课堂教学所面临的相对单一的环境，实践教学所面临的环境明显更为复杂、条件更为多样，教学组织者所承担的压力也更大，对他们综合素质的要求也更高，这就更需要有合适的载体去进行教学的组织。只有能够开展深度有效的实践教学，保证持续稳定的教学效果，才能在学生中塑造口碑，在口耳相传间使学生产生重视实践教学、认真对待、努力争取参与的积极心态，而不是

① 本文系高校思想政治工作队伍培训研修中心（南开大学）2019年度大学生思想政治教育专项课题"运用红色文化资源开展新时代大学生爱国主义教育创新模式研究"(NKSZJYKT2019—Y001)的阶段性成果，首发于人民网公开课。作者为刘一博，南开大学马克思主义学院党委副书记、副院长、副教授，天津市高校习近平新时代中国特色社会主义思想研究联盟特邀研究员。

报着"水"过去的态度草草了事。同时，这种深度有效的实践教学往往覆盖面较小，普及度不高，那么还需要探索适当的形式去实现"深度"实践教学成果向普及的"广度"转化，从而把深入与普及统一起来，切实达成思政课的教学目标。

那么，这个合适的载体是什么呢？适合各学院专业课的实践教学载体，是否也适合思政课呢？我们认为，对于实践教学环节，思政课与各学院专业课相比有明显的不同点，这决定了适合专业课实践教学的载体，未必适合思政课。

首先，不同点体现在学生来源与班级构成的差别。专业课的实践教学面对的学生来源是单一的，往往是同年级某一个或某几个相近专业。这就可以根据某一门专业课的具体内容，依靠行政班、选课班，或者组织比较小规模的研究小组开展实践教学。思政课的实践教学则不同，首先就是学生的来源不一，有的高校采取几个行政班级一起授课，有的高校则采取"挂牌选课"制度，由学生选老师，那么同一个教学班就可能涉及几个学院的学生，某一个教学班是来自不同专业，甚至不同年级的学生。所以，能够适应专业课实践教学的有效载体，如行政班、选课班或专门的研究小组，就未必能够适应思政课实践教学的要求。特别是对于那些实行"挂牌选课"的学校，按照专业学院的实践教学组织模式就愈发不能够适用了。

其次，不同点还体现在教师作用的发挥上。有没有教师进行深入的指导，是区别实践教学是否作为一种教学形式的重要特征，没有教师的指导和深度参与，实践教学就变成了实践活动。相较于课堂教学，实践教学更需要主体间的深度互动，发挥教师的主导性和学生的主体性作用。其实，各专业学院的专业课教学，也有很多实践教学环节，但是专业课教师面对的只是本专业的学生，他们有的还承担着班导师、兼职辅导员等工作，与学生的互动方式和渠道都比思政课教师要丰富。相比于专业课教师，思政课教师与所教授的学生往往存在一定程度的疏离感，如何打破这种疏离感，在与学生的深度交流融合中实现"亲师信道"，也关乎着思政课实践教学有效性的最终达成。

由此我们可以知道，思政课教师开展深度有效的实践教学，仅靠课堂或课下一些组织松散的研究小组是难以达成的。思政课实践教学需要探索更为有效的载体。它所追求的不只是形式的创新，更是切实提高教学实效性的重要内容，是同思政课的教学目的相合而不是相离、相悖的。在教学实践中，我们发现，高校中的红色社团为探索这种有效载体提供了一种可能的选择。

二、红色社团作为思政课实践教学有效载体的优势

在高校中，学生社团是高校党委领导和共青团直接指导下，具有自发性、群众性的学生团体。其中，以马克思主义理论学习研究或红色文化资源的推广传承为主要活动宗旨的学生社团，就是我们所称的"红色社团"。从历史和现实来看，红色社团因其自身具有的特殊优势，可以作为提升思政课实践教学有效性的一个可能的载体。

1. 历史的积淀：社团在实践中育人的光荣传统

结社是中国青年运动的光荣传统。历史上，在新文化运动的大潮中，先进的中国青年普遍通过结社而团结、组织起来，五四时期的新民学会、觉悟社、江西改造社等一大批社团发挥了凝聚先进青年的作用，同时也成为动员教育群众参与革命斗争的重要"发动机"。这些社团普遍演化成为各地党组织的雏形，参与社团的青年多数也成为党的早期骨干和领袖。在党的历史上，社团也发挥了重要的社会教育功能。以苏区时期为例，如贫农团、雇农工会、青年团等广泛存在于苏区社会的各类社团，一方面将各类群众组织起来，维护他们的权益；另一方面也承担宣传教育群众的功能，对社团所辐射的特定人群开展思想政治教育和普及文化教育，是中共领导的苏维埃运动改造旧社会、创造革命新人的重要组织载体。新中国成立以后，各种群团组织响应党的号召，团结引领广大群众紧跟党的号召，在建设社会主义伟大祖国的斗争中贡献智慧和力量，成为在实践中培养社会主义建设者的重要载体。党的十八大以来，习近平总书记高度重视党的群团工作，主持召开了中央党的群团工作会议，强调坚持中国特色社会主义群团发展道路，坚持党领导群团的政治性、先进性和群众性，要求加强党对群团工作的领导，切实发挥群团组织的思想政治引领和意识形态工作职能。2019年1月17日，习近平总书记在视察南开大学时，亲切过问学生社团的建设与管理情况。高校中的学生社团作为共青团指导的学生自组织，具有广阔的群众基础，有比较清晰的活动导向和形式丰富多样的活动内容，是高校第二课堂的重要组成部分。学生社团承担着思想政治教育的独特功能，是高校思政工作的有机组成部分。长期以来，在校园文化建设和凝聚教育青年学生方面发挥着重要的作用。

2. 现实的考量：高校红色社团的显著优势

第一，红色社团鲜明的主旨，可以将红色文化资源显著的育人优势切实发挥出来。中国的红色文化是中国化、时代化、大众化的马克思主义在文化形态上深刻生动的反映，是在中国共产党以马克思主义为指导领导中国人民向着民族复兴不断前进的过程中所形成的中华民族新的文化形态。蕴含在革命历史中的红色文化资源是具有可感知性的优质教育资源，具有内容丰富、形式多样、直观形象、感染力强等特点。习近平总书记高度重视红色基因的传承，反复强调要用红色文化资源来资政育人。遍布各地的各级各类红色革命遗址和爱国主义教育基地等，都是开展思政课实践教学的重要场所。在红色遗址以"现场"为教材的实践教学，正是运用红色文化资源在坚定理想信念、厚植爱国主义情怀、培育弘扬民族精神等方面的重要功能，从而鲜明地体现了思政课的育人目标。

第二，相比于校园内形形色色的其他社团，红色社团的成员因信仰、志趣而结合的特征十分鲜明。兴趣是学习的前提条件和动力，学生能在形形色色社团的"百团大战"中选择参加红色社团，本身就表明了他们对马克思主义和红色文化的高度认同与所具备的一定的理论基础。社团将这类学生凝聚在一起，发挥了集聚效应，有利于他们共同切磋和不断提高，也为他们的成长提供了空间和舞台。在教师的指导下，社团通过有组织、有目的地开展一系列主旨鲜明的社团活动，进一步深入学习和宣传马克思主义与红色文化，以"聚是一团火，散是满天星"的宗旨，不断坚定信仰、砥砺品格，努力成为学习、传播马克思主义和红色文化骨干，发挥他们在朋辈间特殊的示范、辐射和带动作用，成为在更广大的同学中点燃理想信念之光的"星星之火"。

第三，高校党团组织对学生社团高度重视与支持。目前，高校党组织普遍十分重视指导社团建设，投入了大量的人力、物力资源，为社团的发展提供了良好的平台和机遇。一个优秀的学生社团往往具有清晰、科学的运行机制，能够获得来自高校党团组织的有效指导和必要的活动条件保障，有些优秀社团建制完善，其组织性、纪律性和活动能力与效果强于一般的行政班级，是开展学生工作的重要抓手。红色社团作为一类特殊的承担着明显的思想政治教育职能的学生社团，普遍得到学校各方更多的重视和投入。红色社团这些得天独厚的条件是它的显著优势，应该加以充分利用，将组织效能转化为实践教学的效果。

第四，选聘思政课教师担任红色社团的指导教师，使红色社团成为思政课实践教学的有效载体成了可能。一方面，思政课教师可以确保红色社团坚定的政治方向，对红色社团的活动进行引领和把关，使其符合思政课的育人目标。另一方面，在社团活动中，思政课教师可以突破课堂和班级的限制，与学生实现经常的零距离多样式互动。这种师生间频繁的有效互动是一种重要的隐性教育。走下讲台、走进学生生活的思政课教师，从强势的知识传播者和课堂支配者，转变为生活中真诚的对话者和交流者，使知识和情感的传递在双向互动中潜移默化地完成。在红色社团的活动中，教师渊博的学识、健康的人格、蓬勃的朝气、民主平等的师生关系都可以实现"亲其师信其道"的效果。在思政课实践教学中，这种师生关系会发生重要的"润滑剂"作用，提高效率，深化育人效果。

三、以红色社团为载体提升思政课实践教学效果

红色社团的上述优势，使它具备了作为思政课实践教学一个有效载体的可能。下一步的问题是，如何发挥好这个载体的作用？我们的思路是，坚持思政课教师的主导性与学生的主体性相统一，构建一条先求深入再求普及的实施进路，探索形式丰富的实践教学并实现实践教学成果的两次转化，切实提升思政课实践教学效果。

1. 构建先求深入再求普及的实施进路

以红色社团为载体，首先着力提升思政课实践教学的有效性，构建一条先求"深度"再求普及"广度"的实施进路。按照习近平总书记关于思政课建设"八个相统一"的要求，以达成学生知、情、意、行相统一，提升思政课实践教学效果为目标，分为四个步骤来实施。第一步，从高校党团组织和马克思主义学院获取必要的资源与经费保障，选聘优秀的思政课教师担任红色社团的指导教师。第二步，建立社员的选拔考核机制，坚实红色社团的组织基础。由思政课教师和社团既有成员通过思政课课堂或社团活动等渠道，制度化地选拔具有坚定政治信仰、较高理论水平和一定工作能力的优秀学生骨干，特别注重将从思政课的课堂上选拔社员作为主渠道。第三步，打通课堂教学与实践教学的联系。把红色社团的活动与思政课实践教学紧密结合起来，以策划假期集中开展的实践教学为核心任务，将其与课堂教学和社团日常活动同步规划、同步部署，分步实施，形成合力，在师生深入交流中指导红色社团的集体备课、社会调查、理论宣讲等活动，

不断激发学生参与的主动性，做好假期实践教学的各种准备。第四步，依托红色社团，组织学生骨干利用假期开展"师生同行"实践教学，发挥学生主体地位，丰富实践教学方式，围绕提高实践教学的有效性积累形式多样的、有内容深度的教学成果，并将其向能够呈现和迁移的方向转化，拓展这些教学成果回馈课堂教学的渠道，使实践教学与课堂教学统一起来。需要特别注意的有两点，一是上述全部过程都要充分发挥思政课教师的主导作用；二是必须做到师生沟通的"经常"和"深入"，从而克服思政课教师与所教授学生在班级等既有组织体系下的沟通不畅等问题，体现红色社团的载体优势。通过红色社团在师生经常、有效的互动中不断创设各种育人情境，使红色社团成为开展实践教学的有效载体和培养学生理论骨干的重要根据地。

2. 探索"走""讲""访""唱"的教学方式

发挥红色社团的载体优势，利用寒暑假集中的时间，选择红色遗址群开展"师生同行"实践教学，是上述实施进路中的核心环节，是思政课实践教学的主要内容，也是实现深入向普及转化的前提条件。通过红色社团开展实践教学的主要形式，在于思政课教师利用以红色遗址或纪念场馆为核心的实践地资源，精心构建各种育人情境，为学生提供以"走""讲""访""唱"为主要形式的实践教学"套餐"，促成学生在知、情、意、行等方面发生积极的变化。

"走"，就是指导学生来到在各类红色遗址开展现场教学，以"代入式"深度还原历史情境的模式，从复原各种符号入手，包括服装、配饰、组织形式等，将学生"代入"历史的"情境"而不只是"场景"之中，让红色文化资源的内容在实践教学中变得立体、鲜活，提高它的可感知程度。通过真实可感的历史"情境"的构建及有效的"代入"，将简单的景物转变为育人的教材，让学生置身其中，接收来自历史和现实的多维度信息，深入内心，激发情感的共鸣，进而引发理性的思考，从而更有效地挖掘红色文化资源的育人价值。正如列宁所指出的，"没有'人的感情'，就从来没有也不可能有人对于真理的追求"[①]。人通过情感来感受识别价值、形成价值判断，没有高度的情感认同，也就没有深刻的理论认同。"走"是实践教学的基础环节，通过精心设计的教学环节，使红色遗址所承载的育人资源能够在学生的情感共鸣上打开突破口，为全方位实践教学的展开奠

---

① 《列宁全集》第25卷，人民出版社1988年版，第117页。

定基础。

"讲"，就是利用实践地的现场教学资源进行讲授，这是从情感到理性的进阶阶段。思政课实践教学的"讲"，不是单纯由教师来讲，更不是全面依靠红色遗址、纪念场馆的讲解员来讲，而是要围绕思政课教师确定的教学主题，立足于某一个或几个具体的教学目标，来确定具体的讲授内容，坚持开展充分的先期师生共同研讨和备课。一次实践教学往往会涉及多个不同的点位，这就要发挥思政课教师主导性，以授课主题为线索，策划清晰的实践线路，将实践地的红色文化资源纳入师生在身临现场之前所进行的教学设计之中。具体的讲解，应坚持"形散神不散"的原则，始终围绕一个集中的主题授课，但可以通过"拼盘"的形式，划分研究小组，将某些专题讲授的任务交给学生，由教师或实践地专家、场馆讲解员等进行点评和交流，从而使"讲"的内容始终围绕教学目标，并进一步丰富"讲"的形式，深化"讲"的效果。

"访"，就是访社情民意，做调查研究。造访不同类型的群体，调研红色文化资源的历史传承或革命老区决胜全面小康、开展精准扶贫等工作的现状，把握马克思主义的现实性和红色文化资源的时代价值。可以访革命老人和红军后代，收集整理革命先辈的红色传说，积累鲜活感人的一手资料；访党史研究专家和基层党史工作者，接触不同区域、不同县份具有各自特点的红色文化，挖掘更多鲜为人知的历史细节；访新时代的基层干部，调查了解推进精准扶贫、决胜全面小康的经验与成就，学习新时代的"苏区干部好作风"；访普通群众，调研不同时代产生的革命精神在当下的传承、党和国家惠民政策的落实情况等。通过深入的走访和调研，搭建历史与现实的桥梁，为理解现实中的马克思主义和传承弘扬红色文化找到坚实的落脚点。

"唱"，就是通过学唱和创作歌曲，传承歌曲中蕴含的红色文化资源，砥砺品格，激励斗志。音乐具有跨越时空的精神力量，无论是革命战争年代脍炙人口的民歌小调，还是新中国成立以后旋律激昂的进行曲，都饱含时代特征，充满爱国奋斗的高昂志气，是宝贵的育人资源。我们党始终高度重视革命歌曲动员群众、教育群众的力量。著名教育家张伯苓先生在制定南开校歌时指出，在各种庆典场合集体唱响校歌，可以在集体合唱中陶铸"南开真精神"。实践教学中的"唱"，既学唱实践地区经典红色歌曲，比如在兴国学唱《苏区干部好作风》《当兵就要当红军》，在洪湖学唱《洪湖水，浪打浪》等脍炙人口的经典小调等，这些可以和历史情境的代入相结合，深化合唱的仪式感。同时，也可以引导学生用青年耳熟能详的流行旋律来改编红歌或重新填词，如南开大学"红色记忆宣讲团"在实践教学中指导学生改编创作"井冈山版"《成都》、"苏区版"《纸短情长》等，都激发了学生浓厚的兴趣。改编歌曲创作的过程就是教学目标内化和教学效果呈现的过程，这些创作的成果也会成为实践成果转化的重要内容。

3. 注重实践教学成果的两次转化

在有深度的实践教学中，其教学有效性往往首先体现在直接参与教学过程的学生骨干在知、情、意、行各个方面的提升。所以，为最终实现深入与普及的统一，惠及更广泛的学生，必须注重深度实践教学成果的两次转化，只有能够用多种方式呈现和实现迁移的教学成果，才能运用这些成果在更广泛的学生群体中达成深入与普及的统一，提升思政课的教学效果。

第一次转化，就是在假期开展实践教学的过程中，做好及时的总结和深化，把学生通过实践教学过程在知识、情感等层面的收获以多种形式及时固化下来，从而为第二次转化奠定基础。第一次转化的关键在于"及时"。思政课教师要及时捕捉实践教学过程中学生的反馈，查缺补漏，对于学生知识的漏洞进行有针对性的填补，对于学生在实践中产生的情感及时进行升华，帮助学生实现对实践教学成果的固化、内化。要妥善安排实践教学方案，用好晚上等时间，使整个实践教学过程都在组织化的过程中紧凑地进行，一方面可以深化育人效果，另一方面也是确保安全的有效举措。

第二次转化，就是在假期实践后的回馈反哺课堂教学和校园文化。这是更重要的转化，是从深入向普及的转化，使二者达成统一的关键环节。转化的方式，要按照习近平总书记的要求做到显性教育与隐性教育相统一。可以在思政课课堂呈现实践教学成果，或由学生骨干以助教身份，参与指导思政课必修课的"大授小讨"；或组织宣讲小组，利用党团组织"三会一课"等平台，将实践教学成果在其他学生中拓展。更有价值的转化则是"溶盐"式的隐性教育，比如通过网络平台，制作发布主题鲜明、短小精致的微视频、H5、小程序等；也可以结合学校校园文化的传统，丰富转化形式。如南开大学"红色记忆宣讲团"发扬南开师生同台表演话剧的优良传统，在中华人民共和国成立70周年之际，由思政课教师、社团成员及思政课学生代表共同编演纪念方志敏烈士120周年诞辰话剧《可爱的中国》。多种丰富形式的成果转化，是红色社团日常活动与思政课课堂紧密配合、双线共进的主要方式，可以使更广泛的学生在不知不觉间接受隐性教育，最大限度扭转学生固有的对于思政课"说教"的错误认识。同时，在转化的过程中，也可以发现并挖掘新的学生骨干加入社团，或引导他们进一步选修思政类选修课程，逐步扩大学生的"思想理论朋友圈"，汇集推进思政课改革创新的青春力量。

四、提高红色社团建设水平提升服务思政课改革创新能力

也要看到的是，当前高校社团的管理水平不一，社团建设的成果差异巨大。红色社团要切实作为提升思政课实践教学有效性的载体，就必须在思政课改革创新的总体格局中，不断提高红色社团建设的水平，使其能够承担思政课实践教学有效载体的职能。

第一，把红色社团建设纳入思政课改革创新总体格局中思考和谋划。高校党委、教务部门和马克思主义学院要提高对红色社团的重视程度，进一步加强对红色社团的指导和支持力度。同时注意树立质量为先的理念，进行资源优化整合，集中力量建好一个或几个有一定基础、主旨鲜明、组织健全的红色社团。马克思主义学院要坚持开门办思政课，在红色社团建设方面发挥主导性作用，同时加强与共青团组织的协作，更有效地调动多方资源，广泛建设校外实践教学基地，使思政小课堂与社会大课堂相结合，实践教学与社会实践和志愿服务相结合。

第二，切实发挥思政课教师在指导红色社团建设中的作用。思政课教师的主导性作用，对于坚持社团主旨和服务思政课建设都是不可替代的。坚持在思政课教学框架下执行社团建设方针和设计实践教学方案，开展具体的活动或实践教学等，这些都需要发挥好教师引领作用。最新颁布的教育部46号令《关于新时代思政课教师队伍建设的规定》已经将指导思想理论类学生社团纳入思政课教师职称评聘的指标之中，通过纳入绩效考核指标等制度激励，激发思政课教师的主动性，也要制定考核和退出机制，从而选拔出有热情、有能力、在实践教学方面有深入研究积累的思政课教师担任红色社团的指导教师。

第三，确定科学的选拔方式和合理的人数范围边界。确保红色社团的组织运转有效，实施扁平化管理。高校学生社团是由学生主动加入的组织，不具有行政上的强制性。兴趣成为很多学生加入社团的初衷，有的学生容易轰轰烈烈地开始，无声无息地结束。红色社团因为其主旨的原因，更需要参与者的执着和坚

持。盲目地扩大人数、规模，无助于提升社团建设水平和服务思政课实践教学的实效性。必须注重社团成员数量与质量的平衡。要坚持从思政课必修课和思政类通识选修课中选拔社团成员，培养学生骨干，同时兼用老社员发展新社员的办法。这样，指导教师就能够通过课堂的考察对社员有基本的了解，注重学生学习兴趣、理论修养和工作能力的平衡。另外，控制一定的规模也有利于组织建设的力度，特别是社团核心成员，可以与指导教师成立一个委员会的决策机构，共同策划开展社团建设和实践教学。

第四，着力锻炼学生骨干。从党的历史经验来看，参与革命斗争是最好的动员渠道，也是最好的锻炼干部的手段。要通过社团建设锻炼一批具有较高马克思主义理论素养、深刻领会并能够主动弘扬红色文化、传承红色基因的学生骨干。因地、因时制宜，将这些学生骨干组织起来，在开展实践教学的过程中，运用切合实际的、具有创造性的方法，探索将红色文化融入校园文化或其他组织载体的多样化方式，寻找红色文化与本校历史人物、校训或办学传统相契合的结合点，实现红色文化内生地融入校园文化之中。运用适合青年学生的口味和接受程度的方式，依托班级、宿舍、同乡会等各种平台，进行朋辈间的有效传播，让实践成果普惠更多的学生。抓好学生骨干这一"关键少数"，并通过他们为实现深入向普及的转化创造条件。

红色社团为提升思政课实践教学实效性提供了一种可供选择的有效载体。高校应当站在进一步深化思政课改革创新的高度，统筹规划，加强政治领导和各项条件保障，激励选拔思政课教师积极指导红色社团，提高思政课教师通过指导红色社团开展有效的思政课实践教学的能力，在教学实践中探索更加丰富的教学手段，不断增强思政课的思想性、理论性和亲和力、针对性。当然，思政课实践教学的有效载体绝不止一种，关于红色社团的探索也仅是抛砖引玉而已。

基于O-AMAS的大授小讨线上课堂教学①

——以《马克思主义基本原理概论》课智慧教学创新为例

2020年新春伊始，一场突如其来的疫情打乱了人们正常的生活学习工作计划。为抗击全国疫情，大多数高校开展了线上教学，线上教学对任课教师提出了更高要求。思政课教师需要充分认识线上教学的特点，改变传统授课模式，运用全新教学理念，采用学生喜闻乐见的方式进行教学，让学生保持学习的投入和专注，确保思政课教学质量不打折。

《马克思主义基本原理概论》课（以下简称"原理课"）是高校思想政治理论课的核心课程之一。相对于其他几门思政课来说，"原理课"比较抽象又难以理解，但又非常重要，面对疫情，在大数据背景下"原理课"更应注重运用现代技术手段，探索智慧教学模式。"原理课"智慧教学模式不是简单地将现代化教学手段辅助于教学中，而是运用现代化教学手段实现由教材体系向教学体系转化再向学生认知体系转化的基本要求。如何提升"原理课"的教学效果，特别是通过基于O-AMAS的大授小讨课堂教学改革（讨论课）打造"原理课"智慧教学本科生金课，是新时代亟待研究的教改课题。

一、基于O-AMAS的大授小讨"原理课"智慧教学的基本理念

智慧课堂强调主动、合作、探究性的学习方式，以此来培养提升大学生掌握主动学习的能力，促进大学生的自我构建。但在倡导学习方式转变的同时，对有

① 本文得到天津市高校思想政治理论课"名师工作室"专项支持。本文系南开大学2019年本科教育教学改革项目成果，课题号：NKJG2019045，首发于人民网公开课。作者为叶冬娜，南开大学马克思主义学院讲师，教育部"高校思想政治理论课马克思主义基本原理概论教材研究基地"特邀研究员。

意义的接受性学习也不应当完全排除，因为有些教学内容需要教师进行解释，这比让学生去重新发现和探究更有效果。选择恰当的教学方法，基于教学过程的五要素，即教学目标、教学对象、教学内容、教师自身素质水平、教学环境与条件入手，促进大学生更好地学习知识，提高教学效率。这也是教师在教学过程中选择恰当教学方法的依据。"O-AMAS"教学模型是南开大学有效教学团队（Nankai Effective Teaching，NKET）于2017年自主研发的以结果为导向的有效教学模型。自2017年以来，O-AMAS有效教学模型在南开大学各专业各类型课堂教学逐步推进使用。2018年，基于O-AMAS有效教学模型的"有效教学之旅"在全国高校教师网络培训中心新教师培训项目模块上线，向全国推广。2019年，基于O-AMAS有效教学模型的有效教学提升项目被列入南开大学"教学40条"。[①]基于O-AMAS的智慧教学理念不仅关注大学生的学习形式，同时更加关注大学生学习意义和学习目标的达成。[②]

立足于网络环境，让"原理课"主动进入信息化技术的伟大变革中，加快课程转型，将体现马克思主义整体性的问题逻辑框架与O-AMAS的智慧教学理念相结合，进行"原理课"教学改革。运用O-AMAS的有效教学方法，提升"原理课"课程质量，建设本科生"原理课"金课，是基于O-AMAS的大授小讨"原理课"课堂教学改革（讨论课）内容的理论总结与提升。将"有效教学"贯彻到"原理课"教学模式的改革中，结合大数据发展的时代特征，基于互联网时代借助外脑外力、实现有效教学的方式，围绕"有效教学"目标提升"原理课"课程教学设计与实施的能力，切实增强思想政治教育教学的有效性。这主要包括尝试综合利用视觉式、问题项目式、团队合作式、翻转课堂、叙事教学等高等教育有效教学方法提升"原理课"课程教学的有效性与趣味性，同时借鉴国内外现有的相关研究成果。

---

① 人民网.南开大学发布40条本科教改创新举措[EB/OL].http://edu.people.com.cn/n1/2019/0523/c1053-31099133.html,访问时间：2020年10月29日.

② 罗国辉、徐光寿.高校思想政治理论课实践教学模式创新研究——一种基于分组的自助式实践教学[J].湖北社会科学，2014(2)：177-180.

二、基于O-AMAS的大授小讨"原理课"智慧教学的实施环节

为了更好地利用O-AMAS的大授小讨教学理念下的"原理课"在线教学，教师要能从更高的战略高度根据"原理课"课程性质、目的和不同章节的教学内容特点，灵活选取比较适合翻转课堂的在线教学内容，教师可以通过雨课堂等线上教学软件随时采集学生课前—课中—课后的学习行为信息，课前掌握学生需要的教学数据，课中实时动态了解学生学习状态的数据，课后采集学生对课上知识掌握情况的数据。教师可以根据采集的数据重新设计课堂教学方案，形成开放动态且灵活的智慧教学模式。实施方案从课前、课中和课后三个方面思考如下。

1. 课前。①教师课前的准备工作。作为"原理课"的教师，要想把双智慧教学理念充分运用到"原理课"的在线教学中，需要做到：第一，要在充分了解学生掌握知识基础上，根据不同章节灵活采用传统教学和翻转课堂的有机结合，准确把握每节不同内容课堂教学的重点、难点和目标，做一个能展现逻辑思维和创新能力的智慧型教师。制作短小精悍的微课视频，有效地设计学习任务和目标及提高学生创新思维和逻辑能力的思考题或测试题，将线上教学所需的课件PPT、微课视频、教学设计方案、测试题、相关扩展等学习资料发布在"原理课"学习微信群或学习通等互联网平台。当然，这里微视频制作和教学设计方案是课前教师准备的最关键环节，这两项准备的好坏将对智慧理念下的在线教学的实效性起到至关重要的作用。第二，教师要根据所教的班级人数，结合学生性格、学生学习水平及语言表达能力对学生合理分组，每组人数宜为3~5人，以便在在线课中更好实施组内、组组之间的生生及师生的合作探究、相互讨论、交流和解答。第三，教师要课前在线了解学生学习情况并进行必要的答疑和交流，总结学生学习中的共性问题及个性问题，提前准备突出本节内容重点和难点的教学内容，以便掌握学生获取知识和创新能力的培养情况。②学生课前自主学习准备。学习能力和创新能力的提高，最主要还要靠学生的主观能动性，学生主动学习永远是学生学习能力提高的内因，教师和环境是外因，外因只能对内因起促进作用，但内因永远是提高学生学习能力和创新能力的关键。因此，当学生在网上获得老师发放的相关学习资料后，教师要引导学生积极主动地合理安排学习时间，提前按照学习任务单，自由控制学习进度，消化学习新知识的重点和难点，自主学习后完成学习任务中布置的思考题或练习题，并将学习中遇到的难点和理解不透的知识点

记录下来，做好在线教学时师生、生生之间的互动交流准备。这个环节学生的自主学习准备也是提高智慧理念下在线教学实效的基本前提。

2. 课中。充分利用有限的线上教学时间解决学生疑问、师生交流讨论、共同启发的课堂教学活动。智慧教学理念下的在线教学活动是为了解决学生自主学习中遇到的疑难问题，进行共性和个性化的分层次的交流探讨协作，通过交流、启发、质疑、比较、反思和综合概括，提高学生逻辑思维和创新能力的过程。为了提高在线教学的实效性，老师可根据课前分成的小组，先由各小组组内同学进行交流和探讨，选出小组代表依次提出每组的共性或个性的疑惑问题，属于共性的问题发言在后的小组代表可一带而过，然后在老师的启发引导下由老师或同学解答，并相互探讨。接着老师要在启发引导下以促进学生逻辑思维和创新能力的提高为目的总结共性问题并做好分析探究和引导。对于个性问题，要充分发挥老师的聪明智慧，进行分层次的个性化指导，激发学生的求知欲望和探究能力。最后就是在线了解学习情况，提前准备好思考题或测试题检测学生掌握重点、难点知识的情况，拓展学生对重点、难点知识的再学习和认知，这时老师可在线了解学生的学习情况，并根据学生掌握知识的情况再次在课中进行共性和个性问题的解答，必要时在课中再次进行有针对性的启发引导、讲解和总结，以及进行分层次个性化的学习指导。真正让在线教学成为提高学生分析问题、解决问题和创新思维能力的场所。

3. 课后。学习的知识只有经过反复的消化理解才能产生创新的灵感和创新的思维，而课后的再次反馈、评价和反思则是实施智慧理念下在线教学的必要过程。作为教师，不仅可以从学生的反馈评价效果和自己的反思中更彻底地领悟知识的内涵，而且可以促使教师发现问题并改进自己的教学方式和课堂模式策略，增加教学智慧，以便在以后的教学中能够更好地利用各种教学模式进行优势互补，提升"原理课"线上教学效果的实效性。[①]

三、基于O-AMAS的大授小讨"原理课"智慧教学的方案设计

在此，我们以"原理课"的第二章《实践与认识及其发展规律》的部分内容为例，探讨如何在O-AMAS的大授小讨的双智慧教学理念下更好地实施"原理课"

---

① 李蕉.高校思政课"课堂革命"与协作学习[J].思想教育研究，2019（2）:82–86.

在线教学。

1. 教学内容与目标分析

①教学内容分析。第二章《实践与认识及其发展规律》是"原理课"理论体系中非常重要的章节内容，它不仅是学习研究和探讨马克思主义认识论基本原理的主要章节，而且也是提高学生逻辑思维和创新思维能力的重要章节。认识论是马克思主义理论的重要组成部分，人的认识问题也是我们在日常生活中经常碰到并深感疑惑的问题。认识是如何产生和发展的？我们为什么要"求真知"？人类如何从必然王国走向自由王国？这些问题总是伴随着我们并贯穿于我们学习、生活和工作的各个环节。据此，可以将教学主题凝练为："我们该怎么认识和改造世界？"

②学情分析。学生在高中阶段已学习了相关理论和知识点，掌握了利用相关理论研究问题和处理问题的基本能力，具备了一定的自主学习能力、信息获取能力和一定的创新探究能力。

③教学目标。通过传统认识论中的经验论与唯理论之争，引导学生思考认识论中存在的问题，并理解辩证唯物主义认识论的正确性，以及它如何实现对传统认识论的超越。学习和把握真理的客观性、绝对性和相对性，真理与价值的关系，坚持理论创新和实践创新，培养逻辑推理和应用创新能力，不断提高在实践中自觉认识世界和改造世界的能力。

④教学重点与难点。把实践引入认识论是马克思主义对传统认识论的超越；认识作为实践基础上对客体的能动反映；认识运动的两次飞跃及其不断反复性和无限发展性；真理的客观性、绝对性和相对性等知识点是这一专题的重点，难点是实践对于辩证唯物主义认识论的重要性，以及认识的能动性等知识点。

⑤教学方法。根据学生对马克思主义认识论基本原理的掌握情况和这章内容的特点采用启发式、探究式、讨论式和智慧理论下的翻转课堂教学模式，提高学生深度学习的效果，培养学生的团队意识、逻辑思维和创新能力。

2. 教学方案的设计

①课前。教师的微课视频制作及小组研讨活动的设计。为了更好地让学生课前灵活学习相关重要知识点，根据专题内容教学目标和学生的学情，教师课前可以适当选取合适的专题内容，将其精心制作成若干个案例教学视频及小组研讨任

务单。

教师制作的教学任务单：（选取部分教学案例）

·问题链：本专题的学习以问题链为楔入方式，通过教师课前制作案例资料与视频，开展"教"与"学"，从而达至基于双智慧理念下的O-AMAS的大授小讨的教学目标。

问题1：认识是如何产生和发展的？

问题2：什么样的认识才是真理？

问题3：人类如何从必然王国走向自由王国？

·任务1：问题1引入，观看微视频：《历史转折中的邓小平》。观看后，我请大家思考这样的问题：邓小平是如何发现农村中存在的形式主义的社会主义的？我们每天都会接触一些新事物，那么认识是怎么发生的？如何才能获得对事物本真的认识呢？

·案例1：关于认识的来源，哲学史上历来存在不同的观点，下述列举了西方哲学史上几种著名的观点：观点1：柏拉图的认识就是回忆、观点2：亚里士多德的蜡块说、观点3：洛克的白板说、观点4：笛卡儿的天赋观念论、观点5：休谟的怀疑论、观点6：皮亚杰的发生认识论。

·任务2：问题2引入，什么样的认识才是真理？

观点1：托马斯·阿奎那的"双重真理论"；观点2：詹姆斯的实用主义真理观

·任务3：问题3引入，人类如何从必然王国走向自由王国？

·小组研讨：结合问题3 的引入，谈谈面对疫情，如何将小我融入大我，弘扬爱国主义精神？

·视频案例制作：思考、讨论、制作上传以"抗击疫情，弘扬民族精神"为主题的热点PPT，要求学生利用网络选取相应素材，PPT要体现以习近平同志为核心的党中央关于疫情防控工作的系列重要指示，彰显社会主义国家"集中力量办大事"的制度优势和"四个自信"；反映湖北、浙江等省的疫情防控措施，比较各省政策措施所反映出来的政府治理能力和治理体系现代化建设状况；介绍全国人民众志成城抗击疫情事迹，体现爱国主义民族精神等内容。

学生课前的内容学习。学生要充分调动自己的主观能动性，根据自身的学习能力和知识的掌握情况等合理安排学习时间，遇到不会的知识点必要时可在交流平台与老师进行互动交流，也可查看教师发送的其他资料辅助学习。最后再根据任务单独立思考问题和反思，并把不能很好解决的问题和疑惑记录下来，以便课中与师生一块进行探讨和交流。[①]

②课中的内化知识。根据已分好的小组，利用小组内、小组间把课前学习中遇到的问题在课上提出来进行师生间的相互交流和探讨，教师做好指导和引导，解决学生课前和在线讨论时遇到的难点和没能理解的相关知识。交流中，对属于共性的难点以及疑点问题，教师要驾驭课堂给予正确引导，让学生在老师的引导下开阔思维，培养创新能力，逐步解决疑惑。交流结束后，教师要根据交流讨论的情况进一步把难理解的重点难点知识进行归纳、点拨和升华，并把课前要求学生做课件、视频有选择性地重点讲解并给予必要的引导和启发，让学生尽可能在课堂上不仅获得重点难点知识的深度内化的实效，而且也起到了善于分析问题和解决问题及创新能力的培养。

为了更好地反馈到和评价学生对马克思主义认识论的重点和难点知识的掌握理解和灵活运用情况，教师可把事先准备好的典型案例或视频编辑让学生独立完成，教师在线上查看各组学生做的情况，必要时可及时给予指导和交流，便可清楚了解智慧教学理念下的在线教学模式的实施效果。

③课后的拓展练习。课后的拓展练习不仅能使学生在知识点的深度理解上得到再次升华，而且也能起到培养具有逻辑思维和创新能力的智慧型人才。智慧教学理念下的在线教学不仅有利于促进教师智慧的提高，增强其驾驭课堂的能力，也能够进一步提高学生的自主学习能力、逻辑思维能力和创新能力培养的实效性，促进了智慧型高素质人才的培养。但智慧教学理念下的在线教学实效性的提高，需要师生双方的共同努力和有效配合才能真正达到较为理想的效果。因此，结合大学生对专题知识点掌握的基础特点，我们要在"原理课"教学中不断进行实践，并不断改进和完善各种教学方法及其各教学环节，利用"原理课"每个专题内容的不同，充分发挥各种教学模式的优点，选取不同的教学模式，灵活运用，才能更好地提高"原理课"在线教学的整体实效。[②]

"基于O-AMAS的大授小讨课堂教学改革——以《马克思主义基本原理概论》智慧教学创新为例"的重点是将"有效教学"分为"教的有效性"和"学的有效

---

① 周蕊，王海成.高校思想政治理论课实践教学的课程化及实现途径[J].高教学刊，2019（1）：159-164.

② 颜吾佴.加强队伍建设，提高研究水平——关于思想政治教育学科建设的两个重点问题[J].思想理论教育导刊，2014(5)：21-22.

性"，结合"Student Performance Levels""Cone of Learning""Bloom's Taxonomy"等模型进行探索，并着眼于教学及学生学习的不同阶段，探索主动学习和被动学习、深度学习和浅度学习之间的关系，提出要综合各种教学设计，尊重学生的个体学习，唤醒旧知，启迪新知；难点是如何引导学生外化表达与反思，关键点在于教师也要在此过程中进行教学反思，以此达到"教与学的双重有效性"。

"这是一份暖心给力并很有针对性的文件"

——南开马院"纲要"教研室认真学习
《新时代高等学校思想政治理论课教师队伍建设规定》①

教育部令第46号《新时代高等学校思想政治理论课教师队伍建设规定》下发后，按照上级部门的要求，南开大学马克思主义学院中国近现代史纲要教研室全体教师通过网络共同学习了文件内容，并联系教研室自身建设和个人教学科研实际，进行了深入的讨论，很多老师都认为，"这是一份暖心给力并很有针对性的文件"。现将学习体会综述如下。

一、中央高度重视思政课教师队伍建设，文件下发非常及时并暖心

党的十八大以来，以习近平同志为核心的党中央高度重视思想政治理论课及教师队伍建设，特别是习近平总书记多次就如何提高思政课教学水平及加强思政课教师队伍建设，做出了一系列重要讲话和指示、批示。2019年3月18日，习近平总书记还专门主持召开学校思想政治理论课教师座谈会并发表重要讲话，为思政课及教师队伍建设指明了前进方向、提出了明确要求。

教研室党支部书记张健教授认为，继中共中央办公厅、国务院办公厅印发《关于深化新时代学校思想政治理论课改革创新的若干意见》之后，教育部这一次又专门以教育部第46号令的规格印发《新时代高等学校思想政治理论课教师队伍建设规定》，出台文件非常及时，也非常暖心。因为提高思政课教学水平的关键在教师，而教师队伍建设则是根本。加强思政课教师队伍建设，必须针对目前教师队伍中出现的实际问题，如考核评价标准和导向、各项条件保障等，有针对

---

① 本文首发于人民网公开课。作者为张健，南开大学马克思主义学院教授。

性地加以解决，才能够正向激励教师把立德树人作为根本任务。

二、文件提出的各项加强队伍建设的举措实事求是，非常有针对性

通过学习，大家认为，文件提出的加强思政课教师队伍建设的各项举措是非常实事求是的，因此也很有针对性。

例如，文件第五条明确指出"思政课教师的首要岗位职责是讲好思政课"，就很有针对性。这对纠正当前思政课教师队伍特别是一些重点高校普遍存在的重科研、轻教学的偏差，能够发挥关键性的纠偏作用。

再如，文件第六条第三款要求"坚持以思政课教学为核心的科研导向，紧紧围绕马克思主义理论学科内涵开展科研，深入研究思政课教学方法和教学重点难点问题，深入研究坚持和发展中国特色社会主义的重大理论和实践问题"，也很有针对性。目前思政课教师的科研成果，有一些与思政课教学联系并不紧密，这种状况理应得到纠正，否则，思政课教师的科研就很难围绕教学展开，也很难真正为教学提供强有力的学理支撑。

再如，文件专门用第五章提出考核与评价的四条重要举措，这直指思政课教师最为关心、落实中也争议最多的考核评价导向和标准问题。特别是文件明确要求在分类评价中也要突出教学，强调即使是研究型也不是纯研究型，而是教学研究型，这个提法非常好，教学导向更为鲜明。

三、文件提出的各项有针对性举措需教研室、学院和学校共同落实

大家认为，文件提出的加强思政课教师队伍建设的各项有针对性举措特别是保障和管理，涉及主管教育部门、学校、学院和教研室几个层级，要确保在层层落实中不打折扣、有效落实。

讨论中有老师指出，思政课教师队伍建设的直接管理在教研室和学院，学校也在不断下放这方面的管理权限，特别是我们南开大学提出要举全校之力共同建设南开的全国重点马院，学校党委在上学期也专门召开了工作现场推动会，但一些具体政策的落实，还需要学校相关部门进一步提高政治站位，大力支持并齐心协力共同完成。

四、教师个人应当不负中央厚望，增强使命感，不断提高能力水平

在对文件落实提出建议和希望的同时，老师们也从教研室自身建设和各自教学科研的实际出发，明确表态要努力抓好自身建设，不断提高责任感、使命感，不断增强教学科研能力和水平。

教研室主任姬丽萍教授强调，对教研室自身建设而言，在落实文件中，要继续坚持我们过去一些行之有效的制度和做法，如政治学习、集体备课、教学督导、互听课程、实践考察、学术交流等，同时也要认真贯彻落实文件的新规定新要求，例如，学术研究一定要围绕教学而展开。她指出，对这一条要求，我们中国近现代史纲要教研室很多老师都深有体会，因为很多老师是历史学专业出身，在教学特别是科研中，要注意作为思想政治理论课的中国近现代史纲要教学以及作为其科研支撑而设立的中国近现代史基本问题研究专业，与历史学院的中国近现代史课程及专业的教学、科研都有所不同，无论是在教学还是在科研中，都应当始终以"以史育人"为导向，既要重视学理支撑，更要以立德树人为根本任务，要突出思想性、政治性，不能过于学术化。

最后大家一致认为，对教师个人而言，更应当按照文件所指明的方向、提出的要求，不断加强政治理论和业务能力的学习，既提高思想政治素质，又提高业务能力水平，做到信仰坚定、学识渊博、理论功底深厚，做一名政治强、情怀深、思维新、视野广、自律严、人格正的合格的思想政治理论课教师，不负党和人民寄予的厚望，为中华民族伟大复兴培养能够担当大任的时代新人。

在"概论"课教学中讲好
坚持党的集中统一领导

——以党领导新冠肺炎疫情防控斗争为案例①

办好中国的事情关键在党，关键在党的集中统一领导。历史告诉我们：党的集中统一领导是战胜困难、取得胜利的制胜法宝。当前在新冠肺炎疫情防控斗争中，我们正是坚持以习近平同志为核心的党中央的集中统一领导，保持疫情防控斗争的强大定力，汇集亿万民众抗击疫情的磅礴力量，我们才取得了阶段性胜利。高校思想政治理论课是大学生思想政治教育的主渠道，是巩固马克思主义在高校意识形态领域指导地位、坚持社会主义办学方向的重要阵地。坚持党的集中统一领导是"毛泽东思想和中国特色社会主义理论体系概论"（以下简称"概论"）课程中重要讲授内容。这就需要我们充分利用好党领导疫情防控斗争的案例，将其及时有效融入"概论"课讲授之中，把理论阐释和生动实践紧密结合起来，充分讲好坚持党的集中统一领导的政治优势和重大意义，彰显中国特色社会主义制度的优越性，进而使广大学生坚定中国特色社会主义"四个自信"。

第一，党的集中统一领导为疫情防控斗争提供坚强政治力量。在教学中要着重阐明党中央集中统一领导，是党的领导的最高原则，是最根本的政治规矩。党的集中统一领导首先体现在党的政治领导力。政治领导力是政党领导力的重要因素，体现为政党的胜任力、执行力和影响力，显示着政党建设和政治能力运作的实际状态与效果。当前疫情防控斗争彰显了党非凡的政治领导力。习近平总书记

① 本文系教育部社科规划专项"习近平总书记关于思想建党和制度治党相结合的重要论述研究"（编号18JD710058）阶段性成果；系南开大学2020年本科教学改革项目"毛泽东思想和中国特色社会主义理论体系概论课专题教学研究——以马克思主义理论类专业为例"（编号NKJG2020261）阶段性成果。首发于人民网公开课。作者为肖光文，南开大学马克思主义学院副教授。

强调："面对新型冠状病毒感染的肺炎疫情加快蔓延的严重形势，必须加强党中央集中统一领导。"①

在教学中充分利用疫情防控斗争的案例讲清楚，党是最高政治领导力量。疫情发生以来，习近平总书记高度重视、亲自指挥、亲自部署，多次召开会议、听取汇报、做出重要指示，为打赢疫情防控阻击战提供了坚强政治保证。疫情就是命令，防控就是责任。习近平总书记强调，各级党委和政府要"把疫情防控工作作为当前最重要的工作来抓"②，发出最强动员令。面对疫情加快蔓延的严重形势，各级党委（党组）切实增强"四个意识"、坚定"四个自信"、做到"两个维护"，切实把思想和行动统一到习近平总书记重要指示精神上来，认清肩负的责任使命，牢记人民利益高于一切，组织动员各级党组织和广大党员、干部把打赢疫情防控阻击战作为当前的重大政治任务。

要让学生们了解在疫情防控斗争中，充分体现了党把方向、谋大局、定政策的能力和定力。中共中央快速成立中央疫情防控领导小组，及时制定疫情防控科学战略策略，及时印发《关于加强党的领导、为打赢疫情防控阻击战提供坚强政治保证的通知》，党中央审时度势、综合研判，及时提出坚定信心、同舟共济、科学防治、精准施策的总要求，明确了坚决遏制疫情蔓延势头、坚决打赢疫情防控阻击战的总目标，形成了全面动员、全面部署、全面加强疫情防控的战略格局。把党的政治优势、组织优势、密切联系群众优势转化为疫情防控的强大政治优势，确保党中央重大决策部署贯彻落实，让党旗在防控疫情斗争第一线高高飘扬。通过上述案例分析，让学生们明白在党的集中统一领导下，我们确立了疫情防控斗争的总策略、总原则、总目标、总要求、总战法，在全党全国范围内进行了政治上的总动员，为赢得疫情防控斗争胜利提供强大政治保证。

第二，党的集中统一领导为疫情防控斗争提供强大组织力量。在教学中要阐明坚持党的集中统一领导实际上就是发挥总揽全局、协调各方的领导核心作用，主要体现在坚持全国一盘棋，集中力量办大事，这是中国特色社会主义制度的显著优势，也是打赢疫情防控阻击战的有力保证。习近平总书记指出，疫情防控要坚持全国一盘棋。各级党委和政府必须坚决服从党中央统一指挥、统一协调、统一调度，做到令行禁止。各地区各部门必须增强大局意识和全局观念，坚决服从

① 《研究新型冠状病毒感染的肺炎疫情防控工作》，《人民日报》，2020年01月26日01版。
② 《把疫情防控作为当前最重要的工作来抓》，《人民日报》，2020年1月27日01版。

中央应对疫情工作领导小组及国务院联防联控机制的指挥。①

在教学中可以运用相关案例说明，使学生理解党的强大组织动员力量。疫情发生后，党中央及时发出了打响疫情防控人民战争、总体战、阻击战的动员令。国务院启动32个部门组成的联防联控工作机制，加强全国资源的协调调度；中央有关部门各司其职，迅速响应，军队积极行动，支援地方疫情防控。全国31省（区、市）启动重大突发公共卫生事件一级响应，19个省市对口支援湖北省16个地市，构建联防联控、群防群控防控体系。全国上下各党政军群机关和企事业单位紧急行动、全力奋战，广大医务人员无私奉献、英勇奋战。社会各界和广大群众纷纷参与，为一线抗击疫情奉献力量。

疫情防控是系统性、全方位的工作，各项工作都要为打赢疫情防控阻击战提供支持，没有党的集中统一领导不可能完成。在具体教学讲授中，可以从组织动员的各个方面举例。加强医疗防护物资供应到加快应急科研项目攻关，从确保蔬菜、肉蛋奶、粮食等居民生活必需品供应到做好宣传教育和舆论引导工作，从疫情防控到推动经济社会发展，防控工作环环相扣，任何环节都不能缺失。让学生认识到，正是在党的集中统一领导下，压紧压实各方责任，把各方力量调动起来，把各项工作做细做实，汇聚起众志成城、同心"战疫"的磅礴力量，彰显出党的强大社会号召力和组织动员力。教学中可以运用国际人士的评价，更具有说服力。例如，美国库恩基金会主席罗伯特·劳伦斯·库恩表示，中国及时遏制新冠肺炎疫情的蔓延，主要是因为有中国共产党的集中统一领导。"中国政府展现出的组织动员能力是全球卫生史上前所未见的，其他国家很难做到。"

第三，党的集中统一领导为疫情防控斗争提供宣传思想力量。在教学中要向同学们讲清楚加强疫情防控的宣传思想文化工作，为抗击疫情斗争提供思想引领力量。舆论战场是疫情防控斗争重要阵地，对赢得疫情防控斗争胜利具有重要作用，需要在党的集中统一领导下积极有序进行。疫情发生后，各级党组织积极贯彻习近平总书记关于做好疫情防控工作的重要批示指示精神、党中央重大决策部署的宣传工作，广泛宣传各地区各部门联防联控的措施成效、防疫抗疫一线的感人事迹和精神风貌，凝聚众志成城抗疫情的强大力量。

在教学中要运用疫情防控斗争中宣传思想工作的具体案例，使学生们认识到，党的集中统一领导对于加强宣传思想工作的重要作用。在各级党委党组织领

---

① 《疫情防控要坚持全国一盘棋》，《光明日报》，2020年02月05日 01版。

导下，各宣传部门努力做好舆论引导工作，统筹网上网下、国内国际、大事小事，及时发布权威信息，回应群众关切，营造强信心、暖人心、聚民心的环境氛围。加大对健康理念、传染病防控知识的宣传，教育引导人民群众正确理性看待疫情，增强自我防范意识和防护能力。加强疫情防控法治宣传和法律服务，引导广大人民群众增强法治意识，依法支持和配合疫情防控工作。加强网络媒体管理，切实履行好各级网信部门属地监管责任，规范和完善信息发布机制，深入宣传党中央决策部署，充分报道各地区各部门联防联控的措施成效，生动讲述防疫抗疫一线的感人事迹，让网络空间充盈正能量。针对当前国际舆论，我们还进一步改进和加强对外宣传，运用多种形式在国际舆论场及时发声，讲好中国抗疫故事，及时揭露一些别有用心的人污蔑抹黑、造谣生事的言行，为疫情防控营造了良好舆论氛围，不断引导群众增强战胜疫情、实现经济社会发展目标的坚定信心。事实证明，在党的集中统一领导下，宣传思想文化战线主动担当作为，凝心聚力，形成共识，为赢得疫情防控斗争胜利提供坚强的思想保障、给予有力的舆论支持、激发强大的精神力量。

第四，党的集中统一领导为疫情防控斗争提供强大主体力量。在教学中要着重讲解人民是历史的创造者，是决定党和国家前途命运的根本力量。中国共产党近百年奋斗史，实际上就是为人民谋幸福、为民族谋复兴的奋斗历史。正因如此，历史和人民才坚定地选择中国共产党领导，才坚定地得出这一结论——坚持党对一切工作的领导，是党和国家的根本所在、命脉所在，是全国各族人民的利益所在、幸福所在。在疫情防控斗争中，党始终坚持以人民为中心，始终同人民站在一起，始终成为人民坚强后盾。习近平总书记反复强调"把人民群众生命安全和身体健康放在第一位"[①]，并将其作为党领导这场疫情防控阻击战的最高原则[②]，充分体现了中国共产党人的初心和底色。

要向学生们讲清楚，坚持党的集中统一领导，组织动员广大人民，凝聚疫情防控斗争的主体力量。通过各级党组织实行政治动员，以统一思想、凝聚共识，充分发动广大人民群众、充分依靠广大人民群众，发挥好人民群众的主体作用，形成群防群治的强大合力，进行疫情防控的人民战争，这是我们打赢疫情防控阻击战的制胜之本。习近平总书记一再强调"紧紧依靠人民群众坚决打赢疫情防控

① 习近平：《在湖北省考察新冠肺炎疫情防控工作时的讲话》，《求是》，2020年第7期。

② 陈祥健：《党的领导是打赢疫情防控阻击战的坚强政治保证》，《光明日报》，2020年02月07日06版。

阻击战"，"要广泛发动和依靠群众，同心同德、众志成城，坚决打赢疫情防控的人民战争"。①这些重要讲话、重要指示精神彰显人民情怀，为打赢疫情防控的人民战争、总体战、阻击战注入强大动力。

在教学中通过具体案例向学生们说明，人民群众是真正的英雄，是战胜疫情的主体力量。正是在党的领导动员下，面对疫情许多医护人员主动请缨，写下"请战书"，留下"最美逆行者"的身影；在武汉火神山、雷神山两所医院的建设工地上，工人们通宵奋战，确保工程如期竣工；为保障抗击疫情物资供应，相关企业的员工第一时间复工，争分夺秒生产；城市和农村的社区迅速开展疫情防控宣传，带着"土味"的大喇叭响彻农村大地……在这场生死较量的疫情防控斗争中，有太多的普通人冲锋在前，有太多的民众舍小家为大家，让我们看到了广大人民群众在抗击疫情斗争中所彰显的主体地位。事实证明，在党的集中统一领导下，14亿多人民紧密团结在一起，迸发出战胜疫情和各种困难的磅礴伟力。

第五，党的集中统一领导为疫情防控斗争提供中坚核心力量。在教学中要向学生们讲授能不能打好、打赢这场疫情防控的人民战争、总体战、阻击战，是对各级党组织和党员、干部的重大考验。中国共产党是中国工人阶级的先锋队，同时是中国人民和中华民族的先锋队。在这场严峻的疫情防控斗争中，各级党组织和广大党员、干部冲锋在前、顽强拼搏，充分发挥了战斗堡垒作用和先锋模范作用，成为赢得疫情防控斗争的中坚核心力量。

教学中向学生们着重阐释，基层党组织是党全部工作和战斗力的基础。哪里有疫情、有群众，哪里就有党组织坚强有力的领导、扎实有效的工作。习近平总书记强调，要以疫情防控工作成效来检验和拓展"不忘初心、牢记使命"主题教育成果，发挥基层党组织政治引领作用和党员先锋模范作用。②我们看到，在疫情防控阻击战中，广大党员、干部积极投身防控疫情第一线，把初心使命、责任担当化为冲锋在前、迎难而上的实际行动。从重症病房争分夺秒的救治，到城乡社区挨家挨户地排查，从工厂车间加班加点的生产，到科研实验室夜以继日的攻关，广大党员、干部用行动践行着初心和使命。

教学中向学生们讲清楚党员领导干部在疫情面前彰显忠诚担当。"我是党员，我先上；我是党员，我带头"，已成为党员干部最响亮的口号、最坚决的行

---

① 《武汉胜则湖北胜 湖北胜则全国胜》，《人民日报》，2020年02月12日01版。

② 柴晨清：《以疫情防控工作成效检验和拓展主题教育成果》，《光明日报》，2020年2月25日05版。

动。一个支部就是一座堡垒，一个党员就是一面旗帜。各级党员、干部扛责任树标杆，当先锋做表率，广泛动员群众、有效组织群众、团结凝聚群众，全面落实联防联控措施，构筑起群防群治的严密防线。基层党组织和广大党员、干部是落实联防联控措施的中坚力量，他们不怕困难、日夜奋战，认真做好疫情监测、排查、预警、防控等工作，及时解决群众所急所忧所思所盼，稳定群众情绪、增强社会信心。正因为有了各行各业党员、干部的主动履职、勇于担当、扎实工作和坚决落实，才有人民群众的安宁与安心。实践证明，在党的领导下，广大党员干部成为疫情防控斗争的中坚核心力量，发挥着先锋模范作用，是人民群众的贴心人和守护者。

第六，党的集中统一领导为疫情防控斗争争取国际支持力量。在教学中向学生阐释清楚党在外交战线争取国际合作及支持所发挥的重要作用。在党的集中统一领导下，我们准确把握当前国际疫情形势发展变化，坚持人类命运共同体的理念，统筹国内国外两个大局，积极开展相关外交工作，加强疫情防控的国际沟通，信息公开，做好对外宣传，讲好中国疫情防控故事，传播中国疫情防控好声音，不断增进国际社会对中国疫情防控的理解、认同、支持，以实际行动充分展现负责任大国形象，赢得了国际社会普遍支持。

公共卫生安全是人类面临的共同挑战，需要各国携手共同应对。疫情发生后，中国以公开透明态度，及时向国内外发布疫情信息和通报，邀请世界卫生组织等相关专家前往武汉实地考察，加强与国际社会合作。中国用创纪录的时间甄别出病原体，及时主动同世界卫生组织和其他国家分享有关病毒基因序列，为国际科研力量共同研制有效药物和疫苗、开发诊疗工具和完善诊疗方案提供了有力支持，努力维护地区和世界公共卫生安全。面对此轮新冠病毒向全世界蔓延的新趋势，中国在全力抗击本国疫情的同时，也向其他出现疫情扩散的国家和地区提供必要的援助。

在教学中通过案例说明，中国人民在疫情防控中展现的中国力量、中国精神、中国效率，展现的负责任大国形象，得到国际社会高度赞誉。无论是联合国对"中国做出了强大且令人印象深刻的反应"的肯定，国际舆论对中国"史无前例"的防控举措的称赞，还是世界卫生组织做出"中国展现的领导力和政治意愿值得其他国家学习"的积极评价，都反映了中国答卷的世界形象。国际社会普遍认为，中国展现的出色的领导能力、应对能力、组织动员能力、贯彻执行能力，是其他国家做不到的，为世界防疫树立了典范，更多外国政党、社会组织、专家学者支持中国抗击新冠肺炎疫情。正是在党的集中统一领导下，我们在国际社会上对疫情防控情况及时沟通、有序公开、有效回应，得到了国际上的广泛支持和普遍赞同，汇聚了国内外疫情防控斗争的强大正能量，为赢得疫情防控斗争胜利注入了强劲动力。

通过上述教学案例分析，就是要讲清楚讲透彻，坚持党的集中统一领导是中国特色社会主义制度最显著优势。党的领导核心作用是我们战胜风险挑战、不断夺取胜利的关键所在。习近平总书记指出："正是因为始终坚持党的集中统一领导，我们才能实现伟大历史转折、开启改革开放新时期和中华民族伟大复兴新征程，才能成功应对一系列重大风险挑战、克服无数艰难险阻，才能有力应变局、平风波、战洪水、防非典、抗地震、化危机。"①当前党领导中国亿万人民进行疫情防控的伟大斗争就是一部生动的教科书。中国共产党用决心和行动再次诠释如何能够历经磨难而奋起、历尽百折而不挠，不断夺取前进道路上无数"娄山关""腊子口"，让学生们更能深切理解"办好中国的事情，关键在党"这一论断的深刻内涵和价值意蕴，认识到"坚决维护党中央权威和集中统一领导"的重要性，认识到"建立健全坚持和加强党的全面领导制度体系"的必要性。历史反复证明，中国共产党是勇于斗争、敢于胜利的伟大政党。只有加强党的集中统一领导，不断增强党的创造力、凝聚力、战斗力，确保党始终成为中国特色社会主义事业的坚强领导核心，就能激励全体中华儿女不断奋进，凝聚起战胜一切艰难险阻的磅礴伟力！

---

① 习近平：《中国共产党领导是中国特色社会主义最本质的特征》，《求是》，2020年第14期。

明确新时代劳动教育目标，
坚持知情意行辩证统一①

近日，中共中央、国务院印发《关于全面加强新时代大中小学劳动教育的意见》，提出新时代劳动教育总体思路，明确了劳动教育总体目标：通过劳动教育，使学生能够理解和形成马克思主义劳动观，牢固树立劳动最光荣、劳动最崇高、劳动最伟大、劳动最美丽的观念；体会劳动创造美好生活，体认劳动不分贵贱，热爱劳动，尊重普通劳动者，培养勤俭、奋斗、创新、奉献的劳动精神；具备满足生存发展需要的基本劳动能力，形成良好劳动习惯。②这一总体目标，体现着劳动的知情意行各个要素的辩证有机统一，为在人才培养全过程中切实加强推进劳动教育、提升教育实效，指明了正确方向与科学路径。

1. 全面构建劳动认知体系，突出劳动教育的思想性。首先，系统掌握马克思主义劳动观的基本原理。通过专题讲授，明确马克思主义劳动观的基本内容：劳动是人类的本质活动、劳动创造了人、劳动交往推动了人类社会和人类历史的形成与发展、劳动是价值创造的源泉、对资本主义劳动异化问题的批判、劳动对人自身解放的意义与作用，等等。这些内容为学生构建科学的劳动知识体系夯实了理论基础。其次，树立正确的劳动价值观。引导学生能够对劳动及其在各自人生目标中的作用和意义进行正确的价值判断，牢固树立劳动最光荣、劳动最崇高、劳动最伟大、劳动最美丽的观念。要以辛勤劳动为荣，以好逸恶劳为耻，形成正确的劳动伦理道德。最后，加强劳动法律教育。劳动是全体公民的权利和义务，指导学生学习宪法和劳动法中关于公民劳动、合法劳动、维护劳动者合法权益以

---

① 本文系2020年南开大学本科教学改革项目（项目批准号：NKJG22020103）的阶段性成果，首发于人民网公开课。作者为刘春雪，南开大学马克思主义学院副教授，天津市高校习近平新时代中国特色社会主义思想研究联盟特邀研究员。

② 中共中央国务院关于全面加强新时代大中小学劳动教育的意见. 新华社: 2020年3月26日.

及公民依法履行劳动义务等相关规定，树立法治观念，增强法律意识。

2. 培养高尚的劳动情感，形成对劳动的情感认同。劳动情感是对劳动是否满足自身需求而产生的态度体验，具体表现为对劳动是尊重还是鄙视，是热爱还是厌恶的情感倾向。培育高尚的劳动情感是新时代劳动教育总体目标的关键内容，要帮助学生树立崇尚劳动、尊重劳动、热爱劳动的劳动态度，让他们懂得"一切劳动，无论是体力劳动还是脑力劳动，都值得尊重和鼓励；一切创造，无论是个人创造还是集体创造，也都值得尊重和鼓励。"①只有产生与马克思列宁主义劳动观相一致的积极劳动情感，学生才能在真正意义上理解劳动没有高低贵贱之分，日后走上社会工作岗位才能干一行、爱一行、钻一行。情感认同是以情感所特有的方式来实现对价值观的认可与接受，对劳动的情感认同是建立在情感体验基础之上的，即日常生活场景下对劳动价值观的直观感受与体验。要遵循情感教育规律，通过在全社会营造劳动光荣、创造伟大、切实尊重与保障劳动者权益的社会氛围以及对劳动模范先进事迹和进取精神进行大力宣传，使得学生在感受新时代中国特色社会主义社会发展所汇聚的强大正能量之时精神振奋，运用情感的增力作用提高自身的实践劳动能力，更好地发挥劳动的积极性、主动性和创造性；发生负面事件时，要善于调节学生的消极劳动情绪，做好这些消极劳动情感的转化和升华工作，努力去除消极情感的减力作用，将学生的消极情感转化为积极劳动行为的动力。高级情感的充分发展依托于多彩的实际生活场景，培养健康的劳动情感，增强情感认同，必须使学生尽可能丰富自身健康的劳动生活内容，在感受生活意义的同时增强对劳动的情感体验。

3. 培育优秀的劳动意志品质，充分发挥劳动意志品质的调控作用。意志品质是人在克服困难、实现特定目标的过程中表现出来的品性和素质，劳动意志品质主要体现为从事劳动行为的自觉性、劳动过程中遇到困难的坚持性、劳动选择的果敢性以及受到诱惑所表现出的自制性。劳动行为本质上就是一种意志行动，当前部分学生中出现的劳动"知行分离"现象，其关键原因就在于缺乏上述排除内外障碍以努力实现社会劳动要求的坚强的意志品质。劳动意志品质的调控作用贯穿于人对劳动的认知、情感与行为过程，劳动意志坚定，才可能有深入持久的劳动认知过程，才可能对劳动产生火热的情感，才可能形成良好的劳动行为习惯。

---

① 习近平在庆祝"五一"国际劳动节暨表彰全国劳动模范和先进工作者大会上的讲话.人民网：2015年4月28日.

反之亦然。顽强的意志行动来源于伟大的目标与科学的世界观，要将马克思主义劳动观与人生理想、与实现中华民族伟大复兴的宏伟目标紧密结合，为培养学生良好的劳动意志品质提供坚定正确的方向指引；充分发挥劳动情感的助力功能，激发学生热爱劳动、自觉自愿从事劳动实践，弘扬劳动精神、促进劳动意志品质的活跃性；由易到难，循序渐进，持之以恒，注重在日常生活中平凡的实践活动中锤炼劳动意志品质。

4. 掌握劳动技能，形成良好的劳动行为习惯。必要的知识与技能是实际行为具有科学性的保证，新时期一些学生"不珍惜劳动成果、不想劳动、不会劳动"现象的出现，部分原因就是缺乏基本的劳动技术。无论是体力劳动还是脑力劳动，都有其自身的规律性，学校、家庭、社会要形成协同育人格局，通过设置各个层次的劳动教育课程体系和日常化、规范化、多样化的劳动教育形式，让学生熟练掌握基本的劳动操作技术，具备实践动手能力，让他们"能劳动，会劳动"。实践育人，劳动精神与劳动习惯的养成离不开劳动实践的锤炼。要努力拓展劳动实践渠道，有目的、有计划地组织学生参加生活生产劳动、服务性劳动与创新性劳动，让学生在出力流汗和辛勤创造中掌握劳动技能，提高劳动素养。劳动是一种辛苦的付出，劳动体验的过程有利于学生端正劳动态度，增强劳动责任意识，理解与尊重他人的劳动成果，而学生在体验劳动成果带来的获得感的同时，更能充分认识劳动的价值与意义，良好的行为习惯也得以形成与固化。

劳动是马克思主义基本原理的核心范畴

——基本原理概论教研室热议《中共中央国务院关于全面加强新时代大中小学劳动教育的意见》①

2020年4月5日，马克思主义基本原理概论教研室的17位老师围绕《中共中央国务院关于全面加强新时代大中小学劳动教育的意见》在腾讯会议上进行了热烈的讨论，加深了大家对劳动教育重要性的认识。

第一，老师们认为，在新时代条件下，加强劳动教育具有十分重要的意义。刘凤义院长认为，把劳动作为一门课，不仅仅是让学生参加劳动这种活动，更重要的是通过这样一门课程塑造学生正确的劳动观，也就是站在广大人民群众立场上看待劳动，这就是马克思主义唯物史观下的劳动观。要真正树立劳动光荣、劳动创造财富、劳动获得幸福的观念。马克思主义唯物史观认为，劳动创造了人本身，同样道理，只有劳动才能发展和完善人本身。社会主义以人民为中心，发展方向是人的全面发展，劳动这堂课必不可少。杨晓玲教授认为，劳动分工实现了脑力劳动和体力劳动的分离，但实际上二者是高度一致的。我国过去一味强调智力教育，忽视劳动教育，使得学生们应试能力突出，但动手能力较弱，影响了我国科技人才的综合素质。刘娟教授认为，在当前疫情肆虐而无法开学的情况下，劳动教育是培养大中小学生的重要途径。为大中小学生开设劳动课，是为了培养学生们的劳动意识和劳动能力，纠正长期以来在学校和家庭中形成的重成绩轻劳动的做法，引导年青一代全面发展。石镇平教授认为，重视劳动教育是社会主义国家教育性质的必然要求，因为我们培养的是社会主义的建设者和可靠接班人；重视劳动教育是教育规律的内在要求，是受教育者全面发展的基本保证；重视劳

---

① 本文首发于南开马院微信公众号。作者为刘明明，南开大学马克思主义学院副教授，教育部"高校思想政治理论课马克思主义基本原理概论教材研究基地"和天津市高校习近平新时代中国特色社会主义思想研究联盟特邀研究员。

动教育是在全社会崇尚尊重劳动和劳动者的必然选择。刘明明副教授认为，德智体美劳是人的自由全面发展的必然要求，劳动应该成为社会之人的内在维度。

第二，老师们认为，马克思主义基本原理对劳动做出了深刻的揭示。王生升副院长认为，爱劳动背后有着深刻的唯物史观意涵，爱劳动与爱人民是相统一的。大学生要在劳动教育中认识到，他们的阶级立场是人民的利益而不是资本的诉求。陈弘教授认为，人民群众是历史的创造者，正是中国人民的辛勤劳动才有新中国70年的今天，我们应该教育大学生既要追求卓越成为精英，也要脚踏实地心系人民。赵华飞老师认为，马克思主义哲学部分强调劳动对人类社会形成和发展的本体论意义，需要从唯物史观的角度来讲清楚、讲完整；政治经济学部分批判了资产阶级不劳而获的资本主义制度，深刻揭示了资本主义制度必然灭亡的规律性；科学社会主义部分阐述了劳动在社会主义建设中的重要作用，强调大学生必须树立"劳动光荣"的理念以实现共产主义为崇高理想和最高奋斗目标，使大学生充分认识辛勤劳动在推进新时代中国特色社会主义事业中的地位和作用。马梦菲老师认为，体力劳动者社会地位低的原因在于：他们的收入在薪酬分配中不高，按劳分配应该重视体力劳动的价值。

第三，老师们认为，在思想政治理论课中应该贯彻劳动教育。赵春玲副教授认为，在马克思主义基本原理的教学中，通过深化认识论、实践论、唯物史观以及劳动价值论的讲解，给学生以劳动历史观、劳动价值观、劳动人生观的教育，同时融入习近平总书记关于劳动和劳动教育问题的重要论述的阐释，引导学生在认知层面树立正确的劳动观。孟锐峰副教授认为，要通过劳动教育形成马克思主义劳动观，牢固树立劳动最光荣、劳动最崇高、劳动最伟大、劳动最美丽的观念。孙寿涛副院长认为，劳动观是习近平新时代中国特色社会主义思想的重要内容，包括三个命题：一是"劳动创造世界，奋斗成就伟业。"二是全社会都要贯彻尊重劳动、尊重知识、尊重人才、尊重创造的重大方针。三是要大力弘扬劳模精神、发挥劳模作用，坚持社会公平正义，排除阻碍劳动者参与发展、分享发展成果的障碍，努力让劳动者实现体面劳动、全面发展。叶冬娜老师认为，思政课教师要特别强调用好思想政治理论课堂这个主渠道、主阵地，形成德育、劳育协同效应。比如，在"马克思主义基本原理概论"中强化劳动经典解读，深化马克思主义劳动价值观教育。竟辉老师认为，广大思政课教师应从马克思主义实践观出发，在实际教学中积极培养青年大学生热爱劳动、尊崇劳动、参与劳动的情感，引导他们把常锻炼、促健康、强体魄落实到学习生活的各个环节。

第四，老师们热烈讨论了开展大学生劳动教育的具体路径。杨谦教授认为，劳动教育可以通过案例教学的方式，生动地向同学们展示劳动的意义。案例的选取上既要有积极正面真实的故事，也要有反面的案例，培养大学生树立崇尚劳动的观念和意识。杨植迪老师认为，新时代的劳动教育要突出价值引领，避免形式主义，要引导学生在真实的生产生活实践中体验到身为劳动者的光荣感、责任感和使命感，向各行各业的劳动者学习，树立正确的劳动价值观。赵华飞老师认为，增加劳动实践教学环节，在平时考核中提高劳动实践教学成绩的比重。建议《原理》课程划出一定课时量来作为大学生劳动实践教学，可带领学生前去参观农场、工厂、实验室，甚至直接参与劳动，以获取真切的劳动体验。袁蓓老师认为，当今大学生劳动教育的目标不仅是引导学生重视劳动、积极投身于劳动实践，更重要的是通过内化方式培育和重塑大学生的劳动精神，其有效途径就是将高校劳动教育与崇尚敬业、专注和创新等内容的工匠精神与劳模精神的弘扬相结合，以在大学生中树立和培养以人民为中心的优秀职业道德文化，进而为中国特色社会主义现代化事业培养全面发展的建设者和接班人。

聚焦立德树人的根本任务
把劳动教育融入思政教育

——以"马克思主义基本原理概论"课为例①

日前中共中央、国务院发布了《关于全面加强新时代大中小学劳动教育的意见》，强调劳动教育是中国特色社会主义教育制度的重要内容，要全面贯彻党的教育方针，坚持立德树人，把劳动教育纳入人才培养全过程。②用好思想政治理论课堂这个主渠道、主阵地，通过强化劳动经典解读，深化马克思主义劳动历史观、劳动价值观、劳动人生观的教育，同时融入习近平总书记关于劳动问题重要论述的阐释，引导学生在认知层面树立正确的劳动价值观、厚植劳动情怀，形成思政教育和劳动教育协同效应。

一、通过马克思劳动学说的阐释，引导学生懂得劳动最光荣、劳动最崇高、劳动最伟大、劳动最美丽的道理

马克思劳动学说从唯物辩证的角度阐述了劳动在人类的生产、人和人类社会的形成与发展中具有根本的决定意义。马克思强调：劳动创造世界、劳动创造历史、劳动创造了人本身，劳动是人类的本质特征和存在方式，劳动是推动社会发展进步的本质力量，劳动是人类文明传承的重要工具和文化结晶，劳动者创造的价值深刻影响着社会的发展进程。马克思在劳动发展史中找到了理解全部社会史的钥匙，在劳动发展史中找到了人类终极存在的意义。无论时代发展到何种程

---

① 本文获得天津市高校思想政治理论课"名师工作室"专项支持，首发于人民网公开课。作者为赵春玲，南开大学马克思主义学院副教授，教育部"高校思想政治理论课马克思主义基本原理概论教材研究基地"和天津市高校习近平新时代中国特色社会主义思想研究联盟特邀研究员。

② 中共中央国务院关于全面加强新时代大中小学劳动教育的意见[N]. 人民日报,2020-03-27(001).

度，劳动都伴随着人类历史的前进，书写和见证人类文明史。回溯历史，正是劳动者手不停歇、抓铁有痕地实干，才成就了中华民族的辉煌历史，正是劳动让中华民族实现了从站起来到富起来再向强起来的根本转变。开创美好未来，实现"两个一百年"的目标，依然需要全体人民的勤奋劳动、诚实劳动、创新劳动，久久为功，锲而不舍。当代大学生作为担当民族复兴大任的时代新人，必须牢固树立劳动最光荣、劳动最崇高、劳动最伟大、劳动最美丽的理念，在未来的工作中焕发实干兴邦的劳动热情和创造激情，释放创造潜能，在劳动实践中发展自己作为劳动主体能够将个人理想与社会理想相结合，同中国梦齐头并进，始终以辛勤劳动、诚实劳动、创造性劳动，为改革开放和社会主义现代化建设贡献智慧和力量，以脚踏实地的劳动托起民族复兴的伟大梦想。

二、结合马克思劳动价值论的解析，引导学生崇尚劳动、尊重劳动，弘扬劳动精神和工匠精神

马克思劳动价值论阐述了劳动在财富创造、价值创造中的重要作用，强调了在生产要素中劳动要素相对于资本要素的本源性和创造性，对劳动的价值给予高度重视，从而在本质上回答了劳动在经济社会中的位置，凸显了劳动者在价值创造和财富生产中的决定性作用，这一理论具有鲜明的劳动阶级立场。

在当代建成小康社会，进而建成富强民主文明和谐的社会主义现代化国家，根本上要靠劳动、靠劳动者创造。劳动只有分工不同，没有贵贱之分，社会需要各类人才，同样需要有各种劳动，"三百六十行，行行出状元"。青年学生作为高素质劳动后备军，要确立崇尚劳动、尊重劳动的基本态度，任何时候都不能看不起普通劳动者，增强热爱和崇尚劳动的情感、热爱和尊重劳动人民的情感，努力使自己成为知识型、技能型、创新型劳动者。同时，要弘扬劳动精神、工匠精神，工匠精神是弘扬劳动精神、劳模精神的具体实践，是对劳模精神、劳动精神的重要深化和提升，它蕴涵着敬业、精益、专注、创新等方面不断突破自我等优良品质，是一种职业精神，同时又是职业道德、职业能力、职业品质的体现。大国工匠劳动精神的典型化身，辅助案例教学《大国工匠》，这是2015年"五一"央视推出的系列报道，讲述的是追求极致的八位工匠所缔造的神话，生动阐释了劳动的内涵和劳动的价值，诠释了劳动光荣、创造伟大的理念，弘扬了"尊重劳

动、尊重创造"的社会风尚，以鲜亮的范例礼赞了"爱岗敬业、争创一流"的劳动精神。榜样的力量是无穷的，聆听工匠故事，让学生感受工匠精神、观摩精湛匠艺、分享工匠情怀，激发青年学生通过诚实劳动、创造劳动实现人生梦想、展示人生价值的劳动热情。匠心传承需要青春沉淀，青年学生面对浮躁之气，要能摒弃喧嚣，常怀赤子之心，坚守初心、执着专注、勤于钻研、求精求新。

三、通过马克思主义劳动观教育，塑造学生劳动品格，涵养深厚的劳动情怀

新时代劳动教育是学生发现生命才华、品尝劳动幸福、懂得奉献付出的人生观教育。马克思认为，劳动是人的个性和创造力的体现，是自由的生命表现，是生活的乐趣，并成为生活的第一需要，创造性的劳动为人类追求幸福提供物质和精神基础，使体力和智力得到确证，使有限的生命产生无限的意义，成为人的全面自由发展的实现途径。马克思立志为人类的幸福而斗争，并选择了最能为人类福利而劳动的职业。习近平总书记强调："劳动是幸福的源泉，人世间的美好梦想，只有通过诚实劳动才能实现；生命里的一切辉煌，只有通过诚实劳动才能铸就。"[①]青年学生要以好逸恶劳为耻，以辛勤劳动为荣，任何时候都不能贪图不劳而获的生活，努力克服劳动意识淡薄，劳动态度不端正，崇尚安逸享乐，厌恶诚实劳动等思想偏差，克服内心不热爱劳动，不积极参加劳动，不尊重劳动成果等行动层面缺位。立志劳动创造的信念，坚定自强不息的奋斗精神，深刻认识只有乐于劳动、勤于劳动、善于劳动，才能用智慧的双手和勤劳的汗水浇开梦想之花，才能创造属于自己的幸福和光荣，展现出自己的人生价值，努力将"崇尚劳动、尊重劳动"内化为精神境界，为毕业后在工作和生活中"辛勤劳动、诚实劳动、创造性劳动"打好坚实基础。

---

① 习近平. 在同全国劳动模范代表座谈时的讲话[N]. 人民日报,2013-04-29(002).

提升自我效能，疫情中促进
大学生健康成长①

习近平总书记在全国卫生与健康大会上提出，要把人民健康放在优先发展战略地位。②当下，在应对这场突如其来的新型冠状病毒感染肺炎疫情防控工作中，守护师生安康、维护校园稳定，是教育系统的一项重大政治任务，也是当前高校的重要工作之一。顺利平稳度过疫情，需要青年大学生具有强大的自我调节能力来应对各种冲击。班杜拉（Albert Bandura）自我效能理论强调人的主体能动性对个体思想发展和行为塑造的重要作用，若能将其有效运用于当前疫情防控过程中对大学生的思想引导与心理疏导工作，不仅可以坚定广大学子打赢疫情防控阻击战的信心和决心，促进重大疫情状况下大学生的健康成长，更能有效助力高校疫情防控举措，切实推进全民健康教育体系的建设与发展。

一、自我效能在大学生应对疫情过程中的心理功能

自我效能是个体对自己成功达成某种特定目标所具能力的判断和信心。一旦形成就会以信念的形式内化于自我意识之中，并进而影响与个体自我系统相关的各个侧面。③"我能做什么""我能付出最大的努力吗"和"我能把握周围的环境吗"等问题所映射出的能力感、努力感和环境控制感是疫情中大学生自我效能的真实写照。

---

① 本文系2020年南开大学本科教学改革项目（项目批准号：NKJG22020103）的阶段性成果，首发于人民网公开课。作者为刘春雪，南开大学马克思主义学院副教授，天津市高校习近平新时代中国特色社会主义思想研究联盟特邀研究员。

② 习近平.把人民健康放在优先发展战略地位.新华网：2016年8月20日.

③ 郭本禹，姜飞月.自我效能理论及其应用[M].上海：上海教育出版社，2008：57-58.

自我效能通过动机、思维、行为选择与心身反应等一系列中介过程实现对个体的调节作用，具体到疫情状态下大学生自我效能的心理功能发挥，主要表现在以下两个方面。

1. 自我效能影响疫情中大学生的认知活动，包括注意、想象、归因等若干不同形态的思维过程。疫情的发生使得整个社会充斥着大量与之相关的不确定性信息，这些信息经由网络新媒介迅速流传扩散，极易引发一系列负面连锁反应。高自我效能的大学生对外部环境具备良好的控制感，对社会各个层面不确定信息的理智性和容忍度更强，更倾向于在学业和生活受阻的情境下勾画未来回归正常的积极场景，这种有效的认知建构对后续行为的实际执行是一种极大的促进与支持；他们在居家隔离期间的行为动机与生活态度相当积极，能更加有效地对日常行为进行自我管理和自我控制。而自我效能低的大学生，则更容易将注意力集中于外部环境中的不利因素以及由此可能导致的失败后果，这对其后续行为会形成一种自我干扰；他们将大量时间、精力空耗于无用的信息获取与甄别，感觉失去了对自身命运的掌控，极易陷入恐慌无助的焦虑状态。

2. 自我效能影响疫情中大学生的行为选择以及相应的意志过程和情感反应模式。一般而言，自我效能强的大学生更倾向于在疫情防控期间主动设定学习目标并积极选择策略去实现，如居家隔离时能自觉减少网络沉迷时间、制定读书规划、提高生活技能，他们的意志品质更加坚定，在特定目标的达成过程中遭遇到障碍或干扰时更能持之以恒；高自我效能的个体情绪体验更为积极，自我效能低下的大学生则更容易为焦虑、抑郁、沮丧和恐惧等消极情绪所困扰，他们的神经生理方面也会呈现出一系列不适反应，如日常性的心跳加速、头晕乏力、紧张性肌肉疼痛等等。

二、提升自我效能，充分激发大学生的主体性机能

1. 增加成功经验的获取。个体亲历的成功经验是一种最直接的能力判断信息，为自我效能的维持与发展提供了强大的力量源泉。疫情在时空与心理上对学生的课程学习产生了不同程度的阻碍，为此，要及时了解学生的思想状况和认知水平，帮助学生建立合理完善的课程学习目标体系，让学生在每一个学习进程中都能体验付诸努力取得成功所带来的喜悦；让学生自觉形成目标的自我调整机

制，能够根据不同阶段的身心状况与周遭环境变化随时调整学习目标的难度与期限，以增强达成目标的可能与信心。

成功经历的获取与累积固然能够增强个体的自我效能，但是单纯一味地信息输入而不注重认知反省和总结，只能将人变成一个机械的经验意义的承载者。要善于启发学生，帮助学生养成不断自我反省与调整的习惯，让他们学会在分析与推理的过程中将经验意义系统化、概括化与理论化。这样，当他们下次再遇到类似问题或者环境发生变化时就能够思考得更为全面，更加坚信"我可以做得更好"。

2. 加强对认知信息的控制与引导。疫情带来的各种不确定性很容易使学生失去对环境和自身的掌控感，而个体在失去控制力之后的本能反应之一就是想方设法去获取相关信息知识的补充。事实上，这是教育者最希望学生采取的恢复控制力的方式。引导学生发现知识盲点，使其意识到是自身的"无知"引起的控制感丧失，激发他们产生寻求信息的强烈欲望，同时辅以适当的调控手段。如倡导学生在动荡的不确定性环境中保持理性的专业态度，引入具备相关专业领域权威性的专家，以符合学生知识与推理水平的方式对不确定信息进行解析、比较和释义，让学生明确更多的"是什么"和"为什么"，丰富他们的相关认知经验储备。随着众多经验意义的不断扩充和发展，学生也会越来越趋向于能力自信。

3. 保持积极健康的情绪和生理状态。利用倾诉、阅读、写作、有节制地获取信息等方法来缓解疫情中的焦虑恐惧情绪；正视应激状态下产生的记忆力下降、睡眠障碍、注意力不集中等身体的自然反应；学会如何在普遍的恐慌和过多信息超载的轰炸中保持理性和良知的底线、在冲突与困境中彰显正向的价值观；正确看待疫情突发期间所产生的污名化、排斥与歧视等社会现象；等等。鉴于不良的身体状态可以通过阻碍个体的情感过程与意志过程降低对自身能力的判断，为此，疫情中的大学生可以利用放松训练、音乐疗法、规律的生活作息、充足睡眠、适当运动等方式保持健康的生理节奏。

三、提升自我效能，充分发挥各种支持性因素的作用

一方面，营建和谐的同辈关系，用良性的同辈群体氛围和优秀同辈的示范效应来激发学生的动机与行为。疫情防控期间懈怠的学生看到关系亲密的伙伴在朋

友圈中转发各类学术报告和学习心得，很可能会重新审视自己的身心状态，特别是那些与示范榜样在年龄、经验、能力方面相似的学生更易通过积极的比较与模仿，掌握并运用新的高效行为来代替原有的低效行为，从而促进个体的自我判断、自我肯定与自我成长。

另一方面，作为所处情境中的重要他人，教师的权威效应也为学生提供了替代性效能信息。疫情的延展使得众多高校教师变身为各类线上教学能手，教师身上强烈的工作责任感、孜孜以求的钻研精神以及在授课过程中所散发的强大自信，都在无形之中感染着学生。平等亲切的师生关系、教师对学生的期望与鼓励，哪怕是一个微笑、几句耐心讲解或者及时的信息反馈，都会化作有力的强化因素，为学生提升自我效能提供动力。

此外，疫情防控期间学校为学生提供效能信息的活动渠道也很多。例如，利用学校公众号推送各类"抗疫防疫"指南，让学生在心理和行动上消除不确定性，做到自我掌控；积极关注了解学生学习生活和思想状况，对重度疫区学生发放经济补贴，多途径给予学生人文关怀；构建主体性线上线下混合教学新机制，在特色教学模式中培养学生的自信力；逐步恢复并推进各类社团活动的线上开展等等，让学生在充分发挥自主性的过程中达成能力自信并趋向于自我发展和自我完善。

开学第一课：南开师生线上共话
"马克思主义基本原理的现实性" ①

开学第一课，南开大学马克思主义学院《马克思主义基本原理概论》的任课老师将马克思主义与现实生活结合起来，在线上课堂引入话题"这次新型肺炎让你明白了哪些与马克思主义有关的道理？"同学们以马克思主义为分析工具，得出了许多颇有新意和道理的论断。线上讨论的优势在这次互动中得到了发挥：一方面，由于空间的虚拟性，同学们在线上发言比线下更积极，参与度更高；另一方面，由于在线上发言占用的课堂公共时间较少，几乎每个同学都有发表自己见解的机会。所以，全班共有153人，而132位同学参与了发言。同学们在互动中涉及了十二个原理问题，具体包括：

第一，认识到了人与自然关系和谐的重要性

段銎浩同学说：通过这次新型肺炎，我深刻地认识并理解了新时代学习马克思主义的重点之一：关于人与自然关系的思想。人类如果不爱惜保护自然，必然会受到来自自然的惩罚。张乘赫同学说：我深刻理解了马克思主义与自然和社会之间的基本联系，要跟随时代的发展不断发展马克思主义，不能妄图破坏自然，要与自然和谐相处，以马克思主义的力量发展和改造社会。

第二，看到了中国特色社会主义制度的优越性

袁雪松同学说：对比美国流感肆虐，中国在面对疫情的时候反应迅速，全国上下万众一心、众志成城；对比美国的资本主义，我们党能够调动各方力量驰援武汉，不能不说这是社会主义的优越性，这充分说明我们选择了一条正确的、前

① 本文得到天津市高校思想政治理论课"名师工作室"专项支持，首发于人民网公开课。作者为刘明明，南开大学马克思主义学院副教授，教育部"高校思想政治理论课马克思主义基本原理概论教材研究基地"和天津市高校习近平新时代中国特色社会主义思想研究联盟特邀研究员。

途光明的道路。同样，没有雄厚的经济基础，在延迟上班之后，经济形势一定不容乐观，但是股市开盘只有第一天小幅跌落，可以看出来，我们这么做是有着充分的经济基础的。涂思成同学说：本次疫情发生后，党和政府快速反应，采取了封城、迅速完成火神山与雷神山医院的搭建等一系列行之有效的措施，各行各业也在带领之下积极响应，保障人民的生命健康安全，体现了中国特色社会主义制度的优越性，让人们真正看到了何为以人为本。

第三，马克思主义人民性至上的立场

张杨子涵同学认为：历史唯物主义的观点要求我们以人民为中心，站在最广大人民的立场，为人民谋福祉。从应对新型肺炎来看，我们把人民身体健康安危作为最核心的要点，积极治疗，不断完善相关体系，保障人民的健康，把人民放在最高之处。吴宜哲同学说：这次新型肺炎，我国采取的措施有效有力，各行各业的经济发展和文化发展都受到不同程度的影响，中央做出这样的决定，正是根据马克思主义终极价值即以人为本，一切的发展都不能影响人们的生命安全，这次新型肺炎让我明白了何为国政，何为以人为本。

第四，发展道路是前进性与曲折性的统一

朱姝璇同学说：事物运动的前进性和曲折性是统一的。最近几年中国的经济一直稳中有进，总体趋势向好；但是这一次的疫情可能会让上半年或者是近期一段时间之内中国的经济受到影响，这体现了曲折性；但是克服了这一次的疫情之后，中国的经济肯定还是会回到之前的发展轨道并且更好地保持之前的经济增速，甚至在短期内会有大幅度反弹。姚倩泓同学说：前途是光明的，道路是曲折的，要有坚定的信心，同时勇敢面对困难。没有一个冬天不会过去，没有一个春天不会到来，武汉一定能赢，中国一定能赢，中华民族是历经考验的民族，定能夺取疫情阻击战的胜利，拥抱春暖花开。

第五，矛盾的普遍性与特殊性

赵子謏同学说：本次疫情将新冠确诊病人分为不同的等级，根据患者的不同情况采取不同的安置方式，如轻症患者安置在方舱医院，重症患者及危重症病人安置在火神山与雷神山等地。体现出矛盾具有特殊性，我们要坚持具体问题具体分析，具体问题具体分析是马克思主义活的灵魂。

第六，质量互变规律

王城超同学认为，人类对自然的破坏（比如非法食用野生动物）也许不会立即引发恶果，但根据马克思主义哲学唯物辩证法，量变与质变的关系，质变是量变的必然结果，不好的量变的积累会引发不好的质变（比如这次肺炎的突发）。我们应该注意自己的行为，推动社会向好的方向发展，不以恶小而为之。胡广洋同学认为，本次新型肺炎让我想到马克思主义哲学中量变与质变的辩证关系，从受感人数的增长上来看，由最初的极少数人到后来人数增多正是一个量变的过程，而不断的量变也最终导致本次疫情的突发。而本次肺炎启示我们应该控制不利事物的量变，加强疾病防控能力，防止疾病感染实现质变。

第七，认识与实践的关系

赵奕然同学认为，实践是认识发展的动力，认识反作用于实践。这次新型肺炎疫情突发，患者急需治疗，极大地提高了我们对于新型冠状病毒的认识，推动了药物研发的进程。而且为以后类似病例的诊治实践积累了相关经验。白琛媛同学认为，实践是检验真理的唯一标准。这次疫情暴露出来一些市场管理、医疗体系和干部能力素质等问题，如果没有疫情的突发，很多问题和隐患可能也不会展现出来，可见是实践在检验。与此同时，也应该辩证理性地认识问题，不将局部问题扩大化，也不能因为大局而忽视微小的问题。

第八，意识的反作用

杜钰同学认为，意识对物质具有能动的反作用，意识具有目的性、计划性、主动创造性。在新冠疫情突发后，中华儿女团结一心，坚定信念，或主动隔离，或奔赴湖北，对疫情的控制具有极其重要的作用。

第九，事物之间联系的普遍性

张永康同学认为，从这次肺炎疫情的开端到扩散，我体会到事物的联系是普遍的、多样的、有条件的，当今社会随着交通方式的发展，组织结构的复杂化，工业组织的产业化，早就是牵一发而动全身。这样严重的疫情对国家的发展、工业生产和日常生活的影响都是普遍而深刻的。田嘉时同学：本次新冠疫情，各国共同面对，最令人感动是日本在危难中仍旧向我们伸出援手，正如马克思所指出的："各民族的原始封闭状态由于日益完善的生产方式、交往以及因交往而自然形成的不同民族之间的分工消灭得越是彻底，历史也就越是成为世界历史。"这是习主席倡导的人类命运共同体的体现。曾婷同学：这次新型肺炎使我更理解到马克思主义理论中唯物辩证法的一个总特征——联系观。世界上一切事物都不是孤立存在的，而是和周围其他事物相互联系着的，整个世界就是一个普遍联系着的有机整体。联系具有普遍性，此次疫情中，人与自然是相互联系的，人对自然的漠视、破坏招致了恶果。整体与部分是密不可分的，一方有难，八方支援，众志成城，才能打赢这场战"疫"。

第十，矛盾的观点

潘家堃同学：矛盾是事物发展的源泉和动力。此次疫情中，疫情的快速升级和我国行政机构、医疗机构的治灾防疫能力形成了矛盾，既体现了中国社会强大的凝聚力和向心力，也暴露了我国的部分问题。抗击疫情，不仅仅是解决疫情本身，更能针对性地解决暴露的问题，改善不足，以增强我国未来应对类似突发事件和地方治理的能力与水平。武晨同学：这次新型肺炎让我明白了面对主要矛盾和次要矛盾，要做到两点论和重点论的统一。比如，疫情当下，疫情的发展与医护物资不足是主要矛盾，而人民的幸福度得到满足与人民的娱乐活动受限的矛盾是次要矛盾，我们既要做到两点论，同时认识到这两个矛盾，还要分清主次，先解决疫情。

第十一，人民群众是历史的创造者

刘晖同学：在这次的肺炎疫情中，千千万万平凡人投身于抗击疫情的斗争之中并成功地遏制住了疫情的扩散，这充分证明了人民群众才是历史的创造者，在历史发展中占据主体地位。吴晓雨同学：这次新型肺炎中大家众志成城，医护人员们抗争在一线，还有各行各业的人们也尽自己的努力为抗疫胜利贡献力量，这恰恰体现了马克思主义唯物史观中的人民群众是历史的创造者。

第十二，事物的两面性

王布霖认为，从疫情突发到今天，其实也折射出唯物辩证法的观点，事物是普遍联系的，一次疫情对我国的经济、政治、教育等多方面造成了巨大影响；诸多矛盾也在其中体现，比如，最近我们感受到的就是在线学习需求激增与在线课堂技术落后的矛盾；而这一矛盾的解决，将会带来我国互联网产业的一次革新，这同样也是马克思主义发展观的体现，是"正-反-合"这一辩证过程的体现；疫情既是考验，又是动力，尽管时局艰难，但在疫情过去之后，中国将会收获更大的发展。

通过摘录的以上发言可以发现：同学们能运用既有的马克思主义基本原理相关的知识分析现实问题，通过不同的角度，全班同学较为完整地呈现了马克思主义基本原理的知识点。但是，也有一些同学存在对原理的不恰当应用问题，如将新型冠状病毒看作新事物，经济基础与上层建筑的概念把握不清等，任课老师对此进行了纠正。同学们发完言后，任课教师对发言进行了点评。

第一，不少同学看到了事物的普遍联系，但视野还可以再宽广一些，此次疫情的影响不限于中国，对全球的各种交往都产生了影响，加深了我们对人类命运共同体概念的理解。

第二，马克思在《哥达纲领批判》中论述共产主义时说："劳动已经不仅仅是谋生的手段，而且本身成了生活的第一需要。"这次疫情使大部分人与工作场所相分离，很多人都渴望能早点工作，因为这不仅是谋生的手段，也是我们自我实现的地方。所以，此次疫情使人们对工作的价值有了全新的认识。

第三，中华民族的伟大复兴的前途是光明的，道路是曲折的。此次疫情紧随中美贸易摩擦之后，它表明中华民族的伟大复兴绝不是轻轻松松、敲锣打鼓就能实现的，在前进道路上我们面临的风险考验只会越来越复杂，甚至会遇到难以想象的惊涛骇浪。但是，中国政府和中国人民只要总结经验，迎难而上，敢于进行伟大斗争，就能在克服一个个困难中实现自己的伟大梦想。

第四，事物具有两面性，这次疫情对中国许多行业造成了巨大冲击，对人民的生命财产造成了不小的损失，但生产口罩、防护服等医药企业迎来巨大的机遇。而且，在此次疫情中，包括日本在内的不少国家积极援助中国，中日之间的关系可能迎来更快回暖的契机。

第五，凸显公共卫生安全在总体国家安全中的重要地位。我国是人口大国，不少城市的规模都在百万以上，千万以上的城市也有十余个，国内地区间互联互通十分便捷，再加上每逢假期返乡人口流动巨大，这些都对我们防治疫情提出了巨大挑战。因此，一旦发生疫情，采取措施稍晚一步，就可能是全局性的，就可能给整个国家按下暂停键。所以，应将公共卫生安全提到战略位置。

本次课程以热点问题引入课堂，既能引起同学们参与的兴趣，又能证明马克思主义的时代价值。通过师生的发言和互动，可以发现达到了预期目标，同学们感受到了马克思主义基本原理的理论魅力，认识到马克思主义对中国的价值和意义：马克思主义没有过时，仍然对现实世界具有强大的解释力和改造力。

思政课教师深入学习《新时代高等学校思想政治理论课教师队伍建设规定》文件精神①

《新时代高等学校思想政治理论课教师队伍建设规定》（教育部令第46号，以下简称《规定》）已于日前发布，自2020年3月1日起施行。近日，马克思主义学院通过网络开展中心组学习研讨、教研室集中交流等形式，组织全院思政课教师认真学习《规定》精神和内容。《规定》在思政课教师中引起热烈反响。大家表示，要深刻认识《规定》发布实施的重要意义，全面把握《规定》精神和主要内容，按照《规定》要求开展工作，做学《规定》、守《规定》、用《规定》的表率。

（一）

学院党委书记付洪表示，《规定》以习近平总书记有关教育的重要论述，特别是在学校思政课教师座谈会上的重要讲话精神为根本遵循，是贯彻落实中共中央办公厅、国务院办公厅《关于深化新时代学校思想政治理论课改革创新的若干意见》精神的重要举措，是新时代加强高校思政课教师队伍建设的一个纲领性文件，为高校进一步加强和完善思政课教师队伍建设提供了重要的法治保障。作为马克思主义学院的党委书记和一名思政课教师，我们一定要结合学校和学院的实际认真学习贯彻《规定》，从学院和思政课教师面临的实际问题出发，在学校党委的领导下，尽快出台落实《规定》的实施细则，着力破解制约学院发展和思政课教师队伍建设的难题，努力打造一支高素质的专业化思政课教师队伍；要牢记思政课教师的职责和使命，用马克思主义理论和习近平新时代中国特色社会主义思想武装头脑，讲好落实立德树人根本任务的关键课程，培养一代又一代拥护中

---

① 作者为陈永刚，南开大学马克思主义学院团委书记，负责本篇的文字整理工作。

国共产党领导和我国社会主义制度、立志为中国特色社会主义事业奋斗终身的有用人才。

学院院长刘凤义表示，《规定》是深入贯彻落实习近平新时代中国特色社会主义思想和党的十九大精神，贯彻落实习近平总书记关于教育的重要论述和全国教育大会精神的重要举措，对于新时代高校要建立什么样的思政课教师队伍、如何建设好这支队伍做出了明确规定。从作为一名思政课教师的角度看，《规定》对思政课教师职责任务、岗位特点、自身素质都提出明确要求。思政课教师要明确自己的责任和使命，就是要培养学生坚定的"信仰"、坚定的"信念"、增强"四个自信"，最终把学生培养成社会主义建设者和接班人。从马克思主义学院负责人的角度看，《规定》提出了思政课教师队伍建设的新任务、新要求。面对新任务、新要求，马克思主义学院要制定相关细则，利用好各种支持政策，结合实际，完善体制机制，将《规定》要求落实到思政课教师队伍建设的具体实践中。切实把南开思政课教师队伍建设好，形成一支政治素质硬、业务素质强、梯队结构合理、专职为主、专兼结合、数量充足、素质优良的高质量思政课教师队伍。

学院党委委员、研究生政治理论课教研室教授寇清杰表示，《规定》对思政课教师提出了四点岗位要求，非常有针对性和现实意义。其中一点要求是思政课教师应当加强教学研究。因为种种原因，在部分思政课教师中，不重视、不进行教学研究，仅满足于照本宣科，把教学当作例行公事，教学中缺乏问题导向，不能达到以研究促教学的目的，致使教学水平难以提高，教学效果难如人意。因此，作为思政课教师只有坚持以思政课教学为核心的科研导向，紧紧围绕马克思主义理论学科内涵开展科研，深入研究思政课教学方法和教学重点、难点问题，深入研究坚持和发展中国特色社会主义的重大理论和实践问题，才能把思政课讲好。

思想道德修养与法律基础教研室主任徐曼教授表示，《规定》体现出国家对高校思政课教师队伍建设的重视和对思政课教师的关心，提升了广大思政课教师教书育人的使命感、荣誉感和责任感。要保证《规定》有效实施，相关管理部门和思政课教师要各司其职，相互配合，共同提高思政课教学质量，实现立德树人的教育目标。首先，相关管理部门应该切实有效执行《规定》中的相关要求，在思政课教师配备与选聘、培养与培训、考核与评价、保障与管理等方面因地而异、因校而异，不搞形式主义、一刀切，在广泛征求广大思政课教师意见建议的基础上，按照思政课教学规律制定和出台相关实施措施，使《规定》能真正落地，广大思政课教师能真正受益，真正促进思政课教学质量提升。其次，广大思政课教师应不辜负国家的信任和重视，勇担使命，真正成为有信念、有本领、有爱心的教师。有信念就是要做到信仰坚定、学识渊博、理论功底深厚，努力做到政治强、情怀深、思维新、视野广、自律严、人格正，自觉用习近平新时代中国特色社会主义思想武装头脑，做学习和实践马克思主义的典范，做为学为人的表率。有本领就是要坚持以思政课教学为核心的科研导向，紧紧围绕马克思主义理论学科内涵开展科研，深入研究思政课教学方法和教学重点、难点问题，深入研究坚持和发展中国特色社会主义的重大理论和实践问题，成为教学科研都过硬的老师。有爱心就是要心里装着学生，用心、用情去关爱学生，把学生的成长成才、人生发展放在教学的首位，真正成为学生信赖的人生导师。

中国近现代史纲要课教研室教授、形势与政策教研室主任盛林表示，党的十八大以来，习近平总书记多次就如何加强思政课建设做出一系列重要指示、批示，特别是2019年3月18日，习近平总书记亲自主持召开学校思想政治理论课教师座谈会并发表重要讲话，强调思想政治理论课是落实立德树人根本任务的关键课程。思政课教师担负着重要的育人责任与使命，应当明确教学的核心任务。《规定》为进一步开展好"形势与政策"课教学提供了指导，"形势与政策"课教师应充分挖掘中国特色社会主义事业的成就实例，用建设成就和探索历程，培育学生的爱国主义情怀，引导学生把爱国情、强国志、报国行自觉融入坚持和发展中国特色社会主义事业、建设社会主义现代化强国、实现中华民族伟大复兴的奋斗之中，为培养德智体美劳全面发展的社会主义建设者和接班人做出积极贡献。

毛泽东思想与中国特色社会主义理论体系概论教研室主任、党支部书记李洁副教授表示，《规定》中明确强调，思政课教师的首要岗位职责就是要讲好思政课。作为一名思政课教师，近年来深切地感受到国家对于思政课教学和教师队伍建设的重视，也深感自己肩负的使命重大。思政课教师应当深化教学改革创新。2020年春季新学期伊始，我国遭遇了新型冠状病毒疫情，面对疫情，如何有效做到"停课不停学"，使每一位学生真正融入课堂教学，将高校思想政治理论课的教学优势转化为支持防疫斗争强大力量，引导学生深刻认识中国抗疫彰显出的中国共产党领导和中国特色社会主义制度的显著优势，是摆在每一位思政课教师面前的任务。面对疫情，我们更要努力推进教学改革创新，通过各种线上教学的新手段、新思路，与学生深入沟通和交流，真正引导每一位学生去学习和思考。总之，就我个人而言，作为一名思政课教师和基层党支部书记，应当努力学习和提高自己，做学《规定》、守《规定》、用《规定》的表率，使思政课能够真正成为学生真心喜爱和认可的课程。

"习近平新时代中国特色社会主义思想概论"课程负责人陈文旭副教授表示，《规定》关乎我们每一位思想政治理论课教师，从文件中深刻感受到党中央、教育部对思想政治理论课教师的关心、重视，同时也对新时代思想政治理论课教师提出了更高的期待、要求。在工作中，我们要以"习近平新时代中国特色社会主义思想概论"课程建设为抓手，学习宣传和贯彻实施《规定》。在校领导指导课程建设工作、学院精心做好顶层设计、组建独立教学机构、倾全院之力打造优秀教学团队的基础上进一步做好"习近平新时代中国特色社会主义思想概论"课程的有关工作。

马克思主义基本原理概论教研室副教授、全国高校思想政治理论课教学展示活动二等奖获得者刘明明表示，马克思主义理论学科和思政课教师处于最好的历史时代，从国家到学校都前所未有的重视。作为一名思政课教师，要将教学放在第一位。对于国家来说，这支队伍的首要职责是上好思政公共课，让大学生能够认同中国特色社会主义制度，实现"四个自信"。思政课教师要研究透教材，将教材体系转化为大学生乐于接受的教学内容，不能照本宣科，敷衍应付。《规定》中提出："高等学校可以结合实际分类设置教学研究型、教学型思政课教师专业技术职务（职称），两种类型都要在教学方面设置基本任务要求，要将教学效果作为思政课教师专业技术职务（职称）评聘的根本标准。"从中可以发现，在国家看来，思政课教师只有两类，即教学研究型和教学型，没有研究型这一类，并且这两类都将教学效果作为最关键标准，这足以体现国家重视思政课教学的导向。

（二）

研究生政治理论课教研室副教授尹倩表示，《规定》对思政课教师从职责与要求、配备与选聘、培养与培训、考核与评价以及保障与管理等方面都做了详细的规定，体现了党中央对思政课和思政课教师队伍建设的高度重视，通过认真学习文件精神，深感自己责任重大。我将在今后的工作中继续深入研究坚持和发展中国特色社会主义的重大理论和实践问题，自觉用习近平新时代中国特色社会主义思想武装头脑，引导学生树立正确的世界观、人生观、价值观，坚定对马克思主义的信仰，坚定对社会主义和共产主义的信念，为培养德智体美劳全面发展的社会主义建设者和接班人做出积极贡献。

21世纪马克思主义研究院办公室副主任平扬表示，《规定》是加强新时代高等学校思想政治理论课教师队伍建设的重要纲领性文件，是深入贯彻落实习近平新时代中国特色社会主义思想和党的十九大精神、贯彻落实习近平总书记关于教育的重要论述和全国教育大会精神的重要举措；中央对承担高等学校思政课教育教学和研究职责的专兼职教师提出明确职责要求，要在教学、科研及管理工作实践中努力成长为用习近平新时代中国特色社会主义思想铸魂育人的中坚力量；要保障《规定》在具体实践中的落细落小落实，就要紧密结合中央有关思想政治教育及思政课建设的有关指示精神，结合21世纪马克思主义研究院发展规划实际，结合时代要求与具体任务，结合队伍建设与自我要求，切实提高政治站位，提升业务水平。

学院党委副书记、副院长刘一博表示，作为在一线从事思想政治工作并讲授思政课的教师，学习46号令，一方面感受到中央和习近平总书记殷切的关怀与期望，更多的是感受到自身职责的重大，与在这个伟大的时代自身的重要使命。思政课是铸魂育人的工作，不只是知识的传播，更是灵魂的交流与信仰的凝铸。思政课教师定位要准确，在心中牢固树立一堂"好思政课"的标准，是要对学生产生正向的引领，以理服人、以情感人，情理交融。总之，要按照总书记要求的那样，努力做好青年学生的知心人、热心人、引路人。青年思政课教师更要高举爱国主义的伟大旗帜，不懈追求真理、追求进步，以永久奋斗的姿态，把小我融入大我，肩负时代使命，努力讲好思政课，让青春在为祖国、为人民、为民族、为人类的奉献中焕发出更加绚丽的光彩！

思想道德修养与法律基础教研室副教授刘春雪表示，《规定》从职责与要求、配备与选聘、考核与评价等方面对思政课教师队伍建设提出了要求，从培养与培训、保障与管理两方面为思政课教师解决了后顾之忧。为此，作为一名思政课教师，要和党中央保持高度一致，占领意识形态战线主阵地；明确使命，强化主体意识、使命意识，自觉肩负起立德树人、培根铸魂的责任；狠抓自己的学习、实践和教研，增强综合素质，扎实自己的理论功底，切实推进思政课改革创新。这次的新冠疫情就使得很多以前并不愿意接受线上直播教学的思政课教师被迫变身主播。与其被迫接受与改变，不如主动而为，提前做好知识和技术上的储备，为全面提高思政课的质量和水平打下坚实的基础。

思想道德修养与法律基础教研室副教授余一凡表示：教育部第一次以部门规章的形式，专门对高校思政课教师队伍建设做出明确规定，既体现出对高校思政理论课及思政课教师队伍建设的重视，也体现出对思政课教师的关心。首先，思政课教师队伍建设不仅是思政课教师自己的事，也不仅是马克思主义学院的事，是整个学校的事；其次，按照相关要求，在短时间内我们的老师队伍迅速扩大，需要考虑的是在规模快速增长的同时如何保证思政课教学质量，既要有相关培训，也要有相应要求，要规矩、有纪律，教师教学是一件良心活，但基本的底线必须遵守；最后，从长远、从战略的局面考虑思政课教师队伍建设的问题，就涉及马克思主义理论类专业的发展问题，它是培养思政课教师队伍后备人才的基础工作。因此，要统筹考虑思政课与马克思主义理论专业课教师教学问题，鼓励思政课教师上好专业课，请最合适的教师上好各门课程，从源头上做好思政课教师后备人才的培养工作。

思想道德修养与法律基础教研室副教授张长虹表示：通过认真学习《规定》，进一步明确了思修课教师承担的职责和要求。第一，必须增强"四个意识"，坚定"四个自信"，做到"两个维护"，始终在政治立场、政治方向、政治原则、政治道路上同以习近平同志为核心的党中央保持高度一致，模范践行高等学校教师师德规范；第二，增强课程内容的理论性、实效性，以讲好用好教材为基础，在集体备课过程中集思广益；第三，加强教学研究双丰收，坚持以思政课教学为核心的科研导向，紧紧围绕马克思主义理论学科内涵开展科研；第四，以习近平新时代中国特色社会主义思想为依据，结合课程特点，力求实现教学改革创新。增强思政课的思想性、理论性和亲和力、针对性，全面提高思政课质量和水平。

（三）

毛泽东思想与中国特色社会主义理论体系概论教研室讲师丁晔表示，第一，高校思想政治理论课极其重要。思想政治理论课是高等学校落实立德树人根本任务的关键课程，是坚定大学生的马克思主义信仰、厚植爱国主义情怀的主课程。第二，思政课教师责任重大。思政课教师是高等学校教师队伍中承担开展马克思主义理论教育、用习近平新时代中国特色社会主义思想铸魂育人的中坚力量。第三，上好思政课任重而道远。一方面，思政课教师本身政治素质过硬、政治立场坚定；另一方面，思政课教师要加强教学研究，将教学科研结合好，让科研服务于思政课教学。第四，党和国家很重视思政课。党和国家十分重视思政课教学和思政课教师队伍建设，在很多方面给予支持和保障。

毛泽东思想与中国特色社会主义理论体系概论教研室讲师王元表示，教育部发布的《规定》及时为各高校打造思政课教师队伍指明了方向，作为一名普通思政课教师有以下学习体会。《规定》进一步明确了思政课教师的岗位职责：上好思政课，帮助学生树立正确的三观，培养学生爱国爱党的信念是思政讲师最主要的职责，也是评价思政教师工作能力和素养的最主要标准；《规定》对思政教师的工作提出了要求：思政老师要及时进行教学改革创新，不断用学生喜闻乐见的方式和语言及时解答学生关注的问题；《规定》为思政课教师的发展成长提供了保障：《规定》从师资队伍比例规模和标准要求，师资的培训发展，收入待遇等方面做出了规定，有利于保障思政课师资队伍的稳定、提升思政教师队伍的整体水平、吸引更多优秀人才加入思政教育工作中来。

毛泽东思想与中国特色社会主义理论体系概论教研室助理研究员巩瑞波表示，结合习近平总书记相关重要论述，反复认真学习了《规定》，感觉信心倍增、动力十足，也更加明确作为思政课教师所肩负的重要使命。特别是《规定》进一步明确了思政课教师的岗位职责和要求，这对思政课教师来说是开展教学工作的说明书、指南针和动员令。作为青年教师，在今后的教学工作中，我会坚决贯彻执行习近平总书记相关重要论述，认真对标对表《规定》内容，严格按照学校学院要求，以"讲好思政课"为第一任务、核心职责，提高政治站位、用好统编教材、加强教学研究、深化教学创新、积极主动学习培训，积极参与组织社会实践，与学生打成一片，以身作则、为人师表，积极引导学生立德成人、立志成才，争做信仰坚定的建设者和接班人。

思想道德修养与法律基础教研室讲师吕杰表示，这一文件明确了思政课是高等学校落实立德树人根本任务的关键课程，而不是一般的通识课程，是必须按照国家要求设置的课程。这一点，不管是一线教师还是教学行政人员都应该有一个明确的认识。作为思政课教师，担子很重，教书育人，培养德智体美劳全面发展的社会主义建设者和接班人，责无旁贷。思政课教师应当做到信仰坚定、学识渊博、理论功底深厚，努力做到政治强、情怀深、思维新、视野广、自律严、人格正，自觉用习近平新时代中国特色社会主义思想武装头脑，做学习和实践马克思主义的典范，做为学为人的表率。

思想道德修养与法律基础教研室讲师朱雪微表示，梅贻琦先生曾经说："所谓大学者，非谓有大楼之谓也，有大师之谓也"。思想政治理论教师是高等学校教育中非常重要的一支教师队伍，这支教师队伍和所有教师队伍都一样需要具有扎实的理论功底，承担着教书育人、以理服人的重要任务。但这支队伍又与其他教师队伍有所不同，它是最特殊的一支队伍，需要把控和引导学生思想政治的大方向，承担着引导学生立德树人、精忠报国的光荣使命。因此，新时代高等学校思想政治理论课教师要以师德铸师魂、以技能增魅力、以理论服众人、以德行育众人、以科研助教学、以教学促科研，提升自身的教学技能和科研技能，提高自身的理论知识和政治觉悟，做新时代高等学校思想政治理论课优秀教师。

毛泽东思想与中国特色社会主义理论体系概论教研室助理研究员刘昊表示，作为一名高校思政课教师，首先，必须强化政治正确性，要善于从政治上看问题，时刻保持政治上的清醒，忠诚于党的教育事业。其次，要想方设法讲好思政课，坚持灌输性和启发性相统一，坚持显性教育和隐性教育相结合，不断增强思政课的说服力、吸引力和感染力。最后，努力增强自身的科研教学能力。工作在教学科研一线的教育工作者，只有善于在大是大非面前保持政治清醒，时刻心里装着国家和民族，把一些道理讲明白、讲清楚，做到课上课下一致、网上网下一致，自觉弘扬主旋律，积极传递正能量，才能用堂堂正正的人格感染学生、赢得学生，做让学生喜爱的人，担负起时代赋予思政课教师的重任。

毛泽东思想与中国特色社会主义理论体系概论教研室讲师孙炳炎表示，《规定》明确了新时代思政课教师的工作职责和要求，为我们各项教学研究活动的开展提供了基本准绳。在今后教学科研活动中，我们思政课教师要时常对标《规定》中的相关要求，衡量我们是否真正贯彻落实这一职责和要求；《规定》为新时代思政课的高质量进行、思政课教师队伍建设以及教师个人发展提供了有力的制度保障。《规定》所提出的退出机制对于广大思政课教师而言也是一种强烈的鞭策，要求我们必须有强烈的争优创先意识，必须不断完善自我、提升自我，以更加饱满的热情、过硬的素质来完成党和政府赋予我们的光荣重任。

毛泽东思想与中国特色社会主义理论体系概论教研室讲师孙海东表示，思政课教师队伍作为思政课建设的重要一环，始终得到党中央高度重视。近期颁布的《规定》，是教育部第一次以部门规章的形式对高校思政课教师队伍建设做出规定，可以说是为思政课教师队伍的建设指明了方向，具有积极的指导意义。此《规定》可以说是深入贯彻落实习近平新时代中国特色社会主义思想和党的十九大精神，贯彻落实习近平总书记关于教育的重要论述和全国教育大会精神的重要举措。《规定》既利于思政课教师队伍的正规化建设，也利于调动思政课教师的积极性，可以增强其收获感与成就感。总之，《规定》对于深化新时代高校思政课的改革具有十分重要的意义。

研究生政治理论课教研室讲师李玉萍表示，作为一名高校思政课专职教师，我深感身上肩负责任之重大，通过学习《规定》等相关文件，也感受到我们党和国家对于加强新时代思政课建设的殷切期望。在今后的工作中，我将严格按照《决定》要求，以身作则，践行高等学校教师师德规范。同时，加强自身思想道德修养和业务学习，成为用习近平新时代中国特色社会主义思想铸魂育人的中坚力量，努力培养担当民族复兴大任的时代新人，为培养德智体美劳全面发展的社会主义建设者和接班人做出自己应有的贡献。

马克思主义基本原理概论教研室讲师杨植迪表示，通过学习《规定》，现就第四点"深化教学改革创新"中，关于"主导性和主体性相统一""灌输性和启发性相统一"的要求谈一谈自己的理解。"主导性和主体性相统一""灌输性和启发性相统一"要求我们思政课教师，既要承担讲授者的角色，又要承担引导者的角色。在思政课的教学过程中，师生之间不是单一的主客体关系，应该是良性的主体间性关系，学生不只是一个被动接受教育的"教学对象"，教师也不只是单向传授知识或者单一回答学生问题的对象，二者都是重要的"教学主体"，并且相互促进。这就要求师生之间开展一系列的互动，而这个互动的主导权必须掌握在教师手中，这需要教师有意识地正确地引导学生的问题意识，并且在这一过程中，坚定学生的政治立场。

毛泽东思想与中国特色社会主义理论体系概论教研室助理研究员张留财表示，作为一名入职不久的思政课教师，本人就《规定》中对思政课教师提出的岗位职责和基本要求之一，即增强思政课的思想性、理论性和亲和力问题，谈一下自己的学习体会。课堂教学活动中，为了提升学生的学习兴趣，老师们往往会穿插一些历史故事来增强课堂效果。那么讲道理和讲故事是怎样的关系？事实上，讲故事是为讲道理服务的；道理讲得好，不如故事讲得好，但道理比故事重要。一堂课下来，学生听了，不能只记住故事，而忘了道理，那思想政治理论课就变成故事会了，没了思想，丢了理论，失了味道。从对事物的本质和规律的反映而言，道理比故事重要，但较为抽象，让人觉得枯燥、乏味，因其概括性而显得离生活相对较远；故事比道理的概括性差，但因其生动性和趣味性而显得离生活相对较近。因此，把讲道理和讲故事结合起来，用故事来阐明道理，用道理来点化故事，无疑是增强思政课思想性、理论性和亲和力的题中应有之义。

毛泽东思想与中国特色社会主义理论体系概论教研室助理研究员赵佳佳表示，《规定》强调，思政课教师的首要岗位职责就是讲好思政课。最近，中国和世界都面临新型冠状病毒疫情，如何结合疫情讲好讲活思政课就成为思政课教师近期的重大问题。结合本人教学实践和理论知识，我认为，讲活讲好思政课需要做好以下各项工作：一是充分结合疫情防控讲活概论课。疫情防控对概论课教学带来了巨大挑战，但也为讲活概论课，深化学生对习近平新时代中国特色社会主义理论体系的理解提供了丰富素材。二是充分结合网络教学讲实概论课。只有经过科学预案和多重准备，综合利用多种网络平台进行概论课教学，既是有效完成教学任务的基础条件，也是在疫情防控条件下稳步扎实推进概论课教学的必要措施。

思想道德修养与法律基础教研室讲师姚静表示，第一，新时代高校思政课教师使命和责任重大，培养真正符合要求的思政课教师，形成有战斗力的队伍方面，需要解决的问题还很多。如高校思政课教师如何在思政课课堂上守好责任田，通过授课澄清一些错误思潮等的影响，真正入脑入心地解决学生的认识和实践问题。第二，目前高校思政课使用的教材和开设的课程，还需要进一步整合、理顺，解决重复问题、灌输问题，加强学生的学习主体性作用的发挥。第三，力戒一切形式主义，真正在高校做到全员育人、全程育人、全方位育人。

马克思主义基本原理概论教研室助理研究员袁蓓表示，思政课教师要不断探索教学方式的改革创新。近期为应对疫情，直播教学暂时替代了传统实体课堂，但仅仅有直播线上教学，对保证教学质量是远远不够的。线上教学不是教师的"个人秀"，教师要尽最大可能加强与学生的互动和交流。因此，思政课教师要通过开展线上线下深度混合教学模式，充分发挥线上线下教学两方面优势，不断创新教学方式，提升思政课教学质量；思政课教师要拥有崇高的情怀与过硬的专业素养。在特别时期，思政课教师更要加强自身修养，夯实专业基础，在此基础上遵循学生成长规律，将人文关怀与心理疏导融入网络课程教学，为学生的心灵埋下真善美的种子。

思想道德修养与法律基础教研室讲师徐延庆表示，思政课是高等学校落实立德树人根本任务的关键课程。文件指明了思政课在我国高等学校教育体系中的地位，思政课教师是承担开展马克思主义理论教育、用习近平新时代中国特色社会主义思想铸魂育人的中坚力量。思政课教师应有明确的身份认知，努力做到政治强、情怀深、思维新、视野广、自律严、人格正；思政课教师应坚持以思政课教学为核心的科研导向，深入研究思政课教学方法和教学重点难点问题，深入研究坚持和发展中国特色社会主义的重大理论和实践问题；思政课教师应当深化教学改革创新，增强思政课的思想性、理论性和亲和力、针对性，全面提高思政课质量和水平。

思想道德修养与法律基础教研室讲师常宴会表示，"思政课要用理论的方式宣传党和国家的路线方针政策，思政课教师同时担负学术工作者和思想政治工作者的职责。"思政课教师是学生进行系统学习和深度学习的组织者，应该为学生提供更多难以替代的知识和训练，其中最为重要的就是马克思主义经典著作的精读；思政课教师除了应该完成基本的教学任务外，还应该参与到对舆论的引导中，对世情国情党情的最新变化有更多的了解，有能力运用理论分析很多现实问题；思政课教师不仅要按照现有知识和要求帮助学生成长，也应该以其学识和经验，在共同探索新的理论难题和新的实践情况过程中做学生的引路人。

马克思主义基本原理概论教研室助理研究员竟辉表示，"疫情期间线上思政课讨论式教学管窥"：突如其来的新冠肺炎疫情，不仅扰乱了高校正常的教育教学秩序，也迫使高校思政课的主阵地由线下转移到线上。然而，对广大高校思政课教师而言，在在线直播授课无法全程跟踪和全员参与的情形下，线上讨论式教学便尤为重要。为此，广大思政课教师可以围绕线上讨论式教学的现实必要性、可行性进行教学设计。线上思政课讨论式教学，通过教师对学生就问题的引导思考、师生之间就问题的思想碰撞、学生之间就问题的辩证讨论，以达至思想上的共识和情感上的共鸣，有效提升学生的思辨能力，加深学生对思政课理论的理解，从而提升在疫情特殊时期的思想政治理论课水平。

③

理论阐释篇

科学统筹确保实现今年经济社会发展目标任务[①]

今年是全面建成小康社会和"十三五"规划收官之年，突如其来的新冠肺炎疫情无疑给我们实现目标任务带来了困难和挑战。我们坚信，在以习近平同志为核心的党中央坚强领导下，全党全国人民团结一心、众志成城，一定能战胜疫情，实现经济社会发展的目标任务。

发挥独特优势，坚定实现目标任务信心。坚定信心是战胜困难、完成目标任务的动力源泉。虽然疫情对经济社会发展带来的冲击和影响不小，但正如习近平总书记所说："综合起来看，我国经济长期向好的基本面没有改变，疫情的冲击是短期的、总体上是可控的。"习近平总书记多次强调"中国是个大国，韧性强，潜力大，回旋余地大"，为我们战胜疫情、努力实现目标任务提振了士气。克服疫情对经济的影响，我们有党的集中统一领导的最大政治优势，有集中力量办大事的制度优势，有社会主义基本经济制度的制度优势，有世界上最为齐全的工业门类优势，有世界上最大制造业中心优势，有世界上超大规模市场优势，有政府和市场结合、国内市场和国外市场结合的资源配置优势，有科学统筹的战略规划优势，等等。这些优势作为我国经济发展的独特优势，不会因为一次疫情而发生改变。因此，我们要坚定信心，克服困难，确保任务目标如期实现。

建立运行新秩序，确保经济社会平稳发展。秩序是经济平稳运行的前提。此次疫情防护要求人员分散、隔离、封闭，这在阻断病毒扩散的同时，也阻塞了经济循环的人流、物流，从而造成生产停工、消费停滞，经济运行受阻。因此，必须建立与疫情防控相适应的经济社会运行秩序，让经济命脉循环起来。首先，建立差异化防控体系。此次疫情对全国各地的冲击是不均衡的，因此要因地制宜采取防控举措，科学制定复工返岗对策。其次，保持流通渠道畅通。复工复产，

[①] 本文首发于《红旗文稿》2020.6，作者为刘凤义，南开大学马克思主义学院院长、教授，天津市中国特色社会主义理论体系研究中心南开大学基地特邀研究员。

关键是人流、物流流通起来。这其中，交通运输是"先行官"，必须打通"大动脉"，畅通"微循环"，尽量减少不必要的防控程序，更不能采取破坏道路等极端方式进行防控。再次，利用时间置换空间。可采用错峰复工、错峰返程和错时上下班、暂停汽车尾号限行等办法，减少空间聚集。最后，当前还要对生产假冒伪劣防控物资这种破坏疫情防控和经济秩序的违法行为，予以严厉打击。

有序复工复产，推动产业链协同发展。生产活动是企业的生命线。疫情期间能否尽快复工复产，直接关乎企业的生死存亡，关乎工人的就业和收入，为此要努力推动企业有序复工复产，以产业链为依托，推动企业之间协同发展。一是为企业纾困赋能。疫情对中小企业影响比较大，中小企业吸纳就业多，但抗风险能力弱，这就需要政府举措并为企业纾困赋能。中央提出在宏观调控上积极的财政政策要更加积极有为，稳健的货币政策要更加注重灵活适度。目前，中央和各地方都出台了一系列相关政策，包括减免租金、降低税费、金融支持、财政补贴等，相信这些举措只要精准到位，就一定能帮助企业渡过难关。二是抓住大项目这个"牛鼻子"。国家规划的（重）大项目具有对国民经济影响大、牵涉的产业链条多、支撑和带动作用强的特点。抓好（重）大项目的投资、开工、复工，有利于带动中小企业协同发展。三是鼓励企业以创新为引领向价值链中高端转型。为应对疫情，一些企业利用"互联网+"、人工智能、大数据等高科技手段，创新生产模式、销售模式、管理模式等，这有利于推动企业走向价值链中高端。以此为契机，引导和鼓励企业尤其是中小制造业企业提升智能制造水平，走高质量和高效率发展之路。四是加强与对外合作的产业链对接。疫情期间，要优先保障在全球价值链中有重要影响的龙头企业和关键环节复工复产，提供有效供给，维护全球供应链稳定。

稳步激活消费，扩大国内外有效需求。消费既是经济运行的终点，又是再循环的起点。中国拥有世界上最大规模、最具潜力的消费市场，疫情虽然限制了即时消费，但不能阻挡延时消费，还可能激发潜在消费，引致创新消费。因此要稳步激活消费，扩大有效需求。此次疫情突发，使很大一部分即时消费受到限制，如餐饮、旅游、娱乐这类的消费，只能设法利用网上超市、网上娱乐、网络外卖等新形式激活部分消费。延时消费部分只是推迟了消费时间，没有消灭消费市场本身，是一种消费力的积蓄，如家庭装修、家用汽车、家用电器这类的消费，企业可以利用互联网技术，稳步激活市场，一旦疫情过去，消费冲击波来临，可以抓住机遇挽回损失。值得关注的是，疫情本身也会创新一些新的需要，如绿色消费、健康消费等。新兴技术同样会创造新消费市场，如5G网络的使用必将带来一系列新的需求，这些高质量消费市场也要开拓。

积极推进就业，保障基本民生需要。就业是最大的民生，居于"六稳"工作之首。疫情对就业产生的严重冲击，造成了企业严重缺工、劳动者渴望就业的结构性矛盾。化解矛盾，要采取分层次、多渠道的就业方式。比如对于有一技之长的劳动力，政府可采取支持自主创业的形式就业；对于农民工，可采取就地就业形式；对于身在异地但必须返岗就业的人员，可采取政府和企业集中接送上岗；对于身在异地但可以网上办公的人员，尽量创造条件实行网上复岗；依据疫情防控需要，社区可以创造临时就业岗位，确保城镇零就业家庭有就业机会。对于坚持稳岗的企业，政府可给予适当的奖励、补贴、税收优惠等措施，鼓励企业不裁员、少裁员，承担社会责任；对于正在寻找就业机会的人群，政府、企业利用大数据、网络招聘等形式，及时提供用工需求信息；对大学生就业群体，用人单位要开通各种网络招聘通道，做好招聘工作。要设法避免因为疫情造成新的返贫、致贫。要稳定基本民生用品的生产、流通和价格稳定，使疫情期间人民生活稳定有序；对于确实难以实现就业的困难家庭，要保障基本生活需要，守住民生底线。

努力推动农业复工复产　助力打好脱贫攻坚战①

农业是国民经济的基础，农业稳则天下安。习近平总书记强调指出，越是面对风险挑战，越要稳住农业，越要确保粮食和重要副食品安全。在党中央集中统一领导和部署下，全国各地都制订了农业复工复产的方案，为我国稳定农业生产、打赢疫情防控阻击战、实现全年经济社会发展目标任务提供了有力支撑。当前，努力推进农业复工复产，助力脱贫攻坚，要抓好几个关键问题。

严格落实差别防控要求。我国外防输入压力持续加大、国内疫情反弹的风险始终存在，要绷紧疫情防控这根弦，坚持外防输入、内防反弹，完善常态化防控机制，坚决防止疫情新燃点，决不能前功尽弃。一旦防控出现疏漏，不仅会严重阻碍农业复工复产，还会加大复工复产的难度和社会成本。农业生产的特点是对自然条件依赖度高、季节性强，一旦因为防控不力，出现疫情反弹，错过耕作时机，就错过了今年一年或者半年的农业生产，损失不可挽回。因此，必须严格落实中央提出的分区分级差异化疫情防控措施，确保疫情不反弹、不扩散。农业生产在疫情防护方面具有两面性：一方面，由于农业劳动场所一般比较开阔，不像工业生产车间集聚度那么高，这有利于疫情防控；另一方面，农民防护意识相对淡薄，防护用品比较缺乏，受医疗条件所限，容易增加病毒传播的机会。这就要求农村基层组织和基层干部不能有麻痹与松懈心理，要加强防护宣传，压实责任主体，继续抓紧抓实抓细各项防控措施，确保农业健康有序复工复产，把失去的时间抢回来，努力完成今年的目标任务。

破解复工复产难题。农业生产的复工复产也必须解决人、财、物的问题。人的问题也就是劳动力问题，这里有两种情况，一种是家庭联产承包经营形式下的农户生产，这类情况基本不缺劳动力；另一种是承包经营土地的种粮大户、种菜

---

① 本文首发于《红旗文稿》微信公众号。作者为刘凤义，南开大学马克思义学院院长、教授，天津市中国特色社会主义理论体系研究中心研究员。

大户、养殖大户等，他们通常需要雇佣一定数量的劳动力。疫情期间，农民工外出打工受限，政府应尽量引导、支持和补贴这些大户利用本地劳动力，实行本地就业，这是防止农民因疫情返贫的重要举措。财的问题就是资金问题，农业生产需要种子、地膜、化肥、生产工具等投入，疫情期间，可能因为物流成本上升、生产资料供给不足，造成投入增加，这就需要政府发挥重要作用，在贷款上给予及时放贷，利率上实行优惠政策；在成本费用上给予适当的补贴；在生产资料上力保价格稳定。物的问题就是农业生产资料的供应问题，疫情期间也需要政府发挥作用，引导企业提供充足的供给，确保生产资料价格稳定；同时要保持运输渠道畅通，建立绿色通道，尽量减少疫情防控中不必要的物流手续和环节，加快物流效率，以免贻误农时；政府要切实加强市场监管，不要让假种子、假化肥、假农药坑害农民。农民的复产复工的难题解决了，既阻止了返贫，也有利于脱贫。

努力推动农产品高质量生产。习近平总书记在山西考察时强调："努力克服新冠肺炎疫情带来的不利影响，在高质量转型发展上迈出更大步伐，确保完成决战决胜脱贫攻坚目标任务。"农产品高质量生产，是农业发展的必然趋势，也是农民摆脱贫困，过上美好生活的必由之路。疫情使人们的健康意识进一步增强，未来人们对保健食品、绿色食品的需要，会越来越成为消费潮流。地方政府应该抓住机遇，鼓励和支持农民调整产品结构，大力发展保健食品、绿色食品，走高质量发展之路，这既符合我国绿色发展理念，也符合人们追求健康的心理需求。政府应以疫情防控为切入点，积极帮扶农户和企业，在农村建立绿色农产品生产、加工、销售的产业链，增加农产品附加值，提高农民收入；鼓励和帮助农户和企业探索农村"禽畜饲养—（提供）农业用肥—（生产）绿色产品—（秸秆等作为）农业饲料—禽畜饲养"这种绿色循环经济，彻底解决牲畜粪便污染和秸秆焚烧污染等问题，改善乡村人居环境和公共卫生条件，推动美丽乡村建设。

充分利用互联网高效销售。利用新科技助力脱贫，是精准脱贫的重要途径。其中利用互联网平台进行农产品销售，具有销售链条短、成交速度快、流通费用低等特点，尤其适合即时消费的蔬菜、水果、鲜肉等农产品。疫情期间，人们出行购物受到严格限制，但也使人们养成了网上购物的习惯和意识。农产品作为人们生活的必需品，尤其成为网络销售的重头戏。有的农产品生产企业或农户，利用互联网开设了"菜园子""网络超市"销售自己的产品；有的基层村支部、村委会利用网络直播有组织地为农户销售产品，销路良好，农民们越来越尝到了网络销售的甜头。对于那些地处偏远、又有绿色产品生产条件的农牧户，更适合利用互联网建立销售渠道。疫情催生出人们购物新习惯，从原来习惯于实地逛菜市场，转变为习惯于网络上逛"菜园子"，这要求企业和农户要学会充分利用互联网平台，提高销售效率和经济效益。地方政府在其中要帮助解决两个基本问题：一是加快建设互联网基础设施；二是建立有利于快速物流的公路交通设施。新老基础设施建设投资既可以为农民提供就业，增加农民收入，又为新科技助力脱贫创造条件。

积极探索农业领域共享经济模式。共享是中国特色社会主义的本质要求，农业领域探索共享经济模式，有利于推动脱贫、防止返贫，实现共同富裕。现代农业生产、农产品流通本身，就具有合作共享的内在要求，比如，土地灌溉需要共享水利设施；农产品收割需要共享机械化作业；农产品销售需要共享平台，降低一家一户承担的风险和更高的流通费用，等等。有些经济资源本身就带有共享属性，如旅游景点、特色农家院等，需要农户共享基础设施、共享特色品牌等。近年来，我国一些地方探索出了形式多样的乡村共享发展模式，这些经验值得总结和借鉴。疫情给我国农业经济发展也上了一堂课，一家一户难以应对市场的不确定性，相反，通过基层党组织的带动作用，通过农户之间的团结互助，以利益为纽带，建立生产合作社、消费合作社、互联网平台等共享经济模式，必将为农业生产降低风险发挥作用，为共同富裕创造条件，为推动乡村振兴战略注入新活力。

坚定不移推动经济高质量发展[①]

《习近平谈治国理政》第三卷是全面系统反映习近平新时代中国特色社会主义思想的权威著作，提出了许多具有原创性、时代性、指导性的重大思想观点。

《习近平谈治国理政》第三卷全书19个专题中关于"推动经济高质量发展"的内容尤为丰富，除专题九中专门收录了8篇文章外，在其他专题中也有多篇与经济高质量发展密切相关的文章。这些文章进一步丰富了习近平新时代中国特色社会主义经济思想，对做好经济工作具有重要指导意义。特别是在新冠肺炎疫情对我国和世界经济带来严重冲击的形势下，认真学习《习近平谈治国理政》第三卷，深入领会精髓要义，对我们坚定不移推动经济高质量发展，具有极其重要的意义。

一、深刻认识推动经济高质量发展的必然性

我国经济必须走高质量发展之路，这是以习近平同志为核心的党中央面对国内外经济形势的新变化，在深刻总结国内外经济发展经验、深刻认识中国经济和世界经济发展规律的基础上，做出的科学判断和重大决策。习近平总书记指出："中国特色社会主义进入了新时代，我国经济发展也进入了新时代。新时代我国经济发展的特征，就是我在党的十九大报告中强调的，我国经济已由高速增长阶段转向高质量发展阶段。"（《我国经济已由高速增长阶段转向高质量发展阶段》，载《习近平谈治国理政》第三卷，第237页）

我国经济转向高质量发展有其必然性，这主要体现在三个方面：一是保持经济持续健康发展的必然要求。我国正处于转变发展方式的关键阶段，也是世界新

[①] 文章首发于《天津日报》2020年07月13日9版。作者为刘凤义，南开大学马克思主义学院院长、教授，天津市中国特色社会主义理论体系研究中心南开大学基地研究员。

一轮科技革命和产业变革的关键期，我们必须推动高质量发展，以适应科技新变化、人民新需要，形成优势高效多样化的供给体系，提供更多优质产品和服务。二是适应我国社会主要矛盾变化和全面建成小康社会、全面建设社会主义现代化国家的必然要求。解决我国社会主要矛盾，必须推动高质量发展。三是遵循经济发展规律的必然要求。经济发展是一个螺旋式上升的过程，上升不是线性的，量积累到一定阶段，必须转向质的提升，我国经济发展也要遵循这一规律。

在经济全球化时代，中国经济与世界经济密切相连。面对世界百年未有之大变局，习近平总书记指出："世界经济再次来到十字路口。保护主义、单边主义持续蔓延，贸易和投资争端加剧，全球产业格局和金融稳定受到冲击，世界经济运行风险和不确定性显著上升，国际投资者信心明显不足。"（《合力打造高质量世界经济》，载《习近平谈治国理政》第三卷，第473页）解决这些问题的根本之道在于尊重客观规律，把握发展大势，胸怀共同未来，"合力打造高质量世界经济"。

二、全面把握经济高质量发展的丰富内涵

高质量发展是全新的发展思路，必须深刻理解其内涵。习近平总书记从四个维度系统阐释了高质量发展的丰富内涵，为我们进一步认识什么样的发展才是高质量发展提供了根本遵循。

从发展理念的维度看高质量发展。理念是行动的先导，新发展理念是检验我们发展思路、发展政策是否符合高质量要求的"指挥棒""红绿灯"。习近平总书记指出："高质量发展，就是能够很好满足人民日益增长的美好生活需要的发展，是体现新发展理念的发展，是创新成为第一动力、协调成为内生特点、绿色成为普遍形态、开放成为必由之路、共享成为根本目的的发展。"（《我国经济已由高速增长阶段转向高质量发展阶段》，载《习近平谈治国理政》第三卷，第238页）

从供求关系维度看高质量发展。在市场经济中，供给和需求体现市场经济运行层面基本关系，二者是对立统一的辩证关系。习近平总书记指出了高质量发展在供求关系上的表现："从供给看，高质量发展应该实现产业体系比较完整，生产组织方式网络化智能化，创新力、需求捕捉力、品牌影响力、核心竞争力强，产品和服务质量高。从需求看，高质量发展应该不断满足人民群众个性化、多样化、不断升级的需求，这种需求又引领供给体系和结构的变化，供给变革又不断

催生新的需求。"（《我国经济已由高速增长阶段转向高质量发展阶段》，载《习近平谈治国理政》第三卷，第238页）

从生产和分配关系的维度看高质量发展。生产和分配也是经济活动中的重要关系，如果说供给和需求关系是市场经济活动的表层关系，那么生产和分配的关系则是市场经济活动的深层关系。习近平总书记指出："从投入产出看，高质量发展应该不断提高劳动效率、资本效率、土地效率、资源效率、环境效率，不断提升科技进步贡献率，不断提高全要素生产率。从分配看，高质量发展应该实现投资有回报、企业有利润、员工有收入、政府有税收，并且充分反映各自按市场评价的贡献。"（《我国经济已由高速增长阶段转向高质量发展阶段》，载《习近平谈治国理政》第三卷，第238-239页）

从国民经济整体循环的维度看高质量发展。国民经济是一个复杂的有机体，它的循环通常体现在生产、流通、分配和消费这几个环节和各个环节之间的关系上。正如习近平总书记所说："高质量发展应该实现生产、流通、分配、消费循环畅通，国民经济重大比例关系和空间布局比较合理，经济发展比较平稳，不出现大起大落。更明确地说，高质量发展，就是从'有没有'转向'好不好'。"（《我国经济已由高速增长阶段转向高质量发展阶段》，载《习近平谈治国理政》第三卷，第239页）

三、深入理解建设现代化经济体系是推动经济高质量发展的战略目标

推动高质量发展，就要建设现代化经济体系，这是我国发展的重要战略目标。习近平总书记关于建设现代化经济体系做出了一系列重要论述，其核心要义主要包括：

现代化经济体系是中国特色的经济体系。我国要建设的现代化经济体系，是中国特色社会主义的现代化经济体系，不是西方国家的经济体系。习近平总书记强调："我们要按照建设社会主义现代化强国的要求，加快建设现代化经济体系，确保社会主义现代化强国目标如期实现。"因此，"我们建设的现代化经济体系，要借鉴发达国家有益做法，更要符合中国国情、具有中国特色。"（《加快建设现代化经济体系》，载《习近平谈治国理政》第三卷，第240-241页）

现代化经济体系有丰富的内容。主要包括建设创新引领、协同发展的产业体

系；建设统一开放、竞争有序的现代市场体系；建设体现效率、促进公平的收入分配体系；建设彰显优势、协调联动的城乡区域发展体系；建设资源节约、环境友好的绿色发展体系；建设多元平衡、安全高效的全面开放体系；建设发挥市场作用、更好发挥政府作用的经济体制。这些重要内容具有很强时代感和针对性，是我们实际工作的指针。

建设现代化经济体系要抓住关键环节。习近平总书记强调："建设现代化经济体系，必须牢牢把握高质量发展的要求，坚持质量第一、效益优先；必须牢牢把握工作主线，坚定推进供给侧结构性改革；牢牢把握基本路径，推动质量变革、效率变革、动力变革；牢牢把握着力点，加快建设实体经济；牢牢把握制度保障，构建市场机制有效、微观主体有活力、宏观调控有度的经济体制。"（《我国经济已由高速增长阶段转向高质量发展阶段》，载《习近平谈治国理政》第三卷，第239页）习近平总书记还强调，要"充分认识创新是第一动力，提供高质量科技供给，着力支撑现代化经济体系建设。"（《努力成为世界主要科学中心和创新高地》，载《习近平谈治国理政》第三卷，第247页）要发挥制度优势，使企业成为创新中的主力军。

四、实施乡村振兴战略推动农村经济高质量发展

没有农业农村现代化，就没有整个国家现代化。我国经济的高质量发展必然包括农村经济的高质量发展。习近平总书记指出："我国发展最大的不平衡是城乡发展不平衡，最大的不充分是农村发展不充分。"（《把乡村振兴战略作为新时代"三农"工作总抓手》，载《习近平谈治国理政》第三卷，第256页）因此，要通过实施乡村振兴战略推动农村经济高质量发展，实现农业农村现代化。

乡村振兴战略具有丰富内涵。习近平总书记指出："产业兴旺、生态宜居、乡风文明、治理有效、生活富裕，'二十个字'的总体要求，反映了乡村振兴战略的丰富内涵。"（《把乡村振兴战略作为新时代"三农"工作总抓手》，《习近平谈治国理政》第三卷，第258页）产业兴旺是解决农村一切问题的前提，反映了农业农村经济适应市场需求变化、加快优化升级、促进产业融合的新要求。生态宜居反映了农村生态文明建设的提升，体现了广大农民对建设美丽家园的追求。乡风文明是乡村振兴的紧迫任务，将提高乡村社会文明程度。治理有效是乡村振兴

的重要保障，将推进乡村治理能力和治理水平现代化。生活富裕是乡村振兴的主要目的，反映了广大农民群众日益增长的美好生活需要。

坚持走中国特色乡村振兴之路。习近平总书记强调，我国是14亿人口的大国，实现乡村振兴战略，不可能照搬欧美经验，必须探索适合中国特色的乡村振兴之路。在农业产业方面，要以市场需求为导向，深化农业供给侧结构性改革，不断提高农业综合效益和竞争力。探索小规模农业和现代农业发展有机衔接，突出抓好农民合作社和家庭农场两类农业经营主体发展。坚持农村土地集体所有制性质，发展新型集体经济，走共同富裕的道路。他指出："有一条是我一直强调的，就是农村改革不论怎么改，都不能把农村土地集体所有制改垮了、把耕地改少了、把粮食生产能力改弱了、把农民利益损害了。这些底线必须坚守，决不能犯颠覆性错误。"（《把乡村振兴战略作为新时代"三农"工作总抓手》，载《习近平谈治国理政》第三卷，第262页）

五、发挥优势互补推动区域经济高质量发展

我国经济由高速增长阶段转向高质量发展阶段，对区域经济也提出了新要求。习近平总书记指出，我国区域经济发展分化态势明显，发展动力极化现象日益突出，如长三角、珠三角等初步走上了高质量发展之路；也有部分区域发展面临较大困难，如东北地区、西北地区发展相对滞后；同时我国经济发展空间结构已经发生了深刻变化，这也客观上要求区域协调发展。

一是遵循客观经济规律。习近平总书记指出："产业和人口向优势区域集中，形成以城市群为主要形态的增长动力源，进而带动经济总体效率提升，这是经济规律。"（《推动形成优势互补高质量发展的区域经济布局》，载《习近平谈治国理政》第三卷，第271页）遵循这一规律就要发挥市场在资源配置中的决定性作用，促进各类生产要素自由流动并向优势地区集中，提高资源配置效率。

二是发挥比较优势。习近平总书记特别强调，区域经济发展要发挥比较优势。他指出，经济发展条件好的地区要承载更多产业和人口，发挥价值创造作用；生态功能强的地区要得到有效保护，创造更多生态产品；东北地区国有经济比重较高，加快国有企业改革，让老企业焕发新活力；黄河流域地区，要积极探索富有地域特色的高质量发展新路子。2020年4月以来，习近平总书记视察陕西、

山西和内蒙古期间，都明确提出各地要发挥比较优势，发展特色经济。

三是完善空间治理。习近平总书记强调，区域经济的治理要有"大治理"理念，比如针对推动黄河流域的高质量发展，他指出："上下游、干支流、左右岸统筹谋划，共同抓好大保护，协同推进大治理。"（《黄河流域生态保护和高质量发展的主要目标任务》，载《习近平谈治国理政》第三卷，第377页）

六、坚持合作共赢合力打造高质量的世界经济

在经济全球化的今天，中国经济高质量发展与世界经济高质量发展关系日益密切。习近平总书记就推动世界经济高质量发展做出了一系列重要论述。

一是以新发展理念引领世界经济。习近平总书记指出："发展不平衡是当今世界最大的不平衡。"（《推动共建"一带一路"高质量发展》，载《习近平谈治国理政》第三卷，第493页）"当今世界面临的各种难题，追根溯源都与发展鸿沟、发展赤字有关。"（《合力打造高质量世界经济》，载《习近平谈治国理政》第三卷，第475页）因此，"我们要提倡创新、协调、绿色、开放、共享的发展观，实现各国经济社会协同进步，解决发展不平衡带来的问题，缩小发展差距，促进共同繁荣。"（《弘扬"上海精神"，构建命运共同体》，载《习近平谈治国理政》第三卷，第441页）

二是以创新挖掘增长动力。习近平总书记指出，"未来10年，将是世界经济新旧动能转换的关键10年，人工智能、大数据、量子信息、生物技术等新一轮科技革命和产业变革正在积聚力量，催生大量新产业、新业态、新模式，给全球发展和人类生产生活带来翻天覆地的变化。"（《金砖国家要为构建人类命运共同体发挥建设性作用》，载《习近平谈治国理政》第三卷，第444–445页）为此，"我们要找准切入点，大力推进结构性改革，通过发展数字经济、促进互联互通、完善社会保障措施等提升经济运行效率和韧性，努力实现高质量发展。"（《合力打造高质量世界经济》，载《习近平谈治国理政》第三卷，第474页）

三是以开放推动合作共赢。习近平总书记指出，经济全球化是人类社会发展必经之路，多边贸易体制为各国带来了共同机遇。"我们应该把握时代大势，客观认识世界发展变化，以负责任、合规矩的方式应对新情况新挑战。"（《为国际社会找到有效经济治理思路》，载《习近平谈治国理政》第三卷，第456页）要反

对单边主义、保护主义和经济霸权主义，共同引导经济全球化朝着更加开放、包容、普惠、平衡、共赢的方向发展。推动共建"一带一路"沿着高质量发展方向不断前进，让共建"一带一路"更好惠及各国人民。

四是以规则完善全球治理。当前，全球经济治理的最突出问题是逆全球化思潮和贸易保护主义日益显现，以规则为基础加强全球治理是实现稳定发展的必要前提。我们应该秉持共商共建共享理念，推动全球治理体系变革。

在理论与现实的结合中彰显
社会主义制度的比较优势①

理论联系实际，是马克思主义的基本原理，也是马克思主义基本原理课程教学的基本要求。在防控疫情的特殊时期的线上教学活动中，要紧密结合当今世界防控疫情的严峻形势，引导学生科学正确地看待当今世界，帮助学生充分认识中国特色社会主义制度的比较优势，帮助学生坚定在以习近平同志为核心的党中央的坚定领导下战胜疫情的信心和决心。

一、在理论与现实的结合中引导学生充分认识社会主义制度的优越性

在这次全球疫情防控斗争中，全国人民在以习近平同志为核心的党中央的坚强领导下，各地区各部门积极响应，全国人民密切配合，全国一盘棋，统筹医护救援力量和防护物资，在全国范围内展开了一场坚决打赢新冠肺炎病毒的人民战争、总体战、阻击战。经过全党全国人民的共同努力，国内疫情基本得到有效控制，充分彰显了中国特色社会主义制度的优越性，充分体现了社会主义国家全国一盘棋、统筹兼顾、集中力量办大事的制度优势，充分体现了中国共产党全面领导的领导核心优势。

社会主义制度的优越性是具体的，不是抽象的。除了平时从理论上对学生开展社会主义制度优越性的教育外，马克思主义理论课的教师要善于抓住难得的特殊机遇大力开展社会主义制度优越性的宣传和教育。这次在全球蔓延的新冠肺炎疫情，对我们来说，既是"危"，也是"机"，我们要充分利用疫情防控特殊时期线上教学的时机，在网上课堂大力开展社会主义制度优越性的宣传和教育，帮助

① 作者为石镇平，南开大学马克思主义学院教授。

学生坚定共产主义理想与中国特色社会主义共同理想，自觉担当起时代重任。历史重大事件的特殊时期，学生的感受最真切、最难忘。在疫情防控的特殊时期，学生对两种社会制度的比较和体验，加上教师的科学引导，比平时的宣传教育会更加有效。

二、在理论与现实的结合中引导学生充分认识资本主义制度的局限性及其反动本质

与我国在党的领导下，全民动员，全国一盘棋，集中力量展开防控疫情的人民战争、总体战、阻击战，迅速遏制住疫情的扩散和蔓延形成鲜明对比的是，面对疫情的迅速扩散，西方资本主义国家的一筹莫展、束手无策，导致全球新冠肺炎确诊病例数持续攀升，全球疫情防控的压力不断加大，资本主义制度的弊端、劣势、历史局限性和反动本质暴露无遗。

毫无疑问，这次新冠肺炎疫情会在很大程度上进一步深化人们对现实世界的认知，特别是对未来人类社会发展的制度选择产生深远影响。社会主义制度的生产目的是满足人民日益增长的物质文化需要，是为了全体劳动人民的利益，最终目标是实现没有阶级、没有剥削和压迫的共产主义，是为了实现全人类的彻底解放，所以只有社会主义国家才会真正坚持以人民为中心，真正把劳动人民的生命和健康放在第一位。而资本主义生产的目的只有一个，那就是追求剩余价值，剩余价值的生产是资本主义生产的绝对规律。资本主义制度维护的是少数剥削者的利益，劳动人民的生存、生命、健康都服从于资本家少数人发财致富的需要。

活生生的现实再次告诉我们：资本主义制度代表的是富豪权贵少数人的利益，"民主""自由""人权"的虚假宣传掩盖不了资本主义制度的反动本质，只有社会主义才是人间的正道。在疫情防控的特殊时期帮助学生充分认识资本主义制度的局限性和反动本质，对于消除一度在青少年中广泛流行的对西方资本主义的盲目崇拜、增强中国特色社会主义道路自信，具有长远的战略意义。

坚持全心全意依靠工人阶级，
充分发挥工人阶级主力军作用

——习近平总书记关于工人阶级的重要论述研究①

习近平总书记指出：坚持全心全意依靠工人阶级，充分发挥工人阶级主力军作用，把广大职工群众紧紧团结在党和政府周围，这是我们党的一个突出政治优势，也是中国特色社会主义的一个鲜明特点。全心全意为工人阶级和广大劳动群众谋利益，是我国社会主义制度的根本要求，是党和国家的神圣职责，也是发挥我国工人阶级和广大劳动群众主力军作用最重要、最基础的工作。历史赋予工人阶级和广大劳动群众伟大而艰巨的使命，时代召唤工人阶级和广大劳动群众谱写壮丽而崭新的篇章。新时代，我国工人阶级和广大劳动群众将继续以国家主人翁姿态，积极投身经济社会发展的火热实践，为共同创造我们的幸福生活和美好未来做出新的贡献。

一、坚持全心全意依靠工人阶级

习近平总书记多次强调："我国是工人阶级领导的、以工农联盟为基础的人民民主专政的社会主义国家"，"工人阶级是我国的领导阶级，是我国先进生产力和生产关系的代表，是我们党最坚实最可靠的阶级基础，是全面建成小康社会、坚

① 本文获得天津市高校思想政治理论课"名师工作室"专项支持。本文主要参考学习强国"习近平文汇"；本文系教育部规划基金项目"21世纪以来发达资本主义国家工人阶级状况研究"（17YJA710024）阶段性成果之一，首发于人民网公开课。作者为孙寿涛，南开大学马克思主义学院教授，教育部"高校思想政治理论课马克思主义基本原理概论教材研究基地"和天津市高校习近平新时代中国特色社会主义思想研究联盟特邀研究员。

持和发展中国特色社会主义的主力军。"他告诫全党同志特别是各级领导干部都要牢记党章中的规定：党除了工人阶级和广大人民群众的利益，没有自己特殊的利益。各级党委和政府要贯彻党的全心全意依靠工人阶级的方针，保证工人阶级的主人翁地位。他明确要求："我们要想办法调动一线工人、制造业工人、农民工的积极性，这也是社会主义的本质要求。工人阶级是主人翁，主人翁的地位要体现出来。"无论是党委换届还是人大、政府、政协换届，都要体现工人阶级领导的、以工农联盟为基础的人民民主专政的国体，要保证基本群众代表比例，党政干部、企业负责人不要挤占应该给基本群众的名额，不得搞偷天换日、移花接木的欺骗手段。在中国共产党领导的社会主义国家，一切权力属于人民，决不能依据地位、财富、关系分配政治权力！

工人阶级是建设和发展中国特色社会主义的主力军。在谈到大庆时，习近平总书记明确指出："大庆的实践启示我们，国有企业的发展和进步，必须始终坚持全心全意依靠工人阶级的根本方针。"大庆油田的发展史，就是一部工人阶级的艰苦创业史，在当年国家物资极度匮乏的情况下，大庆油田的广大职工以高度的主人翁责任感和强烈的历史使命感，战天斗地、拼搏奉献，谱写了一曲曲建设社会主义的激越赞歌。

谈到国有企业改革，习近平总书记明确说道："坚持全心全意依靠工人阶级的方针，是坚持党对国有企业领导的内在要求。"他强调："全心全意依靠工人阶级不能只当口号喊、标签贴，而要贯彻到党和国家政策制定、工作推进全过程，落实到企业生产经营各方面。"国有企业要健全以职工代表大会为基本形式的民主管理制度，推进厂务公开、业务公开，落实职工群众知情权、参与权、表达权、监督权，充分调动工人阶级的积极性、主动性、创造性。企业在重大决策上要听取职工意见，涉及职工切身利益的重大问题必须经过职代会审议。国有企业还要坚持和完善职工董事制度、职工监事制度，鼓励职工代表有序参与公司治理。当前，因为加快转变经济发展方式、促进经济结构战略性调整、化解过剩产能等原因，一些企业和职工遇到了种种困难。越是这样，越要发挥职工群众主人翁作用，越要关心职工群众生产生活和职业发展，把全心全意依靠工人阶级的方针落实好。

全心全意依靠工人阶级，要解决认识问题，更要解决实践问题。习近平总书记明确要求：各级党委和政府要把全心全意依靠工人阶级的根本方针贯彻到经济、政治、文化、社会、生态文明建设以及党的建设各方面，落实到党和国家制定政策、推进工作全过程，体现到企业生产经营各环节。要不断营造环境、搭建平台、畅通渠道、创新方式，为广大职工成长成才、就业创业、报效国家、服务社会创造更多机会，为广大职工参与企事业单位民主管理、参与国家治理和社会治理打开更广阔的通道。

我国工人阶级是我们党最坚实最可靠的阶级基础。习近平总书记总结道："我国工人阶级从来都具有走在前列、勇挑重担的光荣传统，我国工人运动从来都同党的中心任务紧密联系在一起。工人阶级和广大劳动群众始终是推动我国经济社会发展、维护社会安定团结的根本力量。"在当代中国，知识分子是工人阶级的一部分，劳动人民是国家的主人，青年是中国特色社会主义事业接班人、是国家的未来和民族的希望。他严正指出："那种无视我国工人阶级成长进步的观点，那种无视我国工人阶级主力军作用的观点，那种以为科技进步条件下工人阶级越来越无足轻重的观点，都是错误的、有害的。"不论时代怎样变迁，不论社会怎样变化，我们党全心全意依靠工人阶级的根本方针都不能忘记、不能淡化，我国工人阶级地位和作用都不容动摇、不容忽视。

中国特色社会主义是当代中国发展进步的根本方向，是实现中国梦的必由之路，也是引领我国工人阶级走向更加光明未来的必由之路。必须紧紧依靠工人阶级发展中国特色社会主义。我国工人阶级要牢固树立中国特色社会主义理想信念，坚定永远跟党走的信念，坚决拥护社会主义制度，坚决拥护改革开放，始终做坚持中国道路的柱石；要自觉践行社会主义核心价值观，发扬我国工人阶级的伟大品格，用先进思想、模范行动影响和带动全社会，不断为中国精神注入新能量，始终做弘扬中国精神的楷模；要坚持以振兴中华为己任，充分发挥伟大创造力量，发扬工人阶级识大体、顾大局的光荣传统，自觉维护安定团结的政治局面，始终做凝聚中国力量的中坚；要增强历史使命感和责任感，立足本职、胸怀全局，自觉把人生理想、家庭幸福融入国家富强、民族复兴的伟业之中，把个人梦与中国梦紧密联系在一起，把实现党和国家确立的发展目标变成自己的自觉行动，始终以国家主人翁姿态为坚持和发展中国特色社会主义做出贡献。

实践充分说明，我国工人阶级始终是推动先进生产力发展和社会全面进步的根本力量，我们各项事业只有坚持全心全意依靠工人阶级不动摇，才能获得不竭的智慧和力量源泉，不断取得新成绩、新进步。

二、充分发挥工人阶级主力军作用

新中国成立后，我国工人阶级成为国家的领导阶级，工人阶级和广大劳动群众成为国家的主人。改革开放以来，工人阶级队伍不断壮大，素质全面提高，结构更加优化，面貌焕然一新，先进性不断增强。改革开放和社会主义现代化建设的主力军是包括广大知识分子在内的工人阶级。在前进道路上，我们要始终实现好、维护好、发展好最广大人民的根本利益，让改革发展成果更多更公平惠及人民。人民对美好生活的向往，就是我们的奋斗目标。在前进道路上，我们要始终坚持人民主体地位，充分调动工人阶级和广大劳动群众的积极性、主动性、创造性。人民是历史的创造者，是推动我国经济社会发展的基本力量和基本依靠。推进"四个全面"战略布局，必须充分调动广大人民群众的积极性、主动性、创造性。习近平总书记指出："全面建成小康社会，进而建成富强民主文明和谐的社会主义现代化国家，根本上靠劳动、靠劳动者创造。"因此，无论时代条件如何变化，我们始终都要崇尚劳动、尊重劳动者，始终重视发挥工人阶级和广大劳动群众的主力军作用。展望未来，坚持和发展中国特色社会主义，必须全心全意依靠工人阶级、巩固工人阶级的领导阶级地位，充分发挥工人阶级的主力军作用。

充分发挥工人阶级主力军作用，我们一定要发展社会主义民主，切实保障和不断发展工人阶级和广大劳动群众的民主权利。要坚持党的领导、人民当家作主、依法治国有机统一，坚持工人阶级的国家领导阶级地位，加快推进社会主义民主政治制度化、规范化、程序化，坚持和完善人民代表大会制度，推进协商民主广泛多层制度化发展，促进人民依法、有序、广泛参与管理国家事务和社会事务、管理经济和文化事业。我们要推进基层民主建设，健全以职工代表大会为基本形式的企事业单位民主管理制度，更加有效地落实职工群众的知情权、参与权、表达权、监督权。要尊重人民首创精神，甘当人民群众小学生，通过纪念"五一"国际劳动节等活动，启发职工群众觉悟，教育引导劳动群众，把蕴藏于工人阶级和广大劳动群众中的无穷创造活力焕发出来，把工人阶级和广大劳动群众的智慧和力量凝聚到推动各项事业上来，团结带领工人阶级和广大劳动群众为民族独立、人民解放和国家富强、人民幸福而奋斗。习近平总书记自豪地指出："我们所处的时代是催人奋进的伟大时代，我们进行的事业是前无古人的伟大事业，我们正在从事的中国特色社会主义事业是全体人民的共同事业。"

完成党的十九大提出的目标任务，必须充分发挥工人阶级主力军作用。我国广大职工要牢牢把握为实现中国梦而奋斗的时代主题，把自身前途命运同国家和民族前途命运紧紧联系在一起，把个人梦想同中国梦紧密联系在一起，把实现党和国家确立的发展目标变成自己的自觉行动，爱岗敬业、争创一流，以不懈奋斗书写新时代华章，共同创造幸福生活和美好未来。我们要围绕树立新发展理念、推动高质量发展、建设现代化经济体系，引导职工以"当好主人翁、建功新时代"为主题，深入开展各类竞赛活动。要加强产业工人队伍建设，加快建设一支宏大的知识型、技能型、创新型产业工人大军。

三、构建和发展和谐劳动关系，维护好农民工合法权益

劳动关系是最基本的社会关系之一。应该看到，改革开放以来，在经济关系和劳动关系的深刻变化中，大多数职工生活状况得到显著改善，同时也确实有一部分职工的利益由于种种原因而受到损害。习近平总书记指出："切实维护职工合法权益，是维护社会公平的正义行动，是促进企业健康发展的保障措施，也是构建和谐社会的必然要求。"我们要始终坚持以人为本，贯彻落实全心全意依靠工人阶级的根本指导方针。各级党委要切实增强政治意识、政权意识、忧患意识，始终站在全局的高度判断形势，善于从政治上认识问题，把这一根本指导方针贯彻好、落实好，尤其要把化解劳资矛盾，建立稳定协调的劳动关系，作为构建和谐社会的重要内容。落实这一根本指导方针，要在政治安排、经济权益、舆论宣传等各个方面做好工作，加以体现。首先，要在政治权益的保障上加以落实，使工人阶级、职工群众在人大代表、政协委员中占有一定比例，注重在生产一线评选劳动模范。其次，要在职工基本权益特别是经济权益的维护和依法保障上加以落实，进一步加强工会维权机制建设，强化工会维权职能，健全劳动关系协调机制，及时正确处理劳动关系矛盾纠纷，不断促进社会主义和谐劳动关系，使工会在维护职工合法权益工作中更好地发挥作用，使职工群众从中切实感受到党和政府对他们的关心和工会组织对他们的作用，使工人阶级和广大职工群众在参与改革发展中共享改革与发展的成果。最后，要在舆论宣传的造势上加以落实，进一步加强对在生产劳动一线平凡岗位上做出不平凡业绩的职工群众的宣传，加大对劳动模范、先进人物的宣传，在全社会形成创造伟大、劳动光荣的良好氛围。我

国工人阶级和广大劳动群众也要发扬识大体、顾大局的光荣传统，我们要大力弘扬劳模精神，充分发挥工人阶级主人翁作用，正确认识和对待改革发展过程中利益关系和利益格局的调整，正确处理个人利益和集体利益、局部利益和全局利益、眼前利益和长远利益的关系，树立法治观念，增强法律意识，积极构建和谐劳动关系，自觉维护社会和谐稳定。总之，"要最大限度增加和谐因素、最大限度减少不和谐因素，构建和发展和谐劳动关系，促进社会和谐。"

习近平总书记特别针对工会工作指出：要在党和政府主导的维护职工权益机制中发挥工会的特点和优势，切实维护职工合法权益，大力加强源头参与，推动形成利益协调、诉求表达、矛盾调处和权益保障机制，推动健全以职代会为基本形式的企事业单位民主管理制度，全面维护职工经济、政治、文化、社会权益，进一步发展社会主义和谐劳动关系。

在就业政策方面，我们要积极有为，创造更多就业岗位，改善就业环境，提高就业质量，不断增加劳动者特别是一线劳动者劳动报酬。要建立健全党和政府主导的维护群众权益机制，抓住劳动就业、技能培训、收入分配、社会保障、安全卫生等问题，关注一线职工、农民工、困难职工等群体，完善制度，排除阻碍劳动者参与发展、分享发展成果的障碍，努力让劳动者实现体面劳动、全面发展。要面对面、心贴心、实打实做好群众工作，把人民群众的安危冷暖放在心上，雪中送炭，纾难解困，扎扎实实解决好群众最关心最直接最现实的利益问题、最困难最忧虑最急迫的实际问题。广大劳动群众应立足本职岗位诚实劳动。无论从事什么劳动，都要干一行、爱一行、钻一行。在工厂车间，就要弘扬"工匠精神"，精心打磨每一个零部件，生产优质的产品。在田间地头，就要精心耕作，努力赢得丰收。在商场店铺，就要笑迎天下客，童叟无欺，提供优质的服务。只要踏实劳动、勤勉劳动，在平凡岗位上也能干出不平凡的业绩。

习近平总书记特别强调："农民工是改革开放以来涌现出的一支新型劳动大军，是建设国家的重要力量。"农民工已经成为中国产业工人的重要组成部分，而且数量庞大，全社会一定要关心农民工、关爱农民工。他指出，要加快推进户籍制度改革，完善城乡劳动者平等就业制度，逐步让农业转移人口在城镇进得来、住得下、融得进、能就业、可创业，维护好农民工合法权益，保障城乡劳动者平等就业权利。他在2015年10月26日关于《中共中央关于制定国民经济和社会发展第十三个五年规划的建议》的说明中就强调，要加快提高户籍人口城镇化率，加快落实中央确定的使1亿左右农民工和其他常住人口在城镇定居落户的目标。他说："实现1亿人在城镇落户意义重大。从供给看，在劳动年龄人口总量减少的情况下，对稳定劳动力供给和工资成本、培育现代产业工人队伍具有重要意义。"各级工会组织也要加大做农民工工作的力度，最大限度地把农民工吸收到工会组织中来，使他们成为工人阶级坚定可靠的新生力量。他强调说："全面建成小康社会离不开农民工的辛勤劳动和奉献，要更多关心、关爱农民工，特别是不能拖欠、克扣农民工工资，维护好农民工合法权益。"

丰富和发展中国特色社会主义宗教理论，
更好指导我国宗教工作实践

——习近平总书记关于宗教问题的论述研究[①]

习近平总书记指出："做好新形势下宗教工作，就要坚持用马克思主义立场、观点、方法认识和对待宗教，遵循宗教和宗教工作规律，深入研究和妥善处理宗教领域各种问题，结合我国宗教发展变化和宗教工作实际，不断丰富和发展中国特色社会主义宗教理论，用以更好指导我国宗教工作实践。"他认为，我们要坚持积极引导宗教与社会主义社会相适应的方针，继续支持我国宗教坚持中国化方向，支持各宗教在保持基本信仰、核心教义、礼仪制度的同时，深入挖掘教义教规中有利于社会和谐、时代进步、健康文明的内容，对教规教义做出符合当代中国发展进步要求、符合中华优秀传统文化的阐释，用团结进步、和平宽容等观念引导广大信教群众，用社会主义核心价值观来引领和教育宗教界人士和信教群众，弘扬中华民族优良传统，构建积极健康的宗教关系。

一、宗教的长期性、宗教问题的特殊复杂性，决定了宗教工作是一个关系党的执政前途和命运的全局性和战略性的工作

正确理解我国社会主义初级阶段存在的宗教问题，必须坚持科学的世界观和方法论，立足于初级阶段的基本国情，充分认识宗教存在的长期性以及在复杂的

① 本文获得天津市高校思想政治理论课"名师工作室"专项支持；本文主要参考学习强国"习近平文汇"；本文系教育部规划基金项目"21世纪以来发达资本主义国家工人阶级状况研究"（17YJA710024）阶段性成果之一，首发于人民网公开课。作者为孙寿涛，南开大学马克思主义学院教授，教育部"高校思想政治理论课马克思主义基本原理概论教材研究基地"和天津市高校习近平新时代中国特色社会主义思想研究联盟特邀研究员。

国内外形势下宗教问题所具有的特殊复杂性。习近平总书记强调："宗教的长期性、宗教问题的特殊复杂性，决定了宗教工作是一个关系党的执政前途和命运的全局性和战略性的工作。"宗教作为一种社会意识形态，是社会政治、经济矛盾的反映。宗教在全世界都是同社会政治斗争相联系的。当今世界因宗教问题引起的重大冲突，背后都是经济、政治、民族利益的冲突。宗教自身的这种性质决定了宗教问题的特殊复杂性。

宗教不仅是一种意识形态，而且是一种社会实体。在马克思主义看来，宗教的本质是对支配人们日常生活的外部力量幻想的反映，"一切宗教都不过是支配着人们日常生活的外部力量在人们头脑中的幻想的反映，在这种反映中，人间的力量采取了超人间的力量的形式"（恩格斯在《反杜林论》）。宗教产生和存在的最深刻根源是社会阶级根源，在阶级社会，宗教的社会作用主要表现在它为剥削阶级所利用，成为麻醉人们精神的工具，但在一定历史条件下宗教也能起到积极作用。因为宗教不仅是一种社会意识形态，还是一种特殊的文化现象。比如，浩如烟海的宗教典籍，丰富了传统历史文化宝库；智慧深邃的宗教哲学，影响着民族文化精神；深刻完备的宗教伦理，强化了某些道德规范的功能；异彩纷呈的宗教艺术，装点了千姿百态的艺术殿堂；风景秀丽的宗教圣地，积淀为旅游文化的重要资源；内涵丰富的宗教礼仪，演变为民族风情的习俗文化。

马克思主义认为，宗教和科学社会主义世界观是对立的，不能让宗教思想影响和侵蚀党的肌体，这是工人阶级政党对待宗教的正确态度；宗教的消亡是一个长期的历史过程，马克思主义反对用行政命令去消灭宗教。习近平总书记指出："宗教是人类社会的客观存在，不仅过去长期存在，将来也还会长期存在，不可能强制地消灭它。"宗教存在根源的长期性决定了宗教存在的长期性。历史上曾发生过不少人为消灭某种宗教的事件，如早期古罗马统治者对基督教的迫害，我国历史上南北朝时期的北魏与北周、唐代、五代时期的后周也曾经发生过禁佛事件等，最终都没能达到目的。历史和现实都说明，宗教存在的根源在于现实社会，而现实社会的矛盾斗争和不平衡发展的长期性，又决定了宗教根源存在的长期性，决定了宗教存在的长期性。习近平总书记强调："我们必须认真学习马克思主义宗教观，充分认识宗教的长期性和宗教问题的特殊复杂性，锲而不舍、深入细致、反复耐心地做好宗教工作；既不能操之过急，跨越阶段，也不可当办不办，畏缩不前。我们必须站在政治和全局的高度，充分认识宗教问题的特殊复杂性，积极稳妥地做好宗教工作。"

二、全面贯彻执行党的宗教信仰自由政策，依法管理宗教事务，坚持独立自主自办原则，积极引导宗教与社会主义社会相适应，是我们党的宗教工作基本方针

习近平总书记明确指出："宗教问题始终是我们党治国理政必须处理好的重大问题，宗教工作在党和国家工作全局中具有特殊重要性，关系中国特色社会主义事业发展，关系党同人民群众的血肉联系，关系社会和谐、民族团结，关系国家安全和祖国统一。"全面贯彻执行党的宗教信仰自由政策，依法管理宗教事务，坚持独立自主自办原则，积极引导宗教与社会主义社会相适应，是我们党的宗教工作基本方针。这一方针是我们党坚持和运用马克思主义宗教观，从我国国情和宗教具体实际出发，深刻分析我国社会主义初级阶段的宗教问题，正确总结和汲取党的宗教工作正反两方面经验而制定出来的，已被实践证明是完全正确的，得到了社会各界，尤其是爱国宗教界人士和广大信教群众的一致支持与拥护。习近平总书记强调，这一方针是一个有机的整体，要正确理解，全面把握，不可偏废，前三句话讲的是重大政策和原则，最后一句讲的是根本方向和目的，是工作的重点。

宗教信仰自由是宪法赋予公民的一项基本权利，我们要尊重群众信仰宗教的自由，也要尊重群众不信仰宗教的自由。马克思主义认为，尽管宗教对国家来讲是私人的事情，但对工人阶级政党来说就不是私事。解决宗教问题要服从争取社会主义斗争的总任务，工人阶级掌握政权后要彻底实现政教分离和宗教信仰自由。实行宗教信仰自由政策，出发点和落脚点是要最大限度把广大信教和不信教群众团结起来。在处理和宗教界的关系时，我们必须坚持"政治上团结合作，信仰上互相尊重"的原则。习近平总书记强调：我们需切实注意，"在社会主义的历史条件下，信教群众和不信教群众在根本利益上的一致性，远远大于信仰上的差异性，绝不能把这种信仰上的差异引导到政治上的对立上去。"在新的形势下，我们必须继续毫不动摇地坚持独立自主自办的原则。鼓励和支持宗教界继续发扬爱国爱教、团结进步、服务社会的优良传统，在积极与社会主义社会相适应方面不断迈出新步伐，使宗教与我国社会和睦相处，各宗教之间和睦相处，使信教群

众同不信教群众、信仰不同宗教的群众，在实现民族复兴的宏伟目标下最大限度地团结起来。

积极引导宗教与社会主义社会相适应，必须提高宗教工作法治化水平。尽管宗教信仰是个人的私事，但宗教界人士和信教群众首先是国家公民，宗教团体、宗教场所、宗教活动涉及公共利益，遵守宪法法律是公民的基本义务，不允许有法外之地、法外之人、法外之教。依法对宗教事务进行管理，是世界大多数国家的通行做法，也是引导宗教与社会主义社会相适应的必由之路。宗教事务作为社会事务的一部分，政府必须依法进行管理，要坚持"保护合法、制止非法、遏制极端、抵御渗透、打击犯罪"的原则，对涉及宗教因素的问题具体分析，是什么性质就按什么性质处理，该保护的必须保护，该取缔的坚决取缔，该打击的依法打击。对于一些地方在这方面探索创造的有益经验，我们要总结推广。

积极引导宗教与社会主义社会相适应，就是要引导信教群众热爱祖国、热爱人民，维护祖国统一，维护中华民族大团结，服从服务于国家最高利益和中华民族整体利益；拥护中国共产党领导、拥护社会主义制度，坚持走中国特色社会主义道路；积极践行社会主义核心价值观，弘扬中华文化，努力把宗教教义同中华文化相融合；遵守国家法律法规，自觉接受国家依法管理；投身改革开放和社会主义现代化建设，为实现中华民族伟大复兴的中国梦贡献力量。

积极引导宗教与社会主义社会相适应，更要坚持我国宗教的中国化方向，加强宗教事务管理，更加积极主动地做好新形势下宗教工作。历史地看，宗教同所在社会相适应是宗教生存发展的趋势和规律。我国宗教无论是本土宗教还是外来宗教，都深深嵌入拥有5000多年历史的中华文明，深深融入我们的社会生活。习近平总书记强调，我们要"积极引导宗教与社会主义社会相适应，支持我国宗教坚持中国化方向"。任何宗教都要适应其所处的社会和时代才能存在和延续。宗教与社会主义社会相适应，既是我国社会主义社会对宗教的客观要求，也是我国各宗教自身存在和延续的客观要求。无论是本土宗教还是外来宗教，都要不断适应我国社会发展，充实时代内涵。我们要鼓励和支持宗教界走与社会主义社会相适应的路子。要用社会主义核心价值观引领、用中华文化浸润我国各种宗教，支持我国宗教坚持中国化方向，支持各宗教在保持基本信仰、核心教义、礼仪制度的同时，深入挖掘教义教规中有利于社会和谐、时代进步、健康文明的内容，做好解经工作，注重宣讲最新的解经成果，对教规教义做出符合当代中国发展进步要求、符合中华优秀传统文化的阐释，用社会主义核心价值观来引领和教育宗教界人士和信教群众，用团结进步、和平宽容等观念引导广大信教群众，弘扬中华民族优良传统，坚决防范西方意识形态渗透，自觉抵御极端主义思潮影响。

积极引导宗教与社会主义社会相适应，精心做好宗教工作，必须重视发挥宗教界人士作用，发挥好宗教界人士和信教群众在促进经济社会发展中的积极作用。党员要坚决执行不信仰宗教、不参加宗教活动的规定，在思想上同宗教信仰划清界限，同时尊重和适当随顺民族风俗习惯，以利于更好联系信教群众，把他们紧紧团结在党和政府周围。宗教工作本质上是群众工作。要努力团结和引导宗教界人士和广大信教群众，不断增强接受党的领导和走中国特色社会主义道路的坚定性，自觉抵御境外渗透活动，为维护民族团结、社会稳定和祖国统一服务；要启发和引导广大信教群众努力学习现代科学知识，提高文化教育水平，为建立科学、健康、文明的新生活方式服务；要帮助和引导广大信教群众努力发展生产，改善生活，把智慧和力量凝聚到实现民族复兴的宏伟目标上来。习近平总书记指出，信教群众往往愿意听宗教界人士的话，因此，我们要努力培养更多政治上靠得住、宗教上有造诣、品德上能服众、关键时起作用的爱国的宗教界代表人士，发挥好他们在引导信教群众、推动宗教与社会主义社会相适应中的积极作用，加强他们对信教群众的正面引导，既满足信教群众正常宗教需求，又有效抵御宗教极端思想的渗透。现在，宗教活动场所和信教群众数量增长很快。我们对这个问题要慎重对待。我国宪法法律保障公民信仰宗教的权利，但必须警惕宗教渗透的危险，警惕带有政治意图的宗教诉求。

积极引导宗教与社会主义社会相适应是当前和今后宗教工作的重要任务之一，既需要从事统一战线和宗教工作的同志做出努力，也需要宗教界自身做出努力。要与时俱进，认真处理好传统与时代、继承与发展、教情与国情的关系，在实践中不断探索引导宗教与社会主义社会相适应的工作思路和工作方式。习近平总书记明确要求，做好党的宗教工作，把党的宗教工作基本方针坚持好，关键是要在"导"上想得深、看得透、把得准，做到"导"之有方、"导"之有力、"导"之有效，牢牢掌握宗教工作主动权。他辩证地指出，"宗教与社会主义社会相适应的过程，应该是调动积极因素、抑制消极因素的过程。"既不能只注重抑制消极因素、忽视调动积极因素，也不能只注重调动积极因素、忽视抑制消极因素。发挥宗教积极作用，不是把宗教当作济世良方，人为助长宗教热，而是要因势利导、趋利避害，引导宗教努力为促进经济发展、社会和谐、文化繁荣、民族团结、祖国统一服务。

三、在爱国主义、社会主义旗帜下，同宗教界结成统一战线，是我们党处理民族宗教问题的鲜明特色和政治优势

习近平总书记明确指出："在爱国主义、社会主义旗帜下，同宗教界结成统一战线，是我们党处理宗教问题的鲜明特色和政治优势。"他强调，我们要坚持政治上团结合作、信仰上相互尊重，多接触、多谈心、多帮助，以理服人，以情感人，通过解决实际困难吸引人、团结人。宗教团体是党和政府团结、联系宗教界人士和广大信教群众的桥梁和纽带，要为他们开展工作提供必要的支持和帮助，尊重和发挥他们在宗教内部事务中的作用，努力建设政治上可信、作风上民主、工作上高效的高素质领导班子。要坚持政治上靠得住、宗教上有造诣、品德上能服众、关键时起作用的标准，支持宗教界搞好人才队伍建设，大力培养宗教人才特别是中青年宗教人才。要坚决抵御境外利用宗教进行渗透，防范宗教极端思想侵害。要高度重视互联网宗教问题，在互联网上大力宣传党的宗教理论和方针政策，传播正面声音。

习近平总书记要求，我们要推动构建积极健康的宗教关系。他认为，在我国，宗教关系包括党和政府与宗教、社会与宗教、国内不同宗教、我国宗教与外国宗教、信教群众与不信教群众的关系。促进宗教关系和谐，这些关系都要处理好。处理这些宗教关系，必须牢牢把握坚持党的领导、巩固党的执政地位、强化党的执政基础这个根本，必须坚持政教分离，坚持宗教不得干预行政、司法、教育等国家职能实施，坚持政府依法对涉及国家利益和社会公共利益的宗教事务进行管理。要提高宗教工作法治化水平，用法律规范政府管理宗教事务的行为，用法律调节涉及宗教的各种社会关系。要保护广大信教群众合法权益，深入开展法治宣传教育，教育引导广大信教群众正确认识和处理国法和教规的关系，提高法治观念。

处理好宗教问题，我们还要注意用先进文化引导和丰富人们的精神生活。由于各种思想文化的相互激荡和我国社会经济成分、组织形式、就业方式、利益关系和分配方式的日益多样化，人们思想活动的独立性、选择性、多样性、差异性

明显增强，一些人思想上出现了困惑、迷茫和混乱，希望到宗教中寻求精神慰藉，这为宗教的传播和扩大影响提供了空间。做好宗教工作必须强基固本，解决好社会变革中人民群众物质文化生活领域出现的新问题。要始终高扬先进文化的旗帜，不断发展社会主义文化，弘扬和培育民族精神，丰富人民群众的精神世界。

民族宗教问题相连，全面贯彻党的宗教工作基本方针，也要处理好民族问题。要全面贯彻党的民族政策和宗教政策，推动各民族交往交流交融，引导宗教与社会主义社会相适应。我国是统一的多民族国家，中华民族是多民族不断交流交往交融而形成的，各民族是一家人，大家要相亲相爱、共同团结进步。中华文明植根于和而不同的多民族文化沃土，历史悠久，是世界上唯一没有中断、发展至今的文明。要重视少数民族文化保护和传承，支持和扶持《格萨（斯）尔》等非物质文化遗产，培养好传承人，一代一代接下来、传下去。要引导人们树立正确的历史观、国家观、民族观、文化观，不断巩固各族人民对伟大祖国的认同、对中华民族的认同、对中国特色社会主义道路的认同。全面贯彻党的民族政策，深化民族团结进步教育，铸牢中华民族共同体意识，加强各民族交往交流交融，促进各民族像石榴籽一样紧紧抱在一起，共同团结奋斗、共同繁荣发展。他曾展望道："到2020年全面建成小康社会，任何一个地区、任何一个民族都不能落下。"他强调，我们要认真落实党中央决策部署，贯彻新发展理念，主动融入国家发展战略，进一步解放思想、真抓实干、奋力前进，努力实现经济繁荣、民族团结、环境优美、人民富裕，确保与全国同步全面建成小康社会。

民族团结是各族人民的生命线。要教育引导各族群众在不断增强对伟大祖国、中华民族、中华文化、中国共产党、中国特色社会主义的认同中做到和睦相处、团结共进，共同推动民族地区加快发展。要加强新形势下反分裂斗争，高举各民族大团结的旗帜，坚持各民族共同团结奋斗、共同繁荣发展的主题，深入开展民族团结宣传教育，打牢民族团结的思想基础，最大限度团结各族群众。要加强基层组织和基层政权建设，多做深入细致的群众工作。要正确把握党的民族、宗教政策，及时妥善解决影响民族团结的矛盾纠纷，坚决遏制和打击境内外敌对势力利用民族问题进行的分裂、渗透、破坏活动。我们一定要巩固全国各族人民大团结，增强各党派、各团体、各民族、各阶层以及各方面的团结，坚决维护国家统一和社会和谐稳定，坚决反对任何破坏统一和团结的分裂活动。我们要凝聚起全体人民智慧和力量，激发出全社会创造活力和发展动力，让全体中华儿女万众一心、团结奋斗迸发出来的磅礴力量成为实现中华民族伟大复兴的强大动力。

要加强民族团结进步教育，使各民族都牢固树立汉族离不开少数民族、少数民族离不开汉族、各少数民族之间也相互离不开的思想。习近平总书记曾针对宁夏说道："宁夏信仰伊斯兰教群众比较集中，做好民族工作和宗教工作非常重要。"要加快民族地区经济社会发展，以发展促团结，以团结聚人心。要坚决贯彻党的宗教工作基本方针，依法管理宗教事务，积极引导宗教与社会主义社会相适应，引导宗教界人士和信教群众尊法守法，坚决抵御非法宗教渗透活动，促进宗教和顺、社会和谐。严密防范和坚决打击各种渗透颠覆破坏活动、暴力恐怖活动、民族分裂活动、宗教极端活动。加强国家安全教育，增强全党全国人民国家安全意识，推动全社会形成维护国家安全的强大合力。

"一带一路"倡议提出后，一石激起千层浪，外界反响很大，各方都在响应。习近平总书记指出："各方之所以反映强烈，主要是因为这个倡议顺应了时代要求和各国加快发展的愿望，具有深厚历史渊源和人文基础。从我们自己的情况来看，这个倡议符合我国经济发展内生性要求，也有助于带动我国边疆民族地区发展。"针对藏区发展问题，习近平总书记明确指示："实现西藏和四省藏区长治久安，必须常抓不懈、久久为功，谋长久之策，行固本之举。"他强调，我们要把基础性工作做深做实做细，坚持依法治理、主动治理、综合治理、源头治理相结合，紧紧依靠各族干部群众；我们要大力加强民族团结，促进各民族群众相互了解、相互帮助、相互欣赏、相互学习；我们要大力培育中华民族共同体意识，广泛开展民族团结进步宣传教育和创建活动。我们特别要大力做好藏传佛教工作，发扬藏传佛教界爱国爱教传统，推进寺庙管理长效机制建设，支持藏传佛教按照与社会主义社会相适应的要求进行教规教义阐释。他要求，我们要坚持不懈开展马克思主义祖国观、民族观、宗教观、文化观等宣传教育活动，凝聚中国特色社会主义思想共识；同时要落实依法治藏要求，对一切分裂祖国、破坏社会稳定的行为都要依法打击。

习近平总书记指出："新形势下，宗教工作范围广、任务重，既要全面推进，也要重点突破。要结合各宗教情况，抓住主要矛盾，解决突出问题，以做好重点工作推进全局工作。"各级党委要提高处理宗教问题能力，把宗教工作纳入重要议事日程，及时研究宗教工作中的重要问题，推动落实宗教工作决策部署。要加强对党关于宗教问题的理论和方针政策的学习，加强对宗教基本知识的学习，把党关于宗教问题的理论和方针政策纳入干部教育培训计划，使各级干部尽可能多地掌握。要建立健全强有力的领导机制，做好对宗教工作的引领、规划、指导、督查。统战部门要负起牵头协调责任，宗教工作部门要担负起依法管理责任，各有关部门及工会、共青团、妇联、科协等人民团体要齐抓共管，共同做好宗教工作。要广泛宣传党关于宗教问题的理论和方针政策，宣传宗教相关法律法规，加强宗教方面宣传舆论引导。党的基层组织特别是宗教工作任务重的地方基层组织，要切实做好宗教工作，加强对信教群众的工作。共产党员要做坚定的马克思主义无神论者，严守党章规定，坚定理想信念，牢记党的宗旨，绝不能在宗教中寻找自己的价值和信念。要加强对青少年的科学世界观宣传教育，引导他们相信科学、学习科学、传播科学，树立正确的世界观、人生观、价值观。

我们在今天的条件下做宗教工作，不仅是一个对宗教事务管理的问题，也不仅是一个对宗教界人士和信教群众的统一战线问题。做好宗教工作，对于密切党同人民群众的血肉联系，推动三个文明建设，加强民族团结和保持社会稳定都有着不容忽视的重要意义。习近平总书记肯定道："我国宗教工作形势总体是好的，党的宗教工作基本方针得到贯彻，党同宗教界的爱国统一战线不断巩固，宗教工作法治化明显加强，宗教活动总体平稳有序。实践证明，我们党关于宗教问题的理论和方针政策是正确的。"新形势下，我们要坚持和发展中国特色社会主义宗教理论，全面贯彻党的宗教工作基本方针，分析我国宗教工作形势，研究我国宗教工作面临的新情况新问题，全面提高宗教工作水平，更好组织和凝聚广大信教群众同全国人民一道，为实现"两个一百年"奋斗目标、实现中华民族伟大复兴的中国梦而奋斗。

战"疫"期间基于其基本逻辑的
高校思政课教学浅议[①]

在突如其来的疫情面前，全国的思政课教师都在探索特殊时期开展思政课教学的有效方式，用防疫抗疫一线的生动案例、用全国人民精诚团结共同战"疫"的伟大实践，来引导广大青年学生认识中国特色社会主义的制度优势，弘扬爱国主义，增强四个自信。为更好地发挥思政课在落实立德树人根本任务中的作用，需要更好地理解高校思政课的基本逻辑，让鲜活的内容、时尚的方式服务于发挥其应有的育人功能。

一、高校思政课的基本逻辑

习近平总书记强调："我们的高校是党领导下的高校，是中国特色社会主义高校。办好我们的高校，必须坚持以马克思主义为指导，全面贯彻党的教育方针。要坚持不懈传播马克思主义科学理论，抓好马克思主义理论教育，为学生一生成长奠定科学的思想基础。"[②]高校思政课旨在对大学生开展系统的马克思主义理论教育，是落实立德树人根本任务的关键课程。开设思政课，是社会主义大学的本质特征，课程的根本指导思想和主要内容都是马克思主义。

马克思主义在人类历史上第一次站在劳动人民的立场上，探求人类解放的真谛，是关于无产阶级与人类解放的科学理论，是工人运动的行动指南。与以往各式各样的理论不同，马克思主义并非外在于工人之外的特殊原则，更非凌驾于工

① 本文获得天津市高校思想政治理论课教学科研创新项目（教学改革成果推广项目）专项支持。作者为余一凡，南开大学马克思主义学院本科教学部主任、副教授，天津市高校习近平新时代中国特色社会主义思想研究联盟邀研究员。

② 《习近平谈治国理政》第2卷，北京：外文出版社，2017：377.

人运动之上的神谕，不过是关于工人运动条件、进程和一般结果的理论概括。从当初的无产阶级革命开始，马克思主义与工人运动相结合的过程，就不是一个将外在于工人运动的理念、思想强加于人的过程，其基本的理念是无产阶级的自我教育，是在实际的革命运动中无产阶级阶级意识的觉醒和对自身历史使命的觉悟。这一相结合的过程在具体运动中表现为率先觉悟者不断教育、帮助后觉悟者，以促进无产阶级成员作为一个阶级整体而斗争。

青年学生处于自身人生成长的"拔节育穗"期，渴望成长、渴望收获，但是受大的社会环境以及个人家庭条件、所受教育、年龄阶段等各种因素的影响，往往还没有意识到自身的根本利益、长远利益所在，至少还没有对此形成自觉并努力去争取。高校思政课，旨在对大学生开展系统的马克思主义理论教育，帮助他们掌握认识世界和改造世界的立场、观点、方法，以引导青年学生树立正确的世界观、人生观、价值观，让他们能够在现实社会发展中找到自己的根本利益所在，意识到中国特色社会主义是历史的选择，是社会进步和个人进步的根本制度保障，认识到只有每个个体在不同领域共同发挥作用才能够推动整个社会的发展，进而自觉投身于实现中华民族伟大复兴的实践中，在为人民服务的过程中实现自己的人生价值。同样，思政课的教育教学，不是用一个外在于青年学生成长成才的特殊原则去塑造每一个不同个体，而是教会其运用认识世界、改造世界的思想利器，来处理与外部世界及内心世界的关系，以促进其自身历史使命的觉醒，自觉将个人之小我与社会之大我统一起来。

二、尊重高校思政课的特殊属性

基于高校思政课教育教学的这种基本逻辑，疫情期间的实际教学就需要特别注意课程本身就有的特殊属性。

（一）思政课的强制性

教育部《新时代高等学校思想政治理论课教师队伍建设规定》明确规定："思政课是高等学校落实立德树人根本任务的关键课程，是必须按照国家要求设置的课程。"[①]与其他各类课程不同的是，高校中的思政课是直接反映国家意志的，就

---

① 《新时代高等学校思想政治理论课教师队伍建设规定》（中华人民共和国教育部令第46号）。

此而言，它具有有别于其他课程的强制性。对学生而言，这种强制性体现在它是一类必修课，不能凭个人兴趣爱好而选择是否修读，而是需要修满相应的学分才能够拿到相应的学位、获得相应学历，更体现在全国同一学历层次的大学生使用的都是相同的教材，都是全国统编教材。对于学校主管部门、思政课教学部门和教师而言，这种强制性体现在它的课程体系编排、课程基本内容等都是确定的，教学改革不能偏离这些基本要求。

推进习近平总书记最新重要讲话精神、坚持和发展中国特色社会主义最新经验进课堂，是当前提高思政课实效性的重要要求。战"疫"期间，应该将党中央关于疫情防控的重大决策部署重要政策措施、将中国共产党领导全国人民齐心协力共同打好疫情防控战的经验等，及时融入思政课实际教学中去，以最鲜活、最生动的案例去阐释中国特色社会主义的制度优势，提高思政课教学的时代感和实效性。不过，基于思政课的强制性特点，这种融入应该是有机融入，应以不破坏思政课原有的内容体系为前提。高校思政课的统编教材，是相关领域最知名的专家、学者在经过反复思考、细细打磨之后编写而成，还会根据不断变化的实际而进行修订，具有严密的科学性和最高的权威性，各门课程的基本内容构成是结合其课程定位、教学目标等精心设计的。在将教材体系向教学体系转化的过程中，不同学校和教师为提高教学针对性，可以在把握教材精神的基础上对其相关内容重新设计，但仍应以不破坏其基本的内容构成为前提，否则就可能在最基本的层面上破坏了思政课教学的科学性。因此，关于疫情防控的思政内容，应该是为实现思政课教学目标服务，既可以在"形势与政策"课中专门开设专题，也可以有机融入其他几门课程的相关内容中去，还可以通过公益讲座、专题讲座供学生们选择，为思政课教学做有益补充，这才是三全育人应有的格局和做法。

（二）思政课的理论性

立德树人、培养德智体美劳全面发展的社会主义建设者和接班人是教育的根本任务，思政课则是完成这一根本任务的关键课程。习近平总书记在学校思想政治理论课教师座谈会上强调："在大中小学循序渐进、螺旋上长升地开设思政课非常必要，是培养一代又一代社会主义建设者和接班人的重要保障。"[①]为贯彻落实习近平总书记这一重要讲话精神，中共中央办公厅、国务院办公厅印发《关于

---

① 习近平：《思政课是落实立德树人根本任务的关键课程》，《求是》2020年第17期。

深化新时代学校思想政治理论课改革创新的若干意见》要求推进大中小学思政课一体化建设，整体规划不同时期思政课课程目标并统筹推进各学段思政课课程内容建设："遵循学生认知规律设计课程内容，体现不同学段特点，研究生阶段重在开展探究性学习，本专科阶段重在开展理论性学习，高中阶段重在开展常识性学习，初中阶段重在开展体验性学习，小学阶段重在开展启蒙性学习。"①这里对大学阶段的要求就是"重在开展理论性学习"，高校思政课，根本任务就是要对大学生系统开展马克思主义理论教育、用习近平新时代中国特色社会主义思想铸魂育人。

高校思政课为了提高针对性，应该针对教育对象的特点，以大学生最喜闻乐见的方式传授相关理论，"讲好中国故事"是其中非常重要而有效的一点。在这场全国人民共同打响的疫情阻击战中，有许多令人动容的生动事迹值得去讲述，有大量以生命守护生命的美丽天使值得去赞美，这些内容理所当然应该成为思政课教学的鲜活素材。不过，高校思政课不是故事会，也不是时政新闻播报。基于高校思政课的理论特性，"讲好中国故事"的含义在于通过故事引出理论，运用故事阐明道理。按照螺旋式上升的要求，高校思政课要借助这些生动的故事，解读党中央的重大决策部署，阐明党的集中统一领导和中国特色社会主义制度的显著优势，在广大青年学生中弘扬爱国主义。

（三）思政课的价值性

思政课之所以被作为社会主义大学的本质特征和落实立德树人根本任务的关键课程，就在于从根本上它的定位有别于其他各类课程，它是开展意识形态教育的课程，以加强对学生的价值引领，以坚定大学生对马克思主义的信仰，坚定他们对社会主义和共产主义的信念，坚定他们走中国特色社会主义道路的信心。《关于深化新时代学校思想政治理论课改革创新的若干意见》对此提出明确要求："坚持思政课在课程体系中的政治引领和价值引领作用。"②每一门思政课所使用的教材都有比较完整的知识构成，每一部分内容还有教学重点和难点，实际教学效果的提升也需要学生对基本的理论知识、政治常识、历史知识有所了解，但其教学目标却不是简单地要求学生们掌握这些基础知识，而是要通过知识传授对学生

---

① 《关于深化新时代学校思想政治理论课改革创新的若干意见》，人民出版社2019年版，第7页。

② 《关于深化新时代学校思想政治理论课改革创新的若干意见》，人民出版社2019年版，第4页。

进行价值观引导，通过学理阐释对学生进行政治引领。

疫情期间，这种价值观引领首先就是要向学生讲清楚，党中央关于疫情防控的所有决策部署始终坚持"要把人民群众的生命安全和身体健康放在第一位"[①]，无论是动员全国各方面力量疾驰湖北，还是联防联控对社会秩序进行管理调整，都是为了更好地保护人民的生命安全和身体健康，至于防控中个别地区出现的官僚主义、形式主义的行为，则是对以人民为中心基本理念的破坏，会受到依法处理，以此教育学生要始终站稳人民立场，维护人民利益。

这种价值观引领还体现在，要通过疫情防控中的种种事例，引导学生意识到党的集中统一领导，是打赢疫情防控阻击战的根本政治保证；引导学生认识到中国特色社会主义制度具有全国一盘棋、集中力量办大事的显著优势；引导学生认识到中国作为一个负责任的大国，在疫情来临时在以自身的实际行动践行人类命运共同体的理念。当然，这种价值观引领也应该直面问题，针对疫情的产生及防控中出现的官僚主义、形式主义乃至渎职、失职等问题，针对疫情防控中出现的一些错误思想观念，引导学生进行总结与反思，在问题批判中倡导社会主义核心价值观，做到批判性与建设性的统一。

---

① 《习近平对新型冠状病毒感染的肺炎疫情作出重要指示强调 要把人民群众生命安全和身体健康放在第一位 坚决遏制疫情蔓延势头》，《人民日报》2020年1月21日。

提升突发公共卫生事件中舆论引导的科学化水平①

新冠肺炎疫情是对我国治理体系和治理能力的一次大考，各项工作都面临新的挑战和难题，宣传舆论工作也不例外。习近平总书记强调："我们加大宣传舆论工作力度，统筹网上网下、国内国际、大事小事，营造强信心、暖人心、聚民心的环境氛围。"②面对突发公共卫生事件的不确定性及应对工作的复杂性，舆论引导工作也应该随之创新，提高自身的科学化水平。

一、坚持把党管媒体作为舆论引导根本保证

习近平总书记强调，做好党的新闻舆论工作，是治国理政、定国安邦的大事（必须抓紧抓好抓牢）。做好党的新闻舆论工作，事关旗帜和道路，事关贯彻落实党的理论和路线方针政策，事关顺利推进党和国家各项事业，事关全党全国各族人民凝聚力和向心力，事关党和国家前途命运。这要求我们在实际工作中，必须始终把正确政治方向摆在第一位，牢牢坚持党性原则，严格落实党管媒体的原则和制度，紧紧把握新闻舆论领导权，坚持正确的舆论导向。

突发公共卫生事件会在较短时间内对整个经济社会秩序造成巨大冲击，不可避免地会使各种声音混杂交织。这种情况下，新闻舆论工作尤其需要能够指明方向、稳定人心、统一认识的"主心骨"，党对新闻舆论的领导作用显得尤为重要，必须把党管媒体作为做好舆论引导工作的根本保证。要从讲政治的高度，深入理

---

① 本文为教育部人文社会科学研究青年基金项目"改革开放40年来中国共产党领导意识形态工作的历史与经验研究"19YJC710097阶段性成果，首发于《天津日报》2020年6月12日9版。作者为余一凡，天津市中国特色社会主义理论体系研究中心南开大学基地研究员。

② 习近平：《在统筹推进新冠肺炎疫情防控和经济社会发展工作部署会议的讲话》，人民出版社，2020：8.

解党中央关于应对突发公共卫生事件的总体部署，做好党中央重大决策安排的宣传解读。坚持正面宣传为主，引导人民群众看本质、看主流、看趋势，营造团结协作、爱国奋斗的良好舆论氛围。同时要画好网上网下同心圆，确保各级各类媒体平台，都能坚持正确的舆论导向。

二、坚持把尊重和维护人民的生命权和健康权作为舆论引导第一要务

马克思主义是关于人类解放的科学理论，坚持人民群众是历史的创造者。习近平新时代中国特色社会主义思想，将人民置于最高位置，坚持"以人民为中心"的根本立场并贯穿于一切活动之中。基于这一立场，新时代舆论工作的总体要求就是要树立以人民为中心的工作导向，把服务群众同教育引导群众结合起来，把满足需求同提高素养结合起来。日常生活状态下，就是要多关注广大人民群众改革开放的生动实践，多宣传报道人民群众的伟大奋斗和火热生活。

突发公共卫生事件最直接的结果就是广大人民群众的生命安全和身体健康受到伤害，人们的生命权和健康权受到威胁。在这种特殊背景之下，"把人民群众生命安全和身体健康放在第一位"成为各项工作的首要要求，坚持"以人民为中心"的舆论工作理应遵循这一要求。突发公共卫生事件应对中的舆论工作，无论是在宏观方案的设计上，还是在具体的技术操作中，都应该确保人民群众的生命安全和身体健康始终是新闻信息关注的核心、媒体镜头的聚焦点。党中央的重大决策举措、广大一线工作人员的忘我奋战、各地群众遇到的实际困难与现实诉求、各级政府的相关回应及具体解决措施等，应该是各类信息传播、新闻报道的重点。要坚决破除舆论工作中的官僚主义、形式主义，聚焦重大决策的贯彻落实，将舆论的关注点引导到党和政府对人民生命安全和身体健康的切实关心上。

三、坚持把事实报道与价值引领相结合作为舆论引导重要原则

新闻的生命在于真实，媒体的基本功能在于传递信息、揭示真相。因此，新闻媒体和新闻工作者要秉持社会责任和职业道德，真实准确传播新闻信息，自觉抵制错误观点，坚决杜绝虚假新闻。同时，新闻媒体作为党和人民的喉舌，还要承担着引导舆论的职责，在尊重事实的基础上发挥其价值引领功能。各级各类新

闻媒体要通过宣传报道经济社会发展中的生动实践，弘扬主旋律，倡导高尚的精神追求，自觉用社会主义核心价值观引领风尚、滋养心灵。

突发公共卫生事件中，人们对与公共卫生相关的信息呈现饥渴状态。只有尽可能保证信息的充分供给，才能够制止因恐慌而引发的混乱，以充足的信息供给消除信息盲区，不仅减少谣言产生的机会，也在传递信息的同时传递信心。另外，突发公共卫生事件中的很多情况，在事件发生之初不可能有确切结论，其中留下的解释空间，足以使持有不同目的、不同立场的各种分析和推测纷纷出场。新闻舆论工作必须站稳人民立场，坚持正确的价值导向，以有利于人民的生命安全和身体健康、有利于事件应对为标准，来统摄关于事件新闻报道的全局。坚持客观真实性与价值引领的有机统一，以事实为依据，坚持用马克思主义新闻观去观察、认识突发公共卫生事件中的各类现象，用社会主义核心价值观引领新闻报道的价值导向。

四、坚持把彰显党的领导和中国特色社会主义制度优势作为舆论引导落脚点

突发公共卫生事件应对，是一项系统工程，依靠的是整个社会的共同努力，需要将整个社会的资源调动起来并进行优化配置。其实际效果，既要看一国的公共卫生水平及科研攻关等生产力因素，也要看其社会制度、体制机制等上层建筑因素。新中国成立70年来的历史发展已经充分证明，中国特色社会主义制度是当代中国发展进步的根本保证，中国共产党的领导则是这一制度的最大优势。突发公共卫生事件应对中，这一重要的制度优势是最根本的政治保证，理应成为舆论引导的最终落脚点。

只有发挥坚持党的集中统一领导最大优势，坚持党中央统一指挥、统一协调、统一调度，才能够形成强大的领导力、执行力；只有发挥坚持全国一盘棋、调动各方面积极性、集中力量办大事的显著优势，才能够调动各方面的力量，坚持资源的集中优化使用，快速形成一体联动、联防联控的局面。舆论工作应该通过展示中国共产党领导中国人民在应对突发公共卫生事件中的生动实践，将人们的注意力引导到对中国特色社会主义制度的显著优势的关注上，在增强做好应对工作底气和信心的同时坚定制度自信，在彰显制度优势中弘扬伟大的爱国主义

精神。

五、坚持把全媒体立体化传播作为舆论引导工作布局

人们的精神需求多元多样，面对突发性公共卫生事件，这种多元的精神需求可能更为强烈和集中。作为对这种需求的有效满足，我们既需要深入宣传党中央决策部署，从国家视角讴歌英雄的人民、树立其中涌现出来的模范典型，也需要生动讲述事件应对中各条战线普通工作者的感人事迹、从百姓视角直击危机之下的众生相，还需要公开透明回应公众关切、以监督者的视角来反思其中暴露出来的各种问题。唯其如此，才能全景式地关注突发公共卫生事件应对期间的社会生活，满足人们在特殊时期的精神需求和心理需要。

在应对突发公共卫生事件中，各级各类媒体在准确、及时发布事件相关的基础数据、宣传党的大政方针的同时，也要注重讲述平凡英雄的战斗故事、深度挖掘与事件相关的核心事件与人物。因此，我们需要综合运用各种媒体，加强互动沟通，构建立体化传播格局，确保在围绕宏大主题深耕的同时，也能关注普通人的日常与情感，通过提供信息的层次性、丰富性满足人们对信息的多元需求，增强舆论引导的针对性和有效性。

六、坚持把统筹国内国际作为舆论引导用力方向

经济全球化的条件下，中国为应对突发公共卫生事件而进行的各种努力，实际上也是为维护全球公共卫生安全做出重大贡献。但是，总有部分西方国家借机加强对中国的意识形态渗透，甚至发起对中国社会制度和意识形态的公开挑衅，恶毒攻击中国政府和中国人民；还有部分国家则对中国党和政府在疫情防控中采取的各种举措有诸多不解，甚至有意忽视这类事件的特殊性对其中的某些特殊措施横加指责；还有国家狭隘地理解维护国家利益，无端发起对中国的指责。西方国家不断释放出来这些"政治病毒"，不仅企图借机在国际上破坏中国声誉，而且与国内部分居心叵测人士对体制的攻击相结合，试图扰乱中国团结奋战的思想基础。

对此，我们必须统筹国内国际两个舆论战场的工作，在加强国内舆论引导的

同时，不断改进和加强对外宣传，运用多种形式在国际舆论场及时发声，本着负责任的态度及时向国内外发布相关信息，积极回应国际关切。要最大限度地满足国际社会对于突发公共事件的信息需求，主动与有关国家和地区研讨完善应对措施，获得国际社会的认可。要充分展示中国在事件应对中的专业、高效，充分展示事件应对的效果，增强国际社会对中国的信心。要讲好全国人民共同奋战的故事，彰显中国的制度优势和价值自信。通过努力，在最大限度地凝聚国际共识、挫败相关国家的意识形态图谋的同时，展示中国的大国担当，以实际行动践履人类命运共同体的思想。

战"疫"期间高校思政课在线教学的挑战与应对①

——基于"概论"课教学的思考

随着大数据时代的到来和信息技术的普及，在线教学在中国教育界开始崭露头角，并日益占据不可替代的一席之地。战"疫"期间，教育部发出"停课不停学"的倡导，在线教学无疑迎来了一次崭新的发展机遇。然而，机遇总是与挑战并存，尤其对承担着"立德树人"关键作用的高校思想政治理论课而言，战"疫"期间在线教学的特点使思政课面临诸多挑战。如何应对这些挑战，有效发挥思政课铸魂育人、凝心聚力作用，讲好中国故事，弘扬中国精神，使学生坚定"四个自信"，是摆在每位思政课教师面前亟待解决的现实问题，也是每个人的光荣职责与使命。

一、思政课在线教学的可行性分析

互联网大数据时代提供了思政课在线教学的基本场域。马克思曾指出："技术的发展将引起生产方式和社会关系的改变。"人类社会的每一次进步，都伴随着科学技术的广泛应用。互联网大数据时代的到来，不仅改变了人们原有的生产方式和交往方式，也深刻地影响和变革着传统的教育模式。长久以来，思政课教学以课堂集中授课为主流教学形式，师生之间的"教"与"学"紧密相连、同步进行。这种传统课堂模式适应了工业革命时代受教育者普遍化的发展趋势，但也不可避免存在单向灌输、缺乏互动、手段单一的缺陷。互联网大数据时代的到来，各个领域的信息资源和数据分析被有效整合，传播媒介多元化，知识获取方式开始改变，实体课堂被网络虚拟空间取代，在线教学应运而生。在这一形势下，思

① 本文首发于人民网公共课。作者为刘昊，南开大学马克思主义学院讲师。

政课毫无疑问要与时俱进，顺应时代变迁，在互联网大数据时代"因事而化、因时而进、因势而新"。可以说，思政课在线教学的兴起和盛行就是互联网大数据时代发展的必然产物。互联网大数据时代为思政课在线教学的实施提供了基本场域。

交流平台提供了思政课在线教学的重要载体。在线教育与传统课堂相比，一个显著的差异就是教学手段的创新。具体而言，表现为一系列教学平台的涌现成为教学活动的主要载体。新媒体新技术的应用，催生了在线教育平台的崛起。针对思政课的特殊属性，这些交流平台运用现代信息技术，结合95后大学生的个性特点，推出了点名签到、主题讨论、作业发布、交流互动、课程测验等学习模块，使在线学习成为思政课的新常态。教师既可以利用平台传输课程资料，又可以通过平台进行答疑解惑，利用平台的智能管理查阅学生作业完成数据，师生互动通过人际互动方式灵活机动随时随地进行。在线教学平台对传统思政课堂固定空间的解构与重塑，颠覆了人们已有的教学理念，在时间上和地域上打破了教学资源的限制，课程学习变得触手可及，这对增强思政课的时代感和吸引力而言，无疑具有重要意义。

"海量化"的在线资源提供了思政课在线教学的坚实保障。在线教学实施的另一重要基础，就是海量化的优质在线资源，这也是在线教学的最大魅力。在线教学不是单纯地将信息技术应用于教学过程，而是依托平台、利用数据资源的一次课程变革和创新。教师可以从开放性的数据资源中获取所需的教学素材，在资源共享中学习借鉴先进的教学理念，完善教学内容、提升教学水平。随着国家对思政课程重视程度的不断提升和思政课教学改革的持续推进，思政课在线教学资源得到了充实和丰富。如国家级精品课程的建设和共享，既打破了教师故步自封的狭隘视域，开阔了教师视野，又满足了学生对知识的需求、提高了学生的学习积极性和获得感；同时也有利于消解传统教育模式对优质课程资源的垄断，推动教育公平的实现。而且，众多在线平台推出了思政资源库模块，碎片化的知识在有机融合后以体系化的呈现方式为师生共享，有利于师生深化对马克思主义理论成果的理解和认识，有利于扩展在线教学的内容、增强在线教学的吸引力、提升教学实效性。在线教学资源的共建共享是互联网大数据时代思政课教学改革的必然要求，也是支撑思政课在线教学的坚实保障。

二、战"疫"期间思政课在线教学面临的挑战

"时空分离"的教学模式对课堂教学管理形成了挑战。现代社会学家吉登斯提出了时空分离的概念，即相距遥远的地域之间在现代技术下的连接。在线教学的实施就建立在时空分离基础之上。与传统课堂面对面的知识传授相比，在线教学不再受原有教学场景和教学交往活动的限制，肉体脱离具体场景，交往走向虚拟平台。不言而喻，教学活动的连续性和确定感与实体课堂已大相径庭，这给教学管理带来了一定的难度和挑战。由于教师与学生的时空分离现状，学生课程完成情况完全建立在自主性基础之上，教师只能在一定范围内进行监督和约束，教师课堂权威性遭到了淡化。部分学生在线教学缺乏自律性、视频学习没有入脑入心、复制粘贴完成作业任务、遇到疑惑不是思索而是搜索等问题的暴露，都折射出了在线教学课堂管理模式的局限性。

师生"在场性"互动的"缺位"对教学活动形成了挑战。实践出真知，这是马克思主义认识论的基本观点，也是教育教学的基本规律之一。提升思政课教学的有效性，关键的一步是要了解学生的思想动态，那么，与学生面对面交流接触可能会获得更多的实际信息，并根据学生反馈合理安排教学内容，实现教学内容入脑入心。但是，现代化教学平台媒介的使用，在打破交流的时空场域界限使沟通走向便捷化的同时，却对师生之间的"在场"型互动造成了难以逾越的屏障，教师无法直观感受到学生对教学内容的掌握情况和真实的效果反馈，在教学内容设计、教学进度安排上就会有沦为"教师中心"的风险。

在线教学的不可控性可能会冲击预期教学效果。客观层面上，在线教学的实施必须依靠外在因素的支持，如网络顺畅程度、平台承载力等。一旦网络不顺畅、平台超负荷承载，教学过程的连续性就会中断，这些不可控状况的发生会直接影响思政课的教学效果。除此之外，思政课的特殊性在于它传授的不仅仅是知识、方法，还发挥"立德树人"的功能作用，涉及国家的意识形态安全教育。传统的实体课堂显然更能发挥思政课的育人目的，面对面的直接沟通、亲身的情绪体验、耳濡目染的情感熏陶，使学生能够更加直观地感受到教师深层次的人格魅力。当下，面对突如其来的疫情肆虐，作为亲历者的大学生们内心难免充斥各种焦虑、不安和恐慌，通过思政课堂稳定学生的焦躁情绪就显得尤为重要。在线教学模式则在某种程度上削弱了师生之间真实的情感交流，如此一来，教师对学生

内心世界的关切教育，可能效果会有些欠缺。

对网络的依赖性为负面思想的侵袭提供了可乘之机。海量信息与数据的堆积，一方面为师生获取有效资源提供了保障；另一方面各种良莠不齐的信息也不可避免地侵袭到网络平台，为价值冲突的滋生提供了现实的土壤，对主流意识形态认同构成了严峻挑战。思想政治理论课的目的是培育学生树立正确的世界观、人生观和价值观，尤其是"概论"课程更侧重于在引导学生对世情、国情、党情准确把握的基础上，增强"四个意识"，坚定"四个自信"，成为实现民族复兴"中国梦"的积极践行者。然而，在信息开放、传播渠道多样化的互联网大数据时代，由于部分大学生理性认识不够深刻、辨别能力的欠缺，往往受到网络负面消息的蛊惑。西方社会更是借此大肆生产资产阶级价值观念，这种对社会主义意识形态悄无声息的侵袭与腐蚀，可能日渐消弭大学生主流意识形态的认同度，引发意识形态认同问题。这在一定程度上增加了"概论"课程意识形态教育的难度，成为"概论"课教师在线教学的重中之重。

三、战"疫"期间思政课在线教学的应对策略

坚定立场，遵循政治性与学理性相统一的根本原则。高校思政课是党意识形态宣传教育的主阵地，高校思政教师则承担着立德树人的根本任务和使命，必须时刻坚持政治性与学理性相统一的根本原则。一方面，思政课教师要有正确的政治导向，以马克思主义为理论指导，用习近平新时代中国特色社会主义思想铸魂育人，这是无论何时思政课教学都必须坚守的根本方向和首要原则。但是，思政课绝不是传统的政治说教，而是要"用学术讲政治"，通过透彻的学理分析回应学生的现实关切，通过彻底的思想理论释疑学生的政治困惑，通过真理的强大力量引导学生自觉认同马克思主义。战"疫"期间，更要坚持思政课教学政治性与学理性的统一。以"概论"课教学为例，教师应通过向学生摆事实、讲道理的方式，使学生深刻理解中国共产党在疫情防控中的核心领导作用，坚定政治信仰，提升政治认同；同时引导学生科学看待疫情的发生以及疫情与人类社会发展的关系，提高学生理性思考和明辨是非的能力，以清醒的政治头脑有力回击各种负面报道和恶意言论。

因势利导，打造理论性与实践性相统一的思政课堂。理论与实践的辩证关系

注定了理论性与实践性相统一是高校思政课建设的基本要求。毋庸置疑，思政课本身是一门理论性课程，拥有逻辑严密的科学理论体系，但这些理论都是源于人类的实践活动，是对实践活动的抽象与升华。所以，思政课既要用科学的理论培养人，避免"去理论化"；又要引导学生理论联系实际，以正确的理论指导实践，避免"纯理论化"。疫情期间的在线教学，思政教师应深入挖掘战"疫"中蕴含的丰富教学资源，把思政小课堂融入社会大课堂，将感人的战"疫"故事转化为生动的教学素材、提升为深刻的理论知识，把握教育时机，及时回应学生的现实困惑。对师生而言，现实疫情就是最好的教材，抗"疫"的战场就是最高效深刻的思政课堂。在"概论"课的教学过程中，教师可以通过疫情中鲜活的实践案例增强理论的针对性和说服力：从疫情发生以来中国的资源整合能力、社会动员能力和防控执行能力分析与解读中国特色社会主义的制度优势以及中国共产党的领导是中国特色社会主义最本质的特征；从疫情防控初期的疏忽和短板中理解中国社会的主要矛盾、结合党的十九届四中全会思考如何推进国家治理体系和治理能力现代化问题；从对野生动物的滥杀食用引发疫情危机的事实中反思人与自然的关系以及如何推进生态文明建设；从疫情的全球突发认识共商共建人类命运共同体的价值和意义等。

寓价值观于知识传授，在价值性与知识性的契合中"立德树人"。思政课不同于一般的人文学科，知识的传授不是思政课的终极目的，"寓价值观引导于知识传授"中是思政课的鲜明特征。知识是载体和基础，价值是灵魂和方向。思政教师应在知识传授的基础上引导学生树立正确的价值观，用科学的真理为理想信念提供论证与支撑。战"疫"期间，思政课更要强化价值引领在整个教学过程中的贯穿作用，传递疫情防控的正能量，使"拔节孕穗期"的青少年夯实马克思主义信仰基石，从而做出正确的价值判断和价值选择。在"概论"课的教学中，教师可以从比较的视野，通过呈现他国在疫情发生时政府的解决措施，分析社会主义制度的优越性，激发学生的爱国主义情感，提升学生对中国特色社会主义的认同感，增强民族自信心与自豪感，坚定对中国特色社会主义的信念和共产主义远大理想，进而明确自身的责任担当。

教学相长，完善教师主导和学生主体相统一的在线模式。高质量的思政课堂是教师主导性与学生主体性的统一：一方面，办好思政课的关键在教师，思政教师是思政课堂的掌舵者和学生价值观的引路人，在整个教学过程中发挥主导作用；另一方面，学好思政课的关键在学生，学生是具有主观能动性的课堂参与者，在思政课中，其主体性作用的发挥是决定思政课实效性的重要因素。疫情期间，思政课在线教学更离不开教师的主导作用，教师应从学生的认知规律和接受特点出发，在教学内容设计、教学进程安排上与学生积极互动，既要舒缓学生不安的心理情绪，又要激发学生蕴含的学习潜力，改变"满堂灌"式的教学模式，调动学生的主动性和创造性。比如，可以适当设置一些开放性的讨论话题，让学生们基于马克思主义的立场来谈谈自己的感受和认识，教师循循善诱进行总结，并引出下次课的学习内容，还可通过课堂提问和抢答等方式，增强在线课堂的趣味性等。面对学生在线学习遭遇的困难和问题，适时调整课堂进度和在线方式，采用多元化平台互动模式，多管齐下，在主导性和主体性的统一中实现教学相长的目的。

综上，在线教学是信息技术时代的必然产物，有其必然的历史生成逻辑和现实功用。思政课在线教学是战"疫"期间的非常之举，如何利用好在线教学的平台，提升思政课教学的实效性，发挥思政课铸魂育人的价值功能，使战"疫"课堂既有理论深度、又有情感温度，真正承担起培育德才兼备的中国特色社会主义事业接班人的重要使命，这值得每一位思想政治工作者深思。

后疫情时代高校思想政治理论课教学的思考①

2020年1月，突如其来的新冠疫情给中国乃至全世界人民带来前所未有的影响与挑战。受疫情影响全国高校延期开学，但各高校停学不停课，充分利用网络平台资源，有效开展线上教学，很好地实现了思政课教学目标。思想政治理论课作为高校落实立德树人根本任务的关键课程，在此次疫情中和疫情后，都起着至关重要的作用，如何结合疫情防控中思想政治理论课堂教学的变革，思考后疫情时代思政课课堂教学的重构，对于思想政治理论课教学改革有着重要的意义。

一、"疫情"防控时期思想政治理论课教学的变化

首先是课程教学场域的改变。疫情来临，线上授课打破了课堂的围墙，授课过程全部在线上进行，互联网的泛在性和大数据管理等特点，使得课堂的时间、空间都发生了变化，在线教学成为高校实行"停课不停教"的最好措施，也是利用信息化手段进行教学的基本保障。线上教学具有不受时间和空间限制，激发学生学习兴趣，提高学生自主学习能力，有利于教师拓展多样化的教学形式等优点。同时，对教学条件、教师信息化水平也提出了一些新要求。一方面，在线教学的顺利进行取决于直播平台和计算机硬件水平。例如在授课过程中，受网络宽带网速或流量影响，PPT展示不连续的现象时有发生，视频播放卡顿中断难以避免。同时，教师在使用过程中由于对平台使用不熟练导致各种问题产生，对教师的信息化技能提出了更高要求。教师不仅要对腾讯会议平台、飞书平台、学习通、智慧树平台等线上平台的各项基本功能熟练操作，还需要应对随时出现的突

① 本文系南开大学2020年本科教育教学改革项目（课题号NKJG2020168）阶段性成果。作者为徐曼，南开大学马克思主义学院教授，思想道德修养与法律基础教研室主任，天津市高校习近平新时代中国特色社会主义思想研究联盟特邀研究员。

发情况。另一方面，如何开展有别于现实课堂的线上互动？如何及时调整从"面对面"到"屏对屏"的师生教学关系？如何掌握屏幕另一端的学生学习状态和效果？这都是线上教学过程中值得关注和思考的问题。

其次是课程教学内容的改变。思政课教学的根本任务，是要帮助大学生树立正确的世界观、人生观和价值观，用新时代中国特色社会主义思想铸魂育人，落实立德树人的教育方针。在疫情背景下，要提升思政课的厚度、高度，必须要立足人类所面临的这场困境，结合中国人民团结抗疫的生动素材，充分发挥思政课程的思想引领和价值引领功能，拓展思政课的本质内涵。在这场疫情教学中，更需要把教材内容和疫情这本活教材充分融合，讲好思政课堂故事，真正影响学生、启迪学生。同时，线上学习过程中，学生注意力集中的时间比课堂学习更短，会受到更多外界不确定因素的干扰，传统的按部就班的教学内容讲授就会失去受众的关注。因此，教师要全面了解学生的思想特征、学习状况，了解学生的思想困惑和成长需求，用贴近实际、贴近对象、贴近具体的案例、资料，把教学内容以学生感兴趣的方式进行全新的呈现，通过启发达到教育的目的。

最后是课程教学方法的改变。近几年，思政课线上线下混合式教学改革已成为高校思政课教学改革的重点，许多高校在思政课线上教学中进行了尝试，也涌现出了许多取得良好效果的实践案例和教学研究成果。而这次新冠疫情则加速推动全国高校思政课全员、全方位的线上教学，而且这种线上教学和传统的线上慕课教学还有很大不同，它是融入了直播、录播、平台以及互动工具等全方位的改变，而不是简单地把课堂变成直播工具或者进行慕课教学。"全员、全过程、全方位"的三全育人理念给特殊时期紧急上阵的思政课老师们提出了前所未有的挑战，也需要教师们在疫情期间探索更加吸引学生的、更有效的、被学生接受的、符合思政课教学规律和社会需要的线上线下混合式教学方式。

二、推进教学理念和教学模式的创新

首先，要树立以人为本的教学理念，拓展思想政治理论课的教学思路。后疫情时代思政课要树立以育人为本、学生为主体、以理服人、以情动人的教学理念。"以育人为本、学生为主体"就是要全面掌握大学生的思想状况，认真分析思想理论领域的倾向性问题，努力使教学更加贴近学生实际，把大学生内在的积极性和主动性充分地调动起来，使课程学习成为大学生内在的需求，把思想政治教育的目标变成大学生自觉的行动、自主的行动。"以理服人"就是既要克服单纯灌输理论的做法，又要克服忽视理论、只追求热闹的做法。教师既要有很高的理论水平，又能解决学生的实际问题。要联系大学生的思想实际，联系大学生关心的问题，把道理讲深、讲透、讲明白，让他们信服。"以情动人"就是要求教师通过讲授人生的道理启迪人的心灵，在教学中更应该用心、用情，去关爱、体贴和帮助大学生，促进他们健康成长。一方面要了解大学生，另一方面要用深刻的道理和生动的事例感动学生。

其次，要不断创新教学模式，提高思想政治理论课的生命力。后疫情时代，高校思想政治理论课正面临着新的挑战和新的发展机遇，作为核心课程之一，如何在现有教育教学体系的重新构建中能够与时俱进，探索出一条适合当今大学生思想政治教育的教学改革之路，将刻板、单调的"填鸭式"教学模式转变为生动、新颖的"互动式"教学模式，变"说教"为"引导"，更有效、更直接地发挥思想政治理论课程的教学作用，引导大学生树立正确的世界观、人生观和价值观，是后疫情时代思政课教师应该思考和研究的重要课题。要实现这一目标，就要不断创新教学模式，在教学中处理好知识传授与行为引导、教师主导与学生主体、接收型学习与研究性学习等几方面的关系，才能提高思想政治理论课的生命活力。处理好知识传授与行为引导的关系，就是要兼顾社会主流意识形态的需要和大学生成才的需要，以育人为本，贴近学生，又要兼顾理论性和生活性；既体现思想政治理论课的理论属性，又要贴近生活，引导学生的行为。处理好教师主导与学生主体的关系，就是要改变传统的教师为中心的"说教式、灌输式、照本宣科式"教学模式，充分发挥学生的主观能动性，让学生主动地学、有个性地学，在参与中思考、选择，才能真正落实学生的主体地位，使学生获得科学的思想道德和法制观念与知识。处理好接受型学习与研究性学习的关系，就是在教学中要向学生进行系统的理论教育，强调知识的系统性、理论的科学性和完整性。同时坚持以人为本，贴近实际、贴近生活、贴近社会，以实例研究、问题讨论、社会调查等方式，对思想道德知识和法律问题进行自主探究，从而积极主动地获得思想提升和道德发展的创造性学习活动。思想政治理论课只有不断创新教学模式，努力贴近学生、贴近生活，关注学生的精神需求，服务学生的健康成长，才能增强教育教学的针对性，为大学生所认同，进而提高教育教学的实效性、说服力和生命力。

三、推进教学内容和教学方法的更新

首先，在教学内容上要充分体现思想政治理论课的理论品格和学生思想需要。后疫情时代，在教学中把教材内容转化为教学内容，通过线上线下混合式教学，进学生头脑，实现教学目标，是思政课教师在教学中应该特别关注和需要做好的事情。在教学内容上牢牢把握三个原则，一是充分反映党和政府的理论创新成果。例如，在课堂教学中，要加强对党的十九大、全国教育大会、思政课教师座谈会、党的十九届四中全会精神、抗疫精神的宣讲。如对新时代大学生历史使命、新时代爱国主义实施纲要、新时代公民道德建设实施纲要、习近平总书记给北京大学援鄂医疗队全体"90后"党员回信等内容的讲授。在讲授法律相关内容时，对党的十九大报告和十九届四中全会提出的全面推进依法治国，深入开展法制宣传教育，弘扬社会主义法治精神，树立社会主义法治理念，增强全社会学法尊法守法用法意识，国家治理体系和治理能力视域中的道德与法律、民法典等内容进行重点解读和讲授。二是充分反映我国哲学社会科学领域理论研究的最新成果，如抗疫精神与爱国情怀、学术界关于社会主义核心价值体系与核心价值观的研究成果、新时代大中小学劳动教育一体化、社会主义道德建设和法治建设的研究成果等。三是充分反映和真正解决大学生在成长成才中面临的思想热点、难点问题。如大学适应、大学生思想、学习、恋爱、就业等热点问题；如新时代爱国主义、疫情中的社会思潮与网络舆论、为人民服务人生观、精致利己主义的道德思考、公民的基本权利和义务及社会主义法治权威等学生关注的问题，教学中都要结合案例、资料、数据，通过案例分析、讨论、调查等方式帮助学生在思想上有正确的认识，起到积极的引导作用。

其次，积极推进线下教学方式的探索，提升学生学习获得感。一是改进教学方法，在教学中努力把"注入式"教学转变为"互动式""启发式"教学，如采用"问题式教学法""设计式教学法""讨论式教学法""案例式教学法"等，鼓励学生积极参与教学。如在教学中使用"超星学习通APP"系统可以通过签到、小测、抢答、众答、互评等手段加强和学生的互动，及时帮助学生解疑释惑，实现对学生课堂参与过程的全方位考核和激励。学生在课堂上的个人展示、翻转课堂讨论、辩论、抢答、小测等都通过系统计入其平时成绩。同时，在教学中，把O-AMAS有效教学法的趣味性、实用性、有效性和思政课的思想性、政治性、理论性结合起来，真正在理念、内容、方法等全方位切实增强思想政治理论课教学的有效性，提升学生学习获得感。二是在课外辅助教学环节，实现网络互动、自学、作业、讨论交流等多种教学方式的结合。如通过大学MOOC平台、"超星学习通APP"等渠道，加强和学生的网络互动，及时帮助学生解疑释惑；通过我们编写的《"思想道德修养与法律基础"教学辅助用书》（2018版）来指导学生课外学习；通过课下作业，来配合课堂讲授和学生自学，加深学生对教学内容的理解。如老师们给学生提供有关全国教育大会、思政课教师座谈会讲话精神、抗击疫情中"00后"的防疫战疫真人案例等相关资料，让学生阅读，帮助学生加深对教学内容的理解。讨论交流，就是根据授课内容并结合社会热点问题、贴近学生生活，开展课堂讨论或课外讨论等。讨论的形式可多样化，有以小组为单位的、有采取辩论形式的、有自由发言的，还有以寝室卧谈会形式进行讨论的。通过讨论，学生们可以加深对相关理论问题的理解。三是加强实践教学。包括开展社会调研，就是在教学中要求学生围绕大学生信仰状况、新媒体环境对大学生价值观影响状况、流行文化对大学生影响状况、社会思潮对大学生影响状况、大学生网络素养及网络道德状况、抗疫中网络舆情状况、抗疫中大学生社会责任感状况、大学生法律意识状况等课题，以小组为单位展开社会调研，撰写调研报告，进行课堂展示汇报，全班学生进行打分评价，以提高学生参与教学的积极性，使大学生在社会实践中接受锻炼和教育。同时，还可以采用微电影拍摄，使学生深入采访不同的人物和事件，亲身探寻防疫战疫故事，在探寻过程中全方位感受战疫精神，把思政课教学延伸到学生的第二课堂活动中，延伸到社会生活中，把理论教学和实践教学结合起来，让思政课接地气，更有说服力。

最后，加大线上教学方式的改革探索力度，加强新媒体新技术的有效融合。如使用直播教学工具，在课堂中连线场外专家，进行真人案例的展示和对话。同时，要进一步推进慕课教学建设。以"思想道德修养和法律基础"课为例，2018年南开大学《思想道德修养和法律基础》在中国大学MOOC平台正式上线运行，针对思想政治理论课教学重点、难点、热点问题，结合专题教学和网络教学要求进行网络在线课程实践探索，一期先行拍摄上线48个视频（每个视频10分钟）及配套PPT以及100多道测试试题。课程内容涉及人生观、理想信念、爱国主义、社会主义核心价值观以及道德与法律等关涉大学生思想道德素质和法治素养的诸多方面，内容丰富、翔实、重点突出，理论问题讲解透彻，贴近实际、贴近生活、贴近学生，体现了较强的思想性、政治性、科学性、理论性、实践性。通过线上学习，学生在网络平台观看课程视频，学习相关知识，并参加每一章节的测试题的测试，参与论坛讨论，加深了学生对教学基本知识点的学习和理解。通过线下学习，在每周的课堂教学中，教师对教学中的重点、难点问题，现实中的热点问题进行专题讲授，并在课上回答学生提出的疑难问题，帮助学生解疑释惑；同时通过课堂上和学生的互动讨论，加强学生对理论问题的深入理解。

自2018年版"基础"慕课发布以来，累计已有5万多学生选修了课程。在新冠疫情期间，大约有1.9万名学生选修了课程。在前期进行探索和取得成效的基础上，加强网络慕课的更新建设势在必行。"基础"课慕课教学内容更新的重点主要包括2018年9月以来习总书记的重要讲话、会议精神、相关文件、研究成果等，如全国教育大会、思政课教师座谈会、《新时代公民建设实施纲要》《坚持和完善中国特色社会主义文化制度 推进国家治理体系和治理能力现代化若干重大问题的决定》《新时代爱国主义教育实施纲要》《关于全面加强新时代大中小学劳动教育的意见》《民法典》等以及2018年9月以来相关典型案例，如2019感动中国人物、抗击疫情中的鲜活案例，特别是朋辈故事等。结合教材重点、难点，把习近平新时代中国特色社会主义思想的最新内容融入慕课中，同时力求在录课的形式上有所创新，增强线上慕课教学的吸引力；更新慕课各章测试题，加强在MOOC平台上和学生的互动，及时回答学生提出的问题，帮助学生解疑释惑；加强对学生线下、线上学习状况的了解，做好线下教学和线上教学的融合；加强对学生线上学习进程和学习效果的考察，提高线上学习成绩的比重，以提升学生线上学习的积极性和有效性。2020年9月，更新后的慕课如期上线，和同学们见面。

四、加强教师队伍和学科建设

首先，要加强思想政治教育学科建设，保障思想政治理论课建设的顺利进行。思想政治理论教育是与学科建设相伴相生的，离开学科建设谈思想政治理论教育，是毫无意义的。2005年12月23日，国务院学位委员会和教育部联合发出通知，决定增设马克思主义理论一级学科及所属二级学科。2012年，为适应新时期党的思想理论建设需要，坚持马克思主义在高校教学和研究中的指导地位，不断提升高校思想政治理论课教育教学质量，出台了《关于进一步加强高校马克思主义理论学科建设的意见》。这就为马克思主义理论学科建设提供了有力的学理支撑和人才支撑，也激励我们始终要把坚持正确的政治方向放在首位，坚持用中国特色的社会主义理论体系武装大学生，推动高校思政课的科学发展和持续发展。高校思想政治理论课要充分利用这一平台，通过马克思主义理论和学科建设，增强思想政治理论课教师的学科归属感和社会责任感，引导和组织教师积极开展马克思主义理论体系研究，不断提升他们的科研能力和理论素养，拓展和深化思想政治理论课的教学内容；同时联系我国社会主义现代化建设的实际和大学生思想实际，开展思想政治理论课教学研究，不断提高他们的业务素质和教学水平，增强教育教学的针对性和说服力。

其次，要加强教师队伍建设，提高思想政治理论课教师的整体素质。思想政治理论课教师是马克思主义理论和党的路线、方针、政策的宣讲者，社会主义核心价值体系的传播者，以及大学生健康成长的指导者和引路人，提高高等学校思想政治理论课教育教学质量和水平，关键在教师。打造一支坚持以马克思主义为指导，理论功底扎实，勇于开拓创新，善于联系实际的思想政治理论课教师队伍，是高质量实施思想政治理论课新课程方案的关键环节和组织保证。思政课教师要立足教学，向学生介绍马克思主义理论基本观点和基本理论，尤其要坚持以社会主义核心价值体系引领大学生的思想观念，还要坚持以理想信念教育为核心，引导大学生确立马克思主义的科学信仰、树立中国特色社会主义的共同理想，帮助大学生澄清是非、善恶、美丑，明确坚持什么、反对什么，倡导什么、抵制什么，全面提高大学生的思想道德素质和法律素质。思政课教师既要拥有扎实的马克思主义基本理论知识，还要拥有较宽的人文社会科学知识、丰富的历史学知识、当代社会实践知识、中外典故、事件、案例知识和自然科学技术知识。教师只有努力拓宽自己的知识视野，才能在教学中以广博的知识和经验打动与激励学生，让学生信服。不仅如此，思政课教师还要具有很强的规范性和实践性，要注重理论与实践的结合，注重知行统一，在传授知识的同时，更重视实践和行为，更重视"规范"向实践的转化。因此，教师在教学中要遵循知、情、信、意、行相结合的教学规律，通过一系列的理论教学和实践教学活动，为学生提供正确人生观、价值观、道德观、法制观的教育，提供较为丰富的社会实践和角色承担机会，从而提高学生的认知水平和是非判断能力，才能帮助学生树立科学的人生观、价值观、道德观、法制观，进而为学生增强自身的适应能力、生存能力和自我发展能力提供一定的理论支撑与能力支撑。

总之，随着后疫情时代的到来，结合疫情及以往教学改革探索的经验，思政理论课教学必然要进行重构，在教学理念、教学模式、教学内容、教学方法、学科建设及教师队伍建设等方面不断进行改革创新，才能进一步增强思想政治理论课教学的有效性，提升学生学习获得感。

④

教学总结篇

夯实理论基础，用真理的强大力量引领
"马克思主义基本原理概论"教学工作①

习近平总书记在2019年3月18日主持召开学校思想政治理论课教师座谈会讲话中强调，思想政治理论课是落实立德树人根本任务的关键课程，思政课的主要任务就是要用新时代中国特色社会主义思想铸魂育人，培养社会主义事业接班人。习近平总书记讲话以来，马克思主义基本原理概论教研室全体教师认真学习领会讲话精神，并将对总书记讲话精神的学习体会贯彻到教学实践进程中。

第一，进一步夯实马克思主义基本原理理论基础，将总书记讲话精神融入教学。

习近平总书记特别指出，思政课教学过程"要坚持政治性和学理性相统一，以透彻的学理分析回应学生，以彻底的思想理论说服学生，用真理的强大力量引导学生。""马克思主义基本原理概论"（以下简称"马原理"）是四门思政课中理论性最强的课程。我们深知，讲好"马原理"的关键是我们教师的理论水平。在学院领导的统一部署下，我们教研室老师通过集体备课的方式，统一编纂了共计19讲的《马克思主义基本原理概论·习近平新时代中国特色社会主义思想"三进"教学指导方案》，在教学工作中使用有效地提高了"马原理"的教学效果。

此外，教研室依托天津市"孙寿涛名师工作室"，开展马克思主义基本原理有效教学工作坊系列研讨会，联合毛泽东思想和中国特色社会主义理论体系概论教研室开展集体备课会暨理论研讨会，充分领会总书记讲话精神及理论内涵，不断探索讲好思政课的方式方法，切实推动习近平新时代中国特色社会主义思想入学生头脑。

---

① 作者为陈弘，南开大学马克思主义学院教授，南开大学马克思主义学院马克思主义基本原理概论教研室主任。

第二，充分利用"基地"优势，发挥理论辐射扩散作用。

2019年2月，南开大学获批"全国高校思想政治理论课马克思主义基本原理概论国家教材建设研究基地"。教材基地建设坚持党的领导，立足国家重大需求，汇集马克思列宁主义理论领域的高级人才，建立灵活、开放、高效的运行机制，坚持基础理论研究与实践应用研究相结合，定性研究和定量研究相结合，以国内的马原理教材研究为主，兼顾国际比较研究，以现实问题研究为主，兼顾历史研究和前瞻研究。马原理教研室全体教师是该教材基地的基本力量，全体教师积极参与教材基地的建设与科研任务，目前正在进行三项子课题的研究（整体性视域下马克思主义基本原理的内涵与特征研究、马克思主义基本原理的中国化研究、遵循思政课教学规律构建马克思主义基本原理的内容和叙述方式研究）。此外，教研室还依托以本教研室为核心的"天津市马克思主义基本原理原理协同创新中心"将本教研室编纂的"三进指导方案"向全市高校推广，受到兄弟院校的好评；同时依托教材基地与天津市一中、二十中、蓟州一中等单位签约，开展大中小幼思政课"手拉手"集体备课活动。

第三，结合网课创新教学手段，推动"线上+线下"融合。

春季开学面对汹汹而来的新冠肺炎疫情，马原理教研室认真学习教育部46号令，强化在线课程建设力度，不停研、不停教、不停学。教研室老师利用微信群、腾讯会议等进行线上集体备课、集体讨论教学提纲和课程PPT，以超星学习通为主要平台，辅助利用微信群、腾讯会议、腾讯课堂以及雨课堂等多种平台与学生建立有效的授课途径和沟通方式，有效地进行了"线上+线下"融合的教学方式。同时，教研室老师积极发声，在人民网公开课频道发表教学方案和学习心得10余篇，多次获"学习强国"平台转载报道。

多渠道扎实推进"思想道德修养与法律基础"课程建设①

2019年3月18日，习近平总书记主持召开全国思想政治理论课教师座谈会并发表重要讲话，就如何办好新时代思政课做出部署、提出要求，为加强新时代思想政治理论课建设提供了重要遵循。②一年来，思想道德修养与法律基础教研室全体教师认真学习领会讲话精神，不断探索思政课改革创新的新经验、新做法，扎实推进"思想道德修养与法律基础"课程建设。

第一，加强教学团队建设，规范教学活动。一是制定并实施了定期集体备课制度，在集体备课中，老师们要对慕课建设、教学重点难点、授课方法、选取的案例、资料、考试等事宜进行交流商讨。同时，要对备课中遇到的有争议的问题、疑惑的问题或是争论问题以及学生提出的难点问题等展开讨论。二是结合南开大学重点马院建设，深化教学改革、建设混合式金课，鼓励老师们互相听课，并对听课内容进行深入研讨，还要对教师的教学方法、所举案例、课堂互动等进行点评和总结，大家集思广益，对推动课程的整体建设起了积极的作用。三是共同编写《习近平新时代中国特色社会主义思想融入思政课教学指导方案》，并开展专题教学研讨，围绕教学重点、难点，设计16个专题，如"确立高尚的人生追求""确立崇高科学的理想信念""弘扬新时代的爱国主义""坚定社会主义核心价值观自信""在实践中养成优良道德品质""培养社会主义法治思维"等。专题教学要求教师必须对每个专题要吃透、吃准，练好内功，才能把道理给学生讲清楚、讲明白、讲透彻。

---

① 本文首发于"学习强国"。作者为徐曼，南开大学马克思主义学院教授，思想道德修养与法律基础教研室主任，天津市高校习近平新时代中国特色社会主义思想研究联盟特邀研究员。

② 习近平.用新时代中国特色社会主义思想铸魂育人 贯彻党的教育方针落实立德树人根本任务.人民日报,2019-03-19.

第二，不断进行教学改革探索，提高学生学习获得感。一是结合专题教学研讨，鼓励教师在课堂教学中加强对党的十九大精神、习总书记全国教育大会、思政课教师座谈会讲话精神的融入和宣讲，围绕教学重点、难点，进行专题教学。二是改进教学方法，在课堂教学中把"注入式"教学转变为"互动式""启发式"教学，采用"问题式教学法""设计式教学法""讨论式教学法""案例式教学法""趣味式教学法"等多种教学方法，鼓励学生积极参与教学，使教学内容真正入脑、入心，被学生所接受。三是加强实践教学，如通过开展社会调研、拍摄微电影，提高学生参与教学的积极性，使大学生在社会实践中了解国家、社会的发展变化，在实现中国梦的生动实践中放飞青春梦想。四是通过课外辅助教学渠道，实现网络互动、自学、作业、讨论交流等多种教学方式的结合。如通过"超星学习通"网络平台及微信等渠道，加强和学生的网络互动，及时帮助学生解疑释惑；通过教研室老师们编写的教学辅助用书来指导学生课外学习；通过课下作业，来配合课堂讲授和学生自学。

第三，加大线上教学方式的改革探索力度，加强新媒体新技术的有效融合。2018年南开大学《思想道德修养与法律基础》在中国大学MOOC平台正式上线运行以来，已有4万余名学生选学，2019级大一学生全部进行了《思想道德修养与法律基础》线上线下混合式教学实践探索，学生通过线上学习，在网络平台观看课程视频，学习相关知识，并参加每一章节的测试题的测试，参与论坛讨论等；通过线下学习，在每周的课堂教学中，教师对教学中的重点、难点问题，现实中的热点问题进行专题讲授，并在课上回答学生提出的疑难问题，帮助学生解疑释惑；同时通过课堂上和学生的互动讨论，加强学生对理论问题的深入理解。线上线下混合式教学积累了大量数据和经验，为思想政治理论课与新媒体新技术有效融合，提升思政课有效性打下了基础。

第四，加强与思政学科同行的交流研讨，以科研反哺教学。为深入学习贯彻习近平新时代中国特色社会主义思想，加强对"新时代爱国主义"的理论研究与探索，2019年9月28日教研室联合天津大学马克思主义学院举办了"新中国70年与新时代爱国主义"——学习贯彻《新时代爱国主义教育实施纲要》研讨会；为深入贯彻学习《新时代公民道德建设实施纲要》和《中共中央关于坚持和完善中国特色社会主义制度推进国家治理体系和治理能力现代化若干重大问题的决定》，及时推进党和国家最新路线方针政策及理论创新成果融入思政课教学，2019年12

月6日，教研室举办了国家治理体系和治理能力视域中的道德与法律——"党的十九届四中全会精神进课堂"集体备课会，分别邀请了天津财经大学及天津商业大学马克思主义学院的专家做报告。通过交流研讨，大家开阔了研究视野，对"基础"课教学起到了积极的促进作用。

讲好疫情防控故事，打造抗疫"概论"金课①

——南开大学马克思主义学院"概论"课教研室开展线上教学

在疫情防控的特殊时期，南开大学马克思主义学院毛泽东思想和中国特色社会主义理论体系概论（以下简称"概论"）教研室根据教育部"停课不停学"的部署要求，积极开展线上集体备课行动，教研室各位老师集思广益，探索出了一套将疫情防控阻击战中涌现出的先进人物、英雄事迹、典型案例作为教学案例素材融入"概论"课线上教学的方法。在开展线上教学讲好课本知识的同时，理论联系实际，在课程中努力讲好战疫故事，使同学们感受到中国特色社会主义制度的优越性，坚定"四个自信"，从而充分发挥思政课铸魂育人的主渠道作用。

一、利用信息化平台，凸显线上教学速度

春节刚过，"概论"教研室便行动起来，根据要求进行了如何开展线上"概论"课教学以及如何将疫情防控相关教育融入课堂的线上研讨备课会。在开展线上教学的过程中，教研室各位老师直面疫情防控中的最新、最热点问题，同时针对网上的各种声音及时地给予学生正确的价值引导，确保课堂中的每一位学生都能掌握最新的疫情防控动态。同时利用网络授课平台信息交流的便捷性，第一时间回复学生的各种疑问，并可随时展开讨论。相较于以往的传统课堂，线上"概论"课速度优势明显。教研室主任李洁老师表示，相较于传统教学模式，线上教学比较便捷，消息来源渠道更多，获取信息速度更快，与学生互动交流更加方便，教学内容较之往常更快地被学生吸收，课堂效果特别良好。

---

① 本文首发于《光明日报》客户端2020-03-30。作者为晋浩天，《光明日报》全媒体记者。

二、讲好抗疫故事，让线上教学更具温度

思想政治理论课，肩负着培根铸魂、立德树人的使命。一门好的思政课，必须要能通过教师的讲授引起学生思想的律动、心灵的涟漪以致价值的共鸣，从而使其信服。这就需要确保课程接地气，能深入人心。"概论"教研室各位教师分别收集整理了疫情防控战役中突出的案例，汇总成为"抗疫故事集"。通过一个个案例的讲授，通过一个个政策的解读，通过一次次的师生线上讨论，让"概论"课多些真情实感，少些空洞说教；既有知识点讲解，又有理论与实际相结合。真正让学生们从一个个的故事中感受到思政课的温度，实现了思政课的政治引领和价值引导功能。

三、结合案例透彻说理，确保线上教学的深度

思政课必须要有主题、有思想、有灵魂。即便是形式再活泼的课堂，即便是言语再华丽的教师，如果没有思想高度、理论深度，也不是合格的思政课。线上教学期间，确保课程有深度，需要做到将课程的理论体系讲透彻，将热点问题的讨论融入理性思考。教研室集体备课坚持以问题为导向，例如通过案例教学带领学生探究战疫必胜信心的来源；探究中国速度再一次扬名世界之动力所在；通过社区封闭、免费救治患者探究困境中如何坚持以人民为中心；通过"钻石公主号"和"歌诗达赛琳娜号"的对比等等，展现了中国特色社会主义制度的优越性。在讲透书本知识的同时，通过案例让学生们感同身受，引发深度思考，更加发自内心地坚定了中国特色社会主义的制度自信。有的同学表示，听了老师理论联系实际的讲解，从理论层面理解了中国为什么能够迅速控制住疫情蔓延。经过老师对比分析国外的疫情防控案例，更加深刻地认识到中国特色社会主义制度的优越性，更加深刻地感悟到了以人民为中心的理念，激发其爱党爱国之心。

四、灵活运用新方法，增强线上教学的效度

自从开展线上教学以来，"概论"课教研室的老师们将传统课堂变为云课堂，深度挖掘自身潜质，纷纷化身网络主播，充分利用中国大学慕课平台、超星学习

通、QQ群以及微信群等各种平台，创新了很多种特色教学方法。例如自拍签到打卡、在线直播教学、慕课辅助教学、线上分组讨论、线上第二课堂的实践、热点话题讨论、投票等方式。教师结合自身实际，采取最符合自己的方式授课，为学生呈现了内容丰富的思政课。而学生也充分利用网络平台的便利性，纷纷表达观点，并随时与同学、教师交流讨论。很多同学在调查问卷中表示，教师们精心准备的教学方式，激发了自己学习思政课的兴趣，不再觉得思政课单调枯燥，可以更好地参与课堂、融入课堂，更好地感受新时代的中国，更加激发其爱国主义情怀。

五、利用平台数据分析功能，提升线上教学的认同度

思想政治理论课要有良好的教学效果，让学生感知课程的魅力，就必须增强学生的认同度，特别是对教师的认同度。对此，"概论"课教研室利用网络授课平台的数据分析功能，通过大数据统计学生的关注点和意向，有针对性地采取措施，以提升学生对线上教学的认同度。通过问卷统计分析可以看出，学生更认同有信仰、有家国情怀、有理论素养、有能够对社会热点难点问题解疑释惑能力的教师。为此，"概论"教研室要求教师线上授课必须坚守价值阵地，必须对线上授课投入真情实感，将思政教师坚定的理想信念、深厚的家国情怀融入课堂，为学生着想，对学生负责。经过开学一段时间的线上教学之后，学生对于"概论"课的认同度较之以往有大幅度提升。

紧抓学理性、实效性、前沿性，
打造优质"概论"课程①

2019年3月18日，习近平总书记主持召开学校思想政治理论课教师座谈会并发表重要讲话。讲话中，习近平总书记强调，"办好思想政治理论课关键在教师，关键在发挥教师的积极性、主动性、创造性"。一年来，南开大学马克思主义学院毛泽东思想和中国特色社会主义理论体系概论（以下简称"概论"）教研室认真学习和领会习近平总书记讲话，扎扎实实地将讲话精神融入"概论"课教学，努力打造优质"概论"课程。

第一，紧紧抓住"概论"课的学理性，不断加强理论学习，充实教学内容。

思政课需要贴近学生的交流方式以及灵活多样的授课形式，但是万变不离其宗的是以内容为王，归根到底要讲清、讲透马克思主义基本理论、中国特色社会主义理论。在过去的一年中，"概论"教研室的老师们通过认真研读理论著作、共同探讨理论热点难点，采取线上线下相结合的方式，力求为学生深刻阐释马克思主义中国化的理论成果。

为了进一步充实教学内容，教研室在原有基础之上增加了定期集体备课的频率，从专题的确定到具体案例的选择，从理论问题到时事热点，每一次集体备课都是一次"头脑风暴"，在交流与碰撞中不断完善"概论"课的教学方案，力求使教学内容更具实效性。老师们也从自身出发，以习近平总书记提出的政治要强、情怀要深、思维要新、视野要广、自律要严、人格要正六项标准不断完善自己。

第二，紧紧抓住"概论"课的实效性，积极组织国情调研，丰富教学案例。

---

① 作者为李洁、丁晔、孙炳炎，南开大学马克思主义学院毛泽东思想和中国特色社会主义理论体系概论教研室教师。

在学校思想政治理论课教师座谈会上，习近平总书记要求广大思政课教师"情怀要深，保持家国情怀，心里装着国家和民族，在党和人民的伟大实践中关注时代、关注社会，汲取养分、丰富思想"。讲好"概论"课，教师不仅要具备扎实的理论功底，而且要有理论联系实际的能力，在丰富的教学内容中进一步坚定广大青年学子对中国特色社会主义道路、理论、制度、文化的自信。教研室充分发挥两方面的积极性，既积极组织一些集体调研和学习活动，也积极鼓励教师通过各种途径和培训走进社会大课堂。2019年底，"概论"教研室集体赴昆明考察和学习，通过回溯南开大学百年弦歌不辍的办学历程，进一步详细了解了中国远征军的历史，老师们切实感受到中华文明的源远流长和博大精深，为讲好新民主主义革命理论、文化自信等章节内容提供了更加鲜活的案例和素材。

在讲好思政课的同时，教研室的青年教师也积极参加学校、学院组织的各种学生社会实践。孙海东、王元、孙炳炎等青年教师利用假期先后带领学生奔赴扶贫第一线、革命老区、改革前沿等地，开展社会实践，在实践中巩固了课堂学习效果，深化了学生对教学重难点问题的理解和掌握，帮助青年学子在紧密结合中国革命、建设和改革的实际中把握马克思主义中国化的科学内涵和理论体系，增强自身分析问题、解决问题的能力。

第三，紧紧抓住"概论"课的前沿性，跟上时代发展步伐，创新教学手段。

在教学过程中，"概论"教研室教师力求跟上时代发展步伐，用最生动、最鲜活的事例激发学生兴趣，引导学生把爱国情、强国志、报国行融入新时代的追梦征程之中，不断提升教学效果。2020年春季学期以来，面对突如其来的疫情，"概论"教研室积极行动起来，根据国家、教育部、天津市以及南开大学的相关文件要求，进行了如何有效开展线上"概论"课教学以及如何将疫情防控相关教育融入课堂的线上研讨备课会。

在开展线上教学的过程中，一方面，老师们充分利用已有线上资源，组织学生观看学习本教研室在中国大学慕课网上开设的慕课；另一方面，积极拓展线上教学手段和方式，利用学习通、微信群、腾讯课堂等多个平台，开展形式多样、内容丰富的互动探讨式学习。在做好答疑解惑的同时，老师们及时推动习近平总书记最新讲话、中央最新防控政策进课堂、进头脑，将课堂变成讲好中国战"疫"故事的新阵地，围绕疫情防控与课程知识的结合点，引导学生进行深入讨论，用好特殊时刻的特殊素材，在典型事例和国际对比中感知中国共产党领导和中国特色社会主义制度的显著优势。

同时，教研室的老师们积极开展教学研究，在人民网公开课频道、《中国社会科学报》《天津日报》等发表多篇教学心得及学术论文，将教学与科研有效地结合起来。

打造具有南开大学特色的《习近平新时代中国特色 社会主义思想概论》金课品牌①

为贯彻落实中办、国办印发的《关于深化新时代学校思想政治理论课改革创新的若干意见》，用习近平新时代中国特色社会主义思想铸魂育人，加强和完善我校《习近平新时代中国特色社会主义思想概论》（简称"习思想概论"）课程建设，加强以习近平新时代中国特色社会主义思想为核心内容的思政课课程群建设，根据教育部高校思想政治理论课教学指导委员会研制的《"习近平新时代中国特色社会主义思想概论"课教学大纲（试用）》，按照教育部和学校领导有关指示精神，南开大学决定在2020年春季学期面向2017级本科生开设"习思想概论"课程。目前，经过周密筹备，"习思想概论"网络直播课程已顺利开展六周，成效显著，反响强烈。

一、高标准筹备新课建设，新思想原汁原味进课堂

面对新型冠状病毒感染肺炎疫情影响，课程组以"习思想概论"课程建设为抓手，充分利用寒假组织教研室老师们积极备课。为了开好此课程，南开马院专门组建独立的教学机构，倾全校之力组建优秀的教学团队，学校领导亲自参加教学团队参与课程建设工作。疫情期间，"习思想概论"课程负责人陈文旭老师组织教研室全体成员积极备课、认真筹划新学期在线课程建设，并按照三审制度完成对各讲教学大纲和课件的审读工作。在疫情面前，教学团队利用微信群集体备课，团队成员集体讨论每一讲的提纲、PPT，准备线上上课资料，录制线上授课

---

① 作者为陈文旭，南开大学马克思主义学院副教授，习近平新时代中国特色社会主义思想概论教研室副主任。

视频等。经过老师们整个寒假的刻苦奋战，目前已完成全部8个专题PPT课件制作，并形成30余万字的教学大纲书稿，网络在线课程正在平稳有序地开展，按照金课标准高水平推进课程建设，确保习近平新时代中国特色社会主义思想原汁原味进课堂。

二、坚持内容为王，五大举措齐头并进

习近平新时代中国特色社会主义思想不仅是全部高校思想政治理论课的重要内容，更是"习思想概论"课程的统领和主体。"习思想概论"课程着力突出习近平新时代中国特色社会主义思想这一贯穿课程始终的红线，充分发挥主讲教师的积极性、主动性、创造性，不断增强"习思想概论"课程的思想性、理论性和亲和力、针对性。按照南开金课标准，重点在如下五个方面下功夫。

第一，在宏观把握上，注意将习近平新时代中国特色社会主义思想同社会发展和学生实际紧密结合。习近平总书记历来高度强调问题导向，注重实践和理论创新中的问题意识，在深入把握思想与时代关系的基础上，对重大时代问题进行深入探索和做出系统回答，从而创立了习近平新时代中国特色社会主义思想。在准备课程的过程中，教学团队立足问题意识，充分挖掘习近平新时代中国特色社会主义思想的来龙去脉，并以此作为贯穿课程内容的逻辑主线，充分回应社会发展和学生实际。第二，在理论定位上，充分展现习近平新时代中国特色社会主义思想的创新性、继承性和历史性。特别是要向学生们讲清楚习近平新时代中国特色社会主义思想与经典马克思主义、中国化马克思主义、21世纪马克思主义之间的内在关联。第三，在知识结构上，注意学生已有知识同创新思想的有机衔接。这就需要处理好"习思想概论"课程同"马克思主义基本原理概论""毛泽东和中国特色社会主义理论体系概论""思想道德修养与法律基础"以及"中国近现代史纲要"等其他思想政治理论课程的内在关系。客观地看，将"习思想概论"课程同学生已有知识体系有机衔接是课程面临的重要挑战。为此，以新时代的话语体系和思维方式来回答新时代的时代问题是解决上述挑战的重要突破口。第四，在教学素材上，注意历史素材和新时代素材的融会贯通。教学素材是支撑教学观点的重要方式，在教学素材的选择上，如果只有新时代素材的内容，会降低课程的历史感和厚重感。因此，适当适量选取历史素材更能说明新时代问题。同

时，对新时代素材的选择同样很重要。第五，在教学专题上，经过专家论证和领导审批，共凝练出关于习近平新时代中国特色社会主义思想的八个重要专题，分别为：习近平新时代中国特色社会主义思想是当代中国马克思主义、21世纪马克思主义；习近平新时代中国特色社会主义思想对历史方位的科学判断；新时代坚持和发展中国特色社会主义的领导力量和根本立场；新时代坚持和发展中国特色社会主义的奋斗目标、战略安排、根本动力、本质要求；新时代坚持和发展中国特色社会主义的总体布局；新时代坚持和发展中国特色社会主义的保障条件；推动构建人类命运共同体；新时代教育事业与时代新人培养。这八个专题构成了习近平新时代中国特色社会主义思想的理论主体，彼此之间内在联系、互为支撑，是当前高校"习思想概论"课程教学的重点内容。

三、创新教学手段，网络直播在线课程效果显著

课程教学团队不仅利用微信群集体备课、集体讨论教学提纲和课程PPT，还充分依托智慧树网络教学平台、腾讯会议和微信群，与学生之间建立了有效的授课途径和沟通方式。特别是在授课手段上，更加注意传统课堂和网络授课的有效结合。经过对网络教学平台的持续性建设，南开大学所具备的网络教学硬件和软件在此次疫情期间均得到了良好展示，也为"习思想概论"主讲教师们积极践行传统课堂和网络授课有效结合的教学新模式奠定了良好的基础。此次疫情，教师不仅从技术手段上可以更加娴熟地运用两种课堂方式，而且从授课方法上可以更好发挥两种课堂方式的优势。截至目前，已连续开展六周的在线直播课程，充分贯彻了线上"大班上课、小班讨论"的精神，确定了"观看慕课视频+收听直播见面课+自主学习资料+教师在线答疑+师生论坛讨论+课后作业作答"的六位一体教学新模式。可以说，在这个2020年的春天，疫情造就了一堂堂特殊的"习思想概论"课程。虽然教学方式有变，但思想政治理论课用理论和真理引导学生思想和信仰的价值与作用从未改变。南开大学"习思想概论"课程不断注重形式创新，积极推动线上教学实践，在线上课堂中继续传递坚定信心、讲述中国故事、激发理论力量。

夯实理论基础，用真理的强大力量
引领思政课程教育教学①

2019年3月18日，习近平总书记主持召开学校思想政治理论课教师座谈会并发表重要讲话，就如何办好新时代思政课做出部署、对思政课教师提出要求，为新时代加强思政课建设指明了方向，提供了根本遵循。一年多来，南开大学马克思主义学院全体教师认真学习领会贯彻习近平总书记讲话精神，不断夯实理论基础、深化教学改革、优化课程体系、创新教学手段，着力打造具有南开特色的思政课程体系，用真理的强大力量引领思政课程教育教学。

一、夯实理论基础，打造优质思政课程

在3·18讲话中，习近平总书记强调，思政课教学"要坚持政治性和学理性相统一，以透彻的学理分析回应学生，以彻底的思想理论说服学生，用真理的强大力量引导学生"。办好思政课，关键在教师；讲好思政课，核心在内容。

过去一年中，学院全体思政课教师认真研读理论著作，深入领会总书记讲话精神及理论内涵，在学院统一部署下，以教研室为单位，开展集体备课，专题研讨，集中攻关，重新修订了四门思政课"习近平新时代中国特色社会主义思想'三进'教学指导方案"，切实推动习近平新时代中国特色社会主义思想进教材、进课堂、进学生头脑。

此外，成立"形势与政策"教研室，联合教务处深化"形势与政策"课教学改革，加强课程培训与督导，形成了校领导上讲台，各学院（部处）领导和思政课教师共同讲授"形势与政策"课的新模式，确保全过程全覆盖，并继续建设

---

① 作者为楚恒叶，南开大学马克思主义学院教务干事。

"中国发展"课程，探索校领导和著名专家学者讲思政课的长效机制。成立"习近平新时代中国特色社会主义思想概论"教研室，整合多学科优秀师资，在已为本科生开设两轮"习近平新时代中国特色社会主义思想概论"公选课的基础上，2020年春季学期面向全体大三本科生开设"习近平新时代中国特色社会主义思想概论"必修课，及时把党的新思想融入思政课课程体系，用习近平新时代中国特色社会主义思想铸魂育人。

二、挖掘全国重点马院优势，发挥理论辐射作用

2019年2月，南开大学获批"全国高校思想政治理论课马克思主义基本原理概论国家教材建设研究基地"。教材基地建设坚持党的领导，立足国家重大需求，汇集马克思列宁主义理论领域的高级人才，建立灵活、开放、高效的运行机制，坚持基础理论研究与实践应用研究相结合，定性研究和定量研究相结合，以国内的马原理教材研究为主，兼顾国际比较研究，以现实问题研究为主，兼顾历史研究和前瞻研究。依托教材基地，致力打造一支专业化教材建设研究队伍、搭建高端教材建设研究平台、建立教材建设与使用专门数据库、提供教材建设研究高端交流平台，全方位助力思政课教学质量的提升。同时，教材基地与天津市一中、二十中、蓟州一中等单位签约，开展大中小幼思政课"手拉手"集体备课活动，推动大中小学思政课一体化建设工作。

2020年春季学期以来，依托教材基地、天津市高校思想政治理论课名师工作室、天津市马克思主义基本原理概论协同创新中心和各级各类项目，学院思政课教师加大课程教学专题研究力度，以教学带科研、以科研促教学，在人民网公开课频道、《中国社会科学报》《天津日报》等发表30余篇教学方案、教学心得及理论宣传文章，多次获得"学习强国"平台转载报道，产生良好社会反响，充分发挥了全国重点马克思主义学院的理论辐射作用。

三、创新教学手段，推动"线上＋线下"课程融合

学院高度重视思政课教学改革，多举措创新教学手段，提升教学实效。一是结合专题教学研讨，鼓励教师在课堂教学中加强对党的十九大精神、习近平总书

记全国教育大会、思政课教师座谈会讲话精神的融入和宣讲，围绕教学重点、难点，进行专题教学。二是改进教学方法，在课堂教学中把"注入式"教学转变为"互动式""启发式"教学，采用"问题式教学法""设计式教学法""讨论式教学法""案例式教学法""趣味式教学法"等多种教学方法，鼓励学生积极参与教学，使教学内容真正入脑、入心。三是加大线上教学方式的改革探索力度，自2018年南开大学四门思政课登录中国大学MOOC以来，已经开课四轮，连同近期在人民网公开课频道上线的"习近平新时代中国特色社会主义思想概论"慕课资源，参加学习人数超过75000人，带来广泛积极影响。

2020年春季，面对汹汹而来的新冠肺炎疫情，学院全体思政课教师认真学习教育部46号令，强化在线课程建设力度，不停研、不停教、不停学，将思政课堂变成讲好中国战"疫"故事的新阵地。本学期开课的教研室充分利用微信群、腾讯会议等进行线上集体备课、集体讨论教学提纲和课程PPT，依托智慧树网络教学平台、腾讯会议和微信群，与学生建立有效的授课途径和沟通方式。充分贯彻线上"大班上课、小班讨论"的精神，确定了"观看慕课视频+收听直播见面课+自主学习资料+教师在线答疑+师生论坛讨论+课后作业作答"的六位一体教学新模式。疫情面前，学院教师不忘初心使命，用一堂堂特殊的思政课，讲好中国抗疫故事、发出新时代最强音，引导学生深刻感悟马克思主义真理力量、坚定"四个自信"。

四、开展国情调研，强化师生互动

在学校思想政治理论课教师座谈会上，习近平总书记要求广大思政课教师"情怀要深，保持家国情怀，心里装着国家和民族，在党和人民的伟大实践中关注时代、关注社会，汲取养分、丰富思想"。讲好思政课，教师不仅要具备扎实的理论功底，而且要有理论联系实际的能力，以丰富的教学内容中进一步坚定广大青年学子对中国特色社会主义道路、理论、制度、文化的自信。基于此，学院充分发挥两方面积极性，既要求以教研室为单位开展国情调研和学习活动，也大力支持思政课教师参加教学培训和学术活动，以充分了解我国革命、建设与改革的发展历程与现状，让教师的理论讲述因为有了实践的印证而更加丰满。

此外，不断强化师生互动，探索"同学、同研、同行、同讲"的师生"四同"育人模式。以"同学同研"促师生互动，开展"同学同研，师生结对"读原著、悟原理活动，选派得力教师指导建好红色记忆宣讲团、新觉悟社等学生理论宣讲社团，让师生在"同学同研"中深化理论认识，解决思想困惑。以"同行同讲"促实践育人，鼓励青年教师带领学生奔赴扶贫第一线、革命老区、改革前沿等地开展社会实践，在实践中发挥教师专业优势，指导学生开展调研课题，并组织现场教学，深化育人效果。2019年，学院继续承办了教育部高校思政课教指委主办的全国高校大学生讲思政课公开课展示活动，并获全国一等奖。为迎庆中华人民共和国成立70周年，举办"共和国摇篮"全国苏区大巡礼专题社会实践，14位教师指导12支团队走访70余天，行程2万余里，入选教育部百佳实践项目，《光明日报》头版报道相关事迹。实践教学成果在"深化新时代学校思想政治理论课改革创新现场推进会"上做专门教学展示。

出实招见实效，深入推动思政课改革创新①

南开大学马克思主义学院始终坚持立德树人根本任务，围绕"培养什么人、怎样培养人、为谁培养人"这个根本问题，坚持"三全育人"，把构建科研育人长效机制纳入学科建设总体发展思路，努力发挥马克思主义理论学科对思政教育的支撑和保障作用，致力于培养中国特色社会主义事业的合格建设者和可靠接班人。2016年以来，南开大学以"标杆"为导向，出实招、见实效，深入推动思政课改革创新，实现学科建设和思政教育融合共进。

一、高举旗帜，出台南开思政课30条

学校认真贯彻落实习近平总书记在学校思想政治理论课教师座谈会重要讲话精神，组织全校思政课教师认真学习研讨，统筹校内力量，集全校之力建设全国重点马克思主义学院，开门办马院，汇全校之智慧推动思政课程和课程思政同向同行。结合开展"不忘初心、牢记使命"主题教育，全面梳理思政课建设中存在的问题，修订《南开大学全国重点马克思主义学院建设实施方案》，出台了《南开大学进一步加强思政课建设实施办法》（以下简称"思政课30条"）。"思政课30条"包含思政课程体系建设、师资队伍建设、教材体系建设、"师生四同"育人模式、后备师资队伍培养和主体责任等方面，是新时代加强思政课建设的纲领性文件，为南开大学的思政课改革创新指明了方向。

学校高举习近平新时代中国特色社会主义思想旗帜，以习近平新时代中国特色社会主义思想为核心调整完善思政课程教学体系。学校成立"习近平新时代中国特色社会主义思想概论"教研室，整合多学科优秀师资，2019年春季率先为本

---

① 作者为楚恒叶，南开大学马克思主义学院教务干事。

科生开设"习近平新时代中国特色社会主义思想概论"公选课，取得良好反响，并依托人民网公开课频道上线慕课资源，得到广泛关注。按照中央和教育部要求，2020年春季面向全体大三本科生开设"习近平新时代中国特色社会主义思想概论"必修课，把党的创新思想及时融入思政课课程体系，用习近平新时代中国特色社会主义思想铸魂育人，全面推动习近平新时代中国特色社会主义思想"三进"工作。同时，学校出台文件进一步深化"形势与政策"课教学改革，加强课程培训与督导，形成了校领导上讲台，各学院（部处）领导和马院教师共同讲授"形势与政策"课的新模式，确保全过程全覆盖，并继续建设"中国发展"课程，探索校领导和著名专家学者讲思政课的长效机制。学校制订"思政类选修课程群建设方案"，支持开设《习近平爱国主义思想专题》《红色经典导读I》《红色经典导读II》等思政选修课，筑牢思政课的"外围阵地"。马院先后与天津市二十中学、第一中学、蓟州一中等单位签订"一体化"共建协议，创设大中小幼思政课一体化建设联盟，建立"手拉手"集体备课会制度。

二、严明底线，制定《思政课教学基本要求》

依据教育部印发的《新时代高校思想政治理论课教学工作基本要求》（教社科〔2018〕2号），为切实贯彻中共中央办公厅、国务院办公厅印发的《关于深化新时代学校思想政治理论课改革创新的若干意见》的有关规定，学校出台《南开大学马克思主义学院思想政治理论课教学工作基本要求》（以下简称《基本要求》）。

《基本要求》明确要严肃课堂教学纪律和改进完善考核方式。课堂纪律方面，思想政治理论课教师在课堂教学中要始终坚持马克思主义立场观点方法，在政治立场、政治方向、政治原则、政治道路上同以习近平同志为核心的党中央保持高度一致，坚定不移维护党中央权威和集中统一领导。在考核方式上，教师要进一步加强课堂教学秩序管理，确保学生到课率，为高质量开展教学提供保障。避免教学事故，把课堂教学纪律的要求落到实处。各门课程均须先学后考，不得以考代学。要采取多种方式综合考核学生对所学内容的理解和实际运用，注重考查学生运用马克思主义立场观点方法分析、解决问题的能力，力求全面、客观反映学生的马克思主义理论素养和思想道德品质。坚持闭卷统一考试为主，与开放式个性化考核相结合，注重过程考核，合理设置平时成绩比例。

三、夯实基础，印发《南开大学马克思主义学院关于加强基层教学组织建设的实施意见》

为深入贯彻习近平总书记关于教育的重要论述和全国教育大会精神，落实新时代全国高等学校本科教育工作会议要求，全面贯彻中共中央办公厅、国务院办公厅印发的《关于深化新时代学校思想政治理论课改革创新的若干意见》的精神，更好地发挥基层教学组织在立德树人、人才培养和教学研究等工作中的重要作用，根据加强学院基层教学组织建设的现实需要，2020年3月出台《南开大学马克思主义学院关于加强基层教学组织建设的实施意见》，旨在进一步完善和规范马克思主义学院基层教学组织的建设与管理，牢固确立教学工作在高等学校人才培养中的中心地位，进一步完善教学管理体制，切实调动教师教育教学积极性，形成良好的教学文化氛围。

学院现有的基层教学组织包括8个教学机构、4个研究机构。8个教学机构为：本科教学部、研究生思想政治理论课教研室、马克思主义基本原理概论教研室、中国近现代史纲要教研室、毛泽东思想与中国特色社会主义理论体系概论教研室、思想道德修养与法律基础教研室、习近平新时代中国特色社会主义思想概论教研室、形势与政策教研室；4个研究机构为：马克思主义基础理论研究部、马克思主义中国化研究部、思想政治教育研究部和国外马克思主义研究中心，统筹负责学院9个二级学科的发展。各教学组织依据学科建设特点、人才培养目标、专业建设方向、课程体系和育人要求，可灵活设置组建其他形式的基层教学组织，如课程组、教学团队、研究团队或实践教学团队等。学院支持组建校企、校地、校校联合的协同育人中心，打造校内外老中青结合的高水平教学创新团队。

教学本是一门学术，内在地要求学术化研究。教学的学术性决定了教师的教学过程需要同行合作的支持，需要教师之间形成相互促进的教师教学共同体——基层教学组织，其基本功能有三：第一，教学行为集体化，对于课程和课程体系建设是集体智慧的结晶。避免个人化，一个人的行为影响一个专业，影响几届学生。第二，使教学文化系统化、多维度化，使教学研究成为教学的传统。第三，使教学有良好的传承，经过多年的积累形成具有学校自身特点的教学特点并能良好传承。

基层教学组织应以教学质量提升为目标，加强课堂教学与课外实践等教学内容、教学方式、教学手段的改革，引导教师将更多精力投入教学改革、课程建设等研究之中。加大课程思政的教学改革力度；推进信息技术与教育教学的深度融合，探索慕课教学、线上线下混合式教学、翻转课堂等新型教学模式；加强虚拟仿真课程、创新创业课程、社会实践课程的建设以及实验实训实习指导；推进过程化考核与多元化考核评价改革；指导教师申报各级各类教学研究项目，推动教师运用教育理论研究并指导教学实践，组织教学工作交流与总结等。

学校重视教学经验的传承和教学团队教学组织建设。依托天津市高校思想政治理论课名师工作室和天津市马克思主义基本原理概论协同创新中心，以老带新，开展马克思主义基本原理概论、习近平新时代中国特色社会主义思想概论课程观摩活动，召开马克思主义基本原理有效教学工作坊系列研讨会，开展17场思政课教师"培根铸魂、立公增能"系列活动，开设两轮教学与科研工作能力训练营，举办3场青年教师教学技能竞赛，评比推选优秀教师参加国家及省部级比赛，获首届全国思政课教学比赛一等奖1项、二等奖1项，天津市高校思政"精彩一课"视频公开课大赛二等奖1项、三等奖1项。同时，学校支持思政课教师开展广泛、深刻的社会实践及调研。学校多种举措同步并举，充分调动全体教职工的工作积极性，提升思政课教师教学能力和教学水平。

四、倡行教学学术化研究，助力教学科研协同发展

学校倡行教学学术化研究，鼓励思政课教师围绕马克思主义理论一级学科所属相应二级学科开展科学研究，鼓励学科交叉，凝练形成与所教思政课程紧密相关的科研方向，深入研究思政课程教学重点、难点问题和教学方法改革创新。学校支持思政课教师将研究成果作为重要教学资源，有机融入课堂教学，并进一步完善思想政治理论课教师科研评价机制，将科研成果在教学中的转化情况作为重要考核指标。2019年思政课教师获国家社科基金高校思政课专项1项，完成8项市教委习近平新时代中国特色社会主义思想示范课的结项工作，其中2项获评优秀。

学校积极推动校内学科人才力量整合，探索以学科群方式推动马克思主义理论学科和其他人文社会科学互动发展模式。学校与中国社科院联合成立"21世纪

马克思主义研究院"，聘任王伟光担任院长，打造学科龙头。通过高端平台建设为思政课教学和研究的质量提升发挥强有力的支撑作用。学校在马院整合重组设立马克思主义基础理论、马克思主义中国化和思想政治教育3个研究部，建立国外马克思主义研究中心，健全学科管理体系；出台《二级学科团队建设支持计划》，凝练学科重点发展方向。对全院教师具体归属的二级学科进行梳理，明确各二级学科负责人职责并在团队建设、科研攻关、学术交流等方面充分授权；积极推动二级学科的校际交流和协同创新，与中国社科院大学、广西大学马克思主义学院等单位达成合作共建协议；与中国政法大学等校开展了"马克思主义与全面依法治国"协同创新中心的合作研究。2019年2月，学校获批"全国高校思想政治理论课马克思主义基本原理概论国家教材建设研究基地"。依托教材基地，打造一支专业化教材建设研究队伍，搭建一个高端教材建设研究平台，建立教材建设与使用专门数据库，搭建教材建设研究高端交流平台，全方位助力思政课教学质量的提升。

五、筹谋思政课改革创新，打造"师生四同"育人品牌

落实习近平总书记关于增强思政课的思想性、理论性和亲和力、针对性的要求，学校深入开展师生"同学、同研、同行、同讲"，打造"师生四同"育人模式成为品牌成果。师生结对读原著、悟原理，"同学、同研"加深对马克思主义基础理论的理解；思政课教师指导学生实践团队，"同行、同讲"加深学生对国情民情党情的了解，实践成果融入课堂教学拉近师生距离；选派得力教师指导红色记忆宣讲团、新觉悟社等学生理论社团，充分发挥社团对思政课的延伸和促进作用。"四同"育人模式激发师生双方面积极性，已成为南开思政课特色。设立思政课实践教学实验中心，深化新时代高校思政课改革创新，探索实践教学融合思政教育的新方式。

南开思政课改革创新得到全国同行的关注。近年来，学校接待来自京沪渝粤桂等十余个省（区、市）的高校交流学习马克思主义理论学科建设和思政课教学经验。2019年，深化新时代学校思想政治理论课改革创新现场推进会在我校召开，马院师生为与会领导、专家学者进行了各具特色的现场教学展示，"师生四同"育人模式及成果获得高度肯定。学生连续三年在全国大学生讲思政课公开赛

获得一等奖，思政课改革创新和"师生四同"育人模式获得央视新闻联播、"焦点访谈"和《人民日报》《光明日报》《中国教育报》等中央媒体的关注，相继对我校思政课改革创新进行深度报道。

讲好"抗疫"思政课　坚守育人主阵地①

在当前举国上下正在进行的抗击新冠肺炎疫情生死大战中，涌现了许多迎险而上、舍小家为大家的英雄壮举；这场大考也带给我们关于生命健康、公民道德、科学精神、国家治理体系等许多问题的思考，为我们开展青年大学生思想政治教育提供了丰富鲜活感人的素材。习近平总书记在中央政治局常委会会议研究应对新型冠状病毒肺炎疫情工作时指出，要"生动讲述防疫抗疫一线的感人事迹"，"讲好中国抗击疫情故事"。如何积极把灾难当教材，将这些"抗疫"故事引入当下思政课教学，加强青年大学生的生命健康教育、信念教育、科学教育、道德教育，注入立德树人的"精神疫苗"，是思政课教学的一个重要课题。②

一、让思政小课堂与社会大课堂同频共振

"因事而化、云端课堂、精品网课、书信勉励……"在这场疫情防控的人民战争、总体战、阻击战中，思政课教师应上好爱国主义的大课，上好敬畏生命的大课，上好社会责任的大课，上好规则意识的大课，上好爱与感恩的大课，让思政小课堂与社会大课堂同频共振。③

疫情防控，思想政治教育和宣传工作首当其冲。一场突如其来的新冠肺炎疫情肆虐神州大地。这场举国上下守望相助的疫情防控人民战争，对青年大学生来

---

① 本文来源南开大学团委《"青"力战"役"》书籍中"青春之思"篇章关于疫情期间网络思政教学的经验总结。作者为叶冬娜，南开大学马克思主义学院讲师，教育部"高校思想政治理论课马克思主义基本原理概论教材研究基地"和天津市高校习近平新时代中国特色社会主义思想研究联盟特邀研究员。

② 洪晓楠. 向世界讲好中国抗击疫情故事[J]. 红旗文稿. 2020(6).

③ 云端课堂 精品网课：用战疫素材讲好思政课[EB/OL].https://sx.sina.cn/news/xian/2020-03-02/detail-iimxx-stf5647550.d.html，访问时间：2020年2月9日.

说，既是一本厚重的实践教材，又是一堂鲜活的、深刻的、现实的人生大课。作为一名思政课青年教师，更要善于把握教育契机，及时将党中央重大决策部署以及抗击疫情中的感人事例、先进人物作为教育教学案例融入思政课教学中，讲好中国抗击疫情故事，教育引导学生增强"四个意识"、坚定"四个自信"。

思政课教师有效讲好抗疫故事，要善于挖掘抗疫工作中的感人动心事迹，将思政小课堂同疫情大战场有机结合起来，将知识传授、价值塑造同抗疫实战紧密结合起来。比如，在医务人员义无反顾冲在防控一线中凸显理想信念的重要性。在"抗疫"这本无字之书中，我们看到了党和国家的全面部署和高效安排，看到了基层党组织和广大党员立足本职、带头奉献，感受到了党坚持以人民为中心、人民至上的政治立场。"以人民为中心"不是空洞的口号。在疫情防控阻击战中，习近平总书记强调"要把人民群众生命安全和身体健康放在第一位"。疫情发生以来，各级财政安排疫情防控补助资金，全力以赴救治，坚决做到应收尽收、应治尽治、免费救治，加快筛选研发药物，加强水电气热等城市"生命线"维护、公开透明回应群众关切、提高人民群众自我防护能力……这一系列的措施，是我们党在新时代践行全心全意为人民服务宗旨、坚持人民立场的现实展现。每个人都要有民族观和大局观。有一种关怀叫同舟共济，有一种团结叫众志成城。

在网络教学中，思政课教师需要引入这些现实生动的抗疫故事、结合疫情防控的教学话题，教育引导每一位南开大学学生都要深思，在这次"抗疫"思政课当中，"总书记讲了什么""我们做了什么、被什么感动"，作为一名青年思政课教师，需要引领学生深刻理解抗击新冠肺炎疫情的中国实力、中国制度、中国力量，深入体会总书记话语中的为民情怀、领袖担当；通过讲述国家战"疫"决策部署，为学生解读抗击疫情的中国速度、中国创举及其背后的政治优势、人民力量、硬核科技；结合疫情防控，教育引导学生深入思考当代青年的使命与担当的时代责任问题，引导学生参与疫情防控思政大课的课后在线讨论。南开大学青年学生纷纷发言。芮肇阳同学说："青年人的担当，从来镌刻在骨子里，爱国不是口号，而是我们国家和民族的历史传承。历史的接续和传承，就是一代代的使命和责任的接力。从武汉到全国，从医院到社区，从城市到农村，青年人的身影，已然显现。民族大义，青年人会用自身行动践行，青春中的破茧成蝶，便是胸有大志、心有大我、肩有大任而行有大德。"刘雨彤同学说："爱国是最大的责任担当。我们看到了曾经在爸爸妈妈身边撒娇的年轻一辈，在防疫战役打响的那一刻，一夜之间长大成人。他们离开温暖的巢穴，奔赴抗疫前线。我们也看到了在大我面前暂弃小我的所有值得敬佩的人们。不同的战场，有着同样的家国情怀。这是一场没有硝烟，没有流血，但却有那么多人直面死亡的战争，因为科研人员的不懈努力，因为前线医护人员的无私奉献，胜利将至，春天一定会到来。"

二、以"疫"为"材"，引导学生深入反思

多难兴邦，"没有哪一次巨大的历史灾难不是以历史的进步为补偿的"。灾难导致灾害性的后果，但它同时又赋予人类以积极的意义。当下国人正在亲历的这一切，是一本厚重的思政课实践教科书，作为一名思政课青年教师更应结合自身专业特点，在教学中大力挖掘战"疫"的思想政治教育元素，并把它作为弥足珍贵的精神资源，引导学生深入反思。

在笔者所进行的《马克思主义基本原理概论》课程中，结合教材相关内容与笔者自身的专业，融入习近平生态文明思想，引导学生从人和自然关系的生态伦理角度对于疫情进行深入反思。刘伟杰同学说："马克思讲述了关于人与自然的思想。自然是生命之母，人与自然是生命共同体，人类必须敬畏自然，尊重自然，顺应自然，保护自然。所以人类要保护野生动物，实现与动物良好的共存。同时我们应该充分发挥主观能动性，增强信心。助疫情能够早日结束。武汉加油!中国加油!!"的确，新冠肺炎疫情的发生在某种程度上预示了人类被疾病困扰的现实处境，同时也在另一个方面带给人类深深的思考，提醒我们必须反思人类的生存方式，真正明了维系人与自然和谐共生关系的重要性。这次大规模疫情的发生，从表面上看是一个认识的问题、社会治理的问题，而在深层次上则是一个生态观念的问题。疫情终会过去，但当代青年大学生应当深化对习近平生态文明思想的认识。作为南开大学马克思主义学院2018级本科生学术导师，笔者线上指导学生撰写南开大学青年课外理论研究立项申报书：《疫情防控视角下新时代青年生态文明意识培育研究——以南开大学为例》，结合疫情背景与习近平生态文明思想探究如何培育当代青年的生态文明意识和责任意识，引导青年大学生树立保护生态环境、倡导绿色生活的意识和责任。

新型冠状病毒肺炎疫情在武汉突发的真实原因目前虽然还在探究之中，尽管人类还没有完全掌握野生动物在传播疾病方面的内在机理和基本规律，对这种病

毒的研究还很有局限性，还没有最为科学有效的预防措施，然而，许多野生动物携带诸多病毒、寄生虫等，是已被科学证实了的客观事实。比如，蝙蝠身上携带的病毒竟然高达4100多种，其中冠状病毒就达500多种。对人类健康造成较大影响的SARS病毒、MERS（中东呼吸窘迫综合征）病毒、埃博拉病毒、尼帕病毒等都属于冠状病毒，且自然界原宿主都可能是蝙蝠。据不完全统计，现已发现的由各种病原体引起的人兽共患病有200多种，较重要的有89种。事实充分证明，食用野生动物不但不能给人类带来特殊滋补，也根本不是人类所追求的满足"口腹之欲"的高档生活享受。相反，人与动物携带的病毒之间接触机会的增加，打乱了长期形成的人与自然和谐共生的协调平衡关系，给人类带来了难以对付的疾病和空前灾难！这可以说是人类不善待野生动物的后果。对待不同类，我们应该强调"人与自然是生命共同体"。从深层次看，人类生存于同一个地球，人类赖以生存的地球只有一个！破坏了人与自然的平衡，人类及不同群体的生存就会发生危机与遭遇困境。近30年来全世界出现了40多种新发传染病，鼠疫、霍乱、流感、肺结核等老牌传染病仍在全世界流行，而SARS、禽流感、甲型H1N1流感，包括现在流行的新冠肺炎等新发传染病不断出现。尽管每种传染病的病原体、发病机制、传播途径等不尽相同，但它们的发生都与生态环境的不断恶化有着很强的关联。长期以来，人类一直以为自己是自然界的主宰，把自然工具化，不断地榨取自然，食用野生动物，使野生自然圈病毒不断进入人类社会。为了人类社会的公共健康，为了生态系统的平衡，我们必须重新思考与自然的伦理关系。因此，以"疫"为"材"，积极引导青年大学生深入学习和领会习近平新时代中国特色社会主义思想，探究、反思新冠肺炎疫情，是有着积极的理论和现实意义。①

三、探索网络教学的多元方式，传播好"抗疫"故事

疫情突如其来且来势汹汹，使思政课教学面临大考。如何实现由传统"面对面"向"键对键"的教学方式转变且完成既定教学目标，挑战前所未有。网络教学强调主动、合作、探究性的学习方式，以此来培养提升大学生掌握主动学习的能力，促进大学生的自我构建。但在倡导学习方式转变的同时，对有意义的接受性学习也不应当完全排除，因为有些教学内容需要教师进行解释，这比让学生去

① 马连湘.抗疫对高校人才培养的三重启示[N].中国教育报.2020年04月20日.

重新发现和探究更有效果。选择恰当的教学方法，基于教学过程的五要素，即教学目标、教学对象、教学内容、教师自身素质水平、教学环境与条件入手，促进大学生更好地学习知识，提高教学效率。这也是教师在教学过程中选择恰当教学方法的依据。

"O-AMAS"教学模型是南开大学有效教学团队于2017年自主研发的以结果为导向的有效教学模型。自2017年以来，O-AMAS有效教学模型在南开大学各专业各类型课堂教学逐步推进使用。①2018年，基于O-AMAS有效教学模型的"有效教学之旅"在全国高校教师网络培训中心新教师培训项目模块上线，向全国推广。2019年，基于O-AMAS有效教学模型的有效教学提升项目被列入南开大学"教学40条"。基于O-AMAS的智慧教学理念不仅关注大学生的学习形式，同时更加关注大学生学习意义和学习目标的达成。为了更好地利用O-AMAS大授小讨教学理念下的在线教学，教师要能从更高的战略高度根据课程性质、目的和不同章节的教学内容特点，灵活选取比较适合翻转课堂的在线教学内容，教师可以通过雨课堂等线上教学的软件随时采集学生课前—课中—课后的学习行为信息，课前掌握学生需要的教学数据，课中实时动态了解学生学习状态的数据，课后采集学生对课上知识掌握情况的数据。教师可以根据采集的数据重新设计课堂教学方案，形成开放动态且灵活的智慧教学模式。笔者基于O-AMAS的大授小讨课堂教学改革，以《马克思主义基本原理概论》课的线上教学为例，将"有效教学"分为"教的有效性"和"学的有效性"，结合"Student Performance Levels""Cone of Learning""Bloom's Taxonomy"②等模型进行探索，并着眼于教学及学生学习的不同阶段，探索主动学习和被动学习、深度学习和浅度学习之间的关系，提出要综合各种教学设计，尊重学生的个体学习，唤醒旧知，启迪新知；难点是如何引导学生外化表达与反思，关键点在于教师也要在此过程中进行教学反思，以此达到"教与学的双重有效性"。

作为《马克思主义基本原理概论》课思政教师，要想把双智慧教学理念充分运用到"原理课"的教学中，需要做到：第一，要在充分了解学生掌握知识基础

---

① 林栋、韦承金等．"南开40条"发布提升一流本科教育质量[EB/OL].http://news.nankai.edu.cn/nkyw/system/2019/05/21/000452614.shtml，访问时间：2020年2月9日．

② 张振华等.高校思想政治理论课实践教学的心理作用机制探析——以"观、听、访、演、帮、思"实践教学链为例[J].思想教育研究，2018（12）：81-86.

上，根据不同章节灵活采用传统教学和翻转课堂的有机结合，准确把握每节不同内容课堂教学的重点、难点和目标，做一个能展现逻辑思维和创新能力的智慧型教师。只有具备这方面的能力，才能精心撰写体现创新思维能力培养的微课堂教学设计方案，制作短小精悍的微课堂视频，有效地设计学习任务和目标及提高学生创新思维和逻辑能力的思考题或测试题，将翻转课堂教学所需的课件PPT、微课堂视频、教学设计方案、测试题、相关扩展等学习资料发布在"原理课"学习微信群或QQ群互联网平台。当然，微课堂视频制作和教学设计方案是课前教师准备的最关键环节，这两项准备的好坏将对智慧理念下的翻转课堂教学的实效性起到至关重要的作用。第二，教师要根据在线班级的人数，结合学生性格、学生学习水平及语言表达能力对学生合理分组，每组人数宜为3～5人，以便在课中更好实施组内、组组之间的生生及师生的合作探究、相互讨论、交流和解答。第三，教师要课前在线了解学生学习情况并进行必要的答疑和交流，总结学生学习中的共性问题及个性问题，提前准备突出本节内容重点和难点知识的测试题或思考题，以便掌握学生获取知识和创新能力的培养情况。学生课前自主学习准备。学习能力和创新能力的提高，最主要还要靠学生的主观能动性和锲而不舍的钻劲，学生主动学习永远是学生学习能力提高的内因，教师和环境是外因，外因只能对内因起到促进作用，但内因永远是提高学生学习能力和创新能力的关键。因此，当学生在网上获得老师发放的相关学习资料后，学生要积极主动合理安排时间，提前按照学习任务单，自由控制学习进度，消化学习新知识的重点和难点，自主学习后完成学习任务中布置的思考题或练习题，并将学习中遇到的难点和理解不透的知识点记录下来，做好在课堂上师生、生生之间的互动交流准备。这个环节学生的自主学习准备也是提高智慧理念下翻转课堂教学实效的基本前提和重要条件。

作为思政课教师，我们应当积极引导学生思考、讨论，甚至亲手制作上传以"抗击疫情，弘扬民族精神"为主题的热点PPT，要求学生利用网络选取相应素材，课件要体现以习近平同志为核心的党中央关于疫情防控工作的系列重要指示，彰显社会主义国家"集中力量办大事"的制度优势和"四个自信"；反映湖北、浙江等省的疫情防控措施，比较各省政策措施所反映出来的政府治理能力和治理体系现代化建设状况；介绍全国人民众志成城抗击疫情事迹，体现爱国主义民族精神等内容。另外，以95后、00后为代表的本科生群体，是互联网时代的

"原住民"，熟悉各种网络空间的运作方式，以及各种前沿的资源和工具。我们大可以向学生积极咨询和请教——比如，"我们之前在教学中的这种环节，现在要线上做，你们是否有什么软件工具可以推荐？""我们要对这些主题和内容进行讨论，你们觉得什么样的线上讨论形式会让你们投入度更高？"以笔者此前开展的课程为例，不少发挥了重要作用的工具——如动态二维码签到、线上文档实时协作、云盘收、交大体量作业等——都是通过学生推荐或是教师挖掘师生共同实操完善的过程而得以实现。在线上教学的过程中，尤其可以更多发挥学生群体的智慧和贡献。

思政课作用不可替代，思政课教师队伍责任重大。在疫情面前，以课堂为战场的思政课教师要在大战中践行初心使命，在大考中交出合格答卷，主动思考将"疫情防控"转化为"思政金课"的方法、路径与载体，在课堂教学中传递坚定信心、讲述感人故事、迸发理论力量，引导青年大学生在关注现实中与祖国共同成长，主动用双脚丈量新时代的中国大地。新时代中国青年要担当时代责任。时代责任是历史的，也是具体的。担负起当代青年大学生的时代责任，当前就是要扛起战胜新冠肺炎疫情的责任。作为思政课青年教师，我们要带头引导学生深入学习贯彻习近平总书记的重要指示精神和党中央的决策部署，积极做"坚定信心、同舟共济、科学防治、精准施策"防控政策的宣传者和践行者。

"历史是最好的教科书"

——厚植"中国近现代史纲要"课思政育人功能①

2019年3月18日，习近平总书记在主持召开的学校思想政治理论课教师座谈会上的重要讲话中，明确提出办好思政课要坚持"八个统一"，并对思政课教师提出了"六个方面"的殷切期望与具体要求②。为落实好总书记的重要讲话精神，一年来，南开大学马克思主义学院中国近现代史纲要课（以下简称"纲要"课）教研室老师在深入系统学习、认真体会总书记关于历史、党史、新中国史等的重要讲话精神基础上，努力将习近平新时代中国特色社会主义思想融入教学之中。

第一，习近平新时代中国特色社会主义思想对我们提升马克思主义理论水平，厚植"中国近现代史纲要"课的思政育人功能具有重要意义。

做好自身定位，是"纲要"课教师落实好总书记精神、讲好思政课的首要环节。2013年，习近平总书记在中共中央政治局第七次集体学习时指出："历史是最好的教科书。学习党史、国史，是坚持和发展中国特色社会主义、把党和国家各项事业继续推向前进的必修课。这门功课不仅必修，而且必须修好。"③习近平总书记还曾强调："要了解我们党和国家事业的来龙去脉，汲取我们党和国家的历史经验，正确了解党和国家历史上的重大事件和重要人物。这对正确认识党情、

---

① 作者为姬丽萍，南开大学马克思主义学院教授，南开大学马克思主义学院中国近现代史纲要教研室主任。

② 习近平：《思政课是落实立德树人根本任务的关键课程》（2019年3月18日），《求是》2020年第17期。

③ 习近平：《在十八届中央政治局第七次集体学习时的讲话》（2013年6月25日），《人民日报》2013年6月27日，第1版。

国情十分必要，对未来也十分必要。"①习近平总书记关于历史、党史、国史等的重要讲话，明确指明了开设"纲要"课不可或缺的历史教育功能，使我们清醒地认识到，"纲要"课不是以单纯传授系统的中国近现代历史知识为目标，而是以此为基础，讲清楚历史和人民选择马克思主义指导、选择中国共产党领导、走社会主义道路、进行改革开放的历史过程与内在规律，进而服务于培育合格的社会主义的建设者和接班人。

有了清晰的自身定位，南开大学"纲要"课教研室围绕教学目标，主动开展专题化教学改革，在全国高校中率先将习近平新时代中国特色社会主义思想融入教学之中，形成了"纲要"课专题化教学的14讲"南开方案"，在全国产生积极影响。2018年，在天津市教委组织的习近平新时代中国特色社会主义思想进教材、进课堂、进头脑工作中，南开"纲要"课教研室三位教师作为主要成员参加了《中国近现代史纲要》课指导方案的编写工作；一位教师参与了教育部"纲要"课教学指导委员会主持的"中国近现代史纲要"专题化教案编写工作；2019年，三位教师参与了中宣部、教育部主持的"中国近现代史纲要"课教学辅导用书的编写工作。此外，"纲要"课多位教师在全国和天津市多所高校对"纲要"课骨干教师进行了专题培训，并应学校、机关、企事业单位的要求，为各级干部做了上百场关于习近平新时代中国特色社会主义思想和党史、国史的讲座和辅导学习。

第二，为落实好习近平新时代中国特色社会主义思想政治理论课教师座谈会重要讲话精神，南开"纲要"课教研室教师积极开展定期集体备课，集体攻关教学研究课题，并积极参加校内外的学术和教学研讨会。

"纲要"教研室集体申报了天津市高校习近平新时代中国特色社会主义思想研究联盟课题，即"习近平新时代中国特色社会主义思想融入'纲要'课教学体系研究"，编写了《习近平新时代中国特色社会主义思想融入纲要课教学指导方案》，并及时运用到教学中。

2019年3月1日，受天津市教委学生思想教育与管理处委托，"纲要"教研室举办了"中国近现代史纲要"课教学体系创新推广研讨会，会议由天津市高校思政课教学改革成果推广项目姬丽萍课题组、教育部示范马克思主义学院和优秀教学

---

① 习近平：《在中央党校建校80周年庆祝大会暨2013年春季学期开学典礼上的讲话》（2013年3月1日），《人民日报》2013年3月3日，第1版。

科研团队建设重点项目纪亚光课题组承办。会议主题是加强习近平新时代中国特色社会主义思想"三进"、深化"中国近现代史纲要"课教学改革。天津市高校"纲要"课骨干教师，南开大学马克思主义学院部分师生参加了本次研讨会，会议取得了良好的效果。

2019年4月20日，"纲要"教研室部分教师参加了由南开大学、兰州大学、厦门大学、四川大学四校马克思主义学院共同发起的"第四届'中国近现代史纲要'课四校联动备课会"，会议主题是学习贯彻落实学校思想政治理论课教师座谈会精神。会上，纪亚光做了题为《"内""外"结合——落实思政课"八个统一"要求》的报告，姬丽萍介绍了南开大学"纲要"课建设情况并提出"纲要"课教学与学术研究良性互动的一些看法，刘银萍副教授做了《历史纪录片在"纲要"课教学中的运用》的经验分享。

2019年6月30日，为贯彻落实"不忘初心、牢记使命"主题教育活动，深入认识中国共产党为人民谋幸福、为民族谋复兴的初心与使命，培养担当民族复兴大任的时代新人，天津市高校习近平新时代中国特色社会主义思想研究联盟、教育部示范马院和优秀团队建设重点项目课题组举办了"中国共产党人的初心与使命"学术研讨会暨"中国近现代史纲要"集体备课会。南开大学中共延安五老研究中心主任谢飘及来自全国15所高校的50余名师生参加了会议。

教育部令第46号《新时代高等学校思想政治理论课教师队伍建设规定》下发后，按照上级部门的要求，"纲要"教研室全体教师通过网络共同学习了文件内容，并联系教研室自身建设和个人教学科研实际，进行了深入的讨论，老师们一致认为，"这是一份暖心给力并很有针对性的文件"。2020年3月16日，人民网公开课给予报道。

第三，创新教学方式，围绕中国近现代史纲要课教学目标，形成"学生自学教材+教师课堂专题讲授+慕课在线学习"三位一体的教学模式。

"中国近现代史纲要"不是一门历史专业课，而是以讲授1840年以来中国人民完成两大历史任务、实现中华民族伟大复兴的历史进程为载体，以开展"四个选择"教育、坚定大学生"四个自信"为核心内容的一门思想政治理论课。其主要目的是帮助学生认识近现代中国社会发展和革命、建设、改革的历史进程及其内在规律性，了解国史、国情，深刻领会历史和人民是怎样选择了马克思主义，选择了中国共产党，选择了社会主义道路，选择了改革开放，从而坚定中国特色社会主义的道路自信、理论自信、制度自信、文化自信。

南开大学中国近现代史纲要课程先后入选国家精品课和国家精品资源共享课。其主要特色，是追求研究型教学，将马克思主义最新理论成果和前沿学术研究动态及时体现在教学中，坚持专题教学，在学术的气氛中厚植"中国近现代史纲要"课的思政育人功能。

针对本课程时间跨度长、内容丰富、本校学生基础好等因素，经过"纲要"课教研室老师长期的教学摸索，总结经验，形成了课外学生自学教材、课上教师专题讲授、慕课在线学习的三位一体的教学模式。其基本流程如下：基于本校学生有着良好的知识基础和学习技能，在老师指导下，学生自学教材，以系统了解中国近现代史；老师围绕本课教学目标，设计主题形成专题，集体备课，深入探讨相关问题，同步将马克思主义最新理论成果融入专题，课上向学生讲授；线上慕课教学，是在学院领导指导下教研室老师对教材学习、课堂讲授之外的线上补充学习，丰富了本校学生的学习，也辐射到兄弟院校学生的学习，受到普遍欢迎。在如今疫情汹涌无法课堂授课的情况下，本学期有23000余名兄弟院校学生在线学习了本教研室制作的慕课。

创新发展，是新时代的重要特征，也是将中国特色社会主义事业不断推向未来的动力源泉。我们认为，将习近平总书记重要讲话精神融入"纲要"课的过程，就是围绕更加坚实地落实好"纲要"课教学目标、不断在方式方法上创新的过程。当前，我们站在了新时代中国特色社会主义发展的新起点上，我们要以高度的责任感、使命感，严谨、扎实的科学态度和不断创新发展的进取精神，进一步深入学习习近平新时代中国特色社会主义思想，不断提升自己的马克思主义素养，厚植"中国近现代史纲要"课的思政育人功能，为培养社会主义事业建设者和接班人而努力奋斗。

践行"八个统一"，做好新时代的育人工作

——研究生思政课教师在行动①

2019年3月18日，习近平总书记主持召开学校思想政治理论课教师座谈会并发表重要讲话。习近平总书记强调，"思想政治理论课是落实立德树人根本任务的关键课程"②，目前思政课的主要任务就是要用新时代中国特色社会主义思想铸魂育人，培养社会主义事业接班人。而办好思想政治理论课关键在教师，所以，习近平总书记还对思政课教师提出了"政治要强""情怀要深""思维要新""视野要广""自律要严""人格要正"这六方面的要求，同时还就如何增强思政课的思想性、理论性和亲和力、针对性，从方法论上提出了上好思政课的"八个相统一"，即坚持政治性和学理性相统一、坚持价值性和知识性相统一、坚持建设性和批判性相统一、坚持理论性和实践性相统一、坚持统一性和多样性相统一、坚持主导性和主体性相统一、坚持灌输性和启发性相统一、坚持显性教育和隐性教育相统一。

按照习近平总书记上述讲话的基本精神，结合研究生政治理论课教研室的具体教学工作，我们的教研活动主要体现在以下几个方面。

第一，加强教师个人和集体的理论学习。学生的思想政治教育尽管是个系统工程，但主渠道还是思政课教学。而搞好思政课教学的关键在于思政课教师的能力与水平，而能力与水平则首先在于教师对习近平新时代中国特色社会主义思想的领悟。为此，必须加强理论学习，包括教师的个人学习和集体研讨。除了微信群，教研室还利用支部党课和教研室专题讨论的形式，督促和推动教师深入学

---

① 作者为韦幼苏，南开大学马克思主义学院副教授，南开大学马克思主义学院研究生思想政治理论课教研室主任。

② 习近平主持召开学校思想政治理论课教师座谈会，http://www.gov.cn/xinwen/2019-03/18/content_5374831.htm

习和掌握习近平新时代中国特色社会主义思想，为讲好思政课奠定思想与理论基础。

第二，定期举行教研室的集体备课活动。理论水平的提高固然是讲好思政课的必要基础与前提，此外，还需要揣摩有针对性的教学手段与技巧，以期增强思政课的针对性和亲和力。所以，教研室定期举行形式不拘的集体备课活动，商定教学内容、分享教学课件、交流教学技巧与经验。

第三，要求教师积极开展与教学内容相关的科研工作。好的课堂教学一定是兼具科学性与知识性、思想性与趣味性的，特别是研究生的课堂，尤其不能照本宣科、平铺直叙，而必须有思想的深度和视野的广度。科研工作则是思政课的思想深度和视野广度的支撑。

第四，鼓励教师积极参加社会调研。理论本身是枯燥乏味的，只有与实际相结合，理论才能生动鲜活起来，教师讲解理论才会更有底气与信心。所以，借助学院的支持，教研室鼓励并积极组织教师们走出象牙塔、走向社会，了解我国革命、建设与改革的发展历程与现状，让教师的理论讲述因为有了实践的印证而更加丰满，让学生的自信铸就通过问题的探索变得更加坚定！

第五，支持教师参与和指导学生的社会实践活动。提高思政课教学的针对性、感染力与亲和力，教师不断更新教学内容、完善教学方式、提高教学质量固然是关键，但在社会实践中与学生同行也是一个有益途径。结合学院的"同学、同研、同行、同讲"的育人模式，支持教师参加和指导学生的社会实践，在了解祖国各地的风俗民情、革命传统、发展现状等调研活动中，提高学生运用理论分析问题、解决问题的能力，展示理论的说服力和科学本质，达到坚定学生"四个自信"的教学目的。

第六，组织教师制作本教研室的两门硕士研究生公共政治理论——《马克思主义与社会科学方法论》和《自然辩证法》的慕课视频制作。作为教学形式的创新，线上教学说到底还是为了贴近年青一代喜闻乐见的学习形式，提高学生学习的积极性和主动性。所以，从2019年暑假开始，学院和教研室动员和组织授课教师开始了硕士研究生政治理论课的慕课视频制作工作，预计2021年春季学期可以如期线上运行上述两门课程的慕课教学。

2020年新冠疫情期间《自然辩证法》
线上教学回顾①

从2020年初开始肆虐环球的新冠肺炎极大地影响了这一学年的教学工作。开学伊始，学校根据疫情发展状况决定学生暂缓返校，教学工作改为网上授课的形式。全程网络直播授课对大多数老师来说都是一个新的课题。平时的工作、科研中虽然离不开互联网，也开始在为课程的MOOC做准备，但如何更好地完成直播式的网络教学对笔者来说确实是个挑战。好在现代技术提供了越来越完善的授课平台，腾讯课堂、腾讯会议、智慧树、雨课堂等确实方便了疫情期间的网上授课需求。

学期初，最先要在线上授课的是一个专业硕士的短期班。因为一开始对各种网络平台浑然不熟悉，所以这4次课程笔者选择用微信语音的形式讲授。而微信的每条语音有一分钟的时间限制，所以经常一段话没有讲完时间就到了，这就导致用微信语音讲授的内容断断续续，也导致学生们收听上的困扰。而且这样的方式无法同时共享课件，学生们上课肯定会有很多不便。好在同学们能够克服这些困难，上课的积极性也很高，按时打卡出勤，而且在随后的作业环节很多医学院的学生结合新冠肺炎疫情谈了自己的感受和未来的职业规划，很是感人。

随着越来越多的网络平台被大家所熟知，在后来的各班教学中笔者主要采用了腾讯会议这个平台。因为可以和学生们分享PPT，以及同步得到学生们的反馈，使得后来的教学顺畅了很多。这学期主要讲授的依然是理科研究生的公共课《自然辩证法概论》。今年又恰逢承担和参与了研究生院"课程思政"的课改和自然辩证法概论的MOOC工作，以及今年特殊的网络授课的特点，教学中笔者首先对部分课件进行了修改。一方面使得课件更贴合2018版的新大纲，另一方面也使展

---

① 作者为赵彤，南开大学马克思主义学院副教授。

示在网络上的内容更符合马克思主义思想政治教育课程的教学规范。其次，笔者从"课程思政"的角度强化对这些未来的科学家进行科学伦理意识和科学报国情怀的教育，有意识地把思想政治教育内化于学生们科学观的树立和职业追求，启发他们用科学知识更好地服务社会。此外，笔者还增加了课堂的互动环节。虽然网络授课难以实时检查到每个学生的听课状态，但通过增强课堂提问，可以督促学生把精力更集中在网课中，通过和学生的互动也能够及时了解学生对知识的掌握程度。

在本轮的教学中主要采用的是专题式教学模式。《自然辩证法概论》课程在2013年课改后，教学内容有了较大增加，而教学时数大幅缩小。为了体现"自然辩证法"课程的完整性和实用性，笔者在教学中立足于专题教学，在"自然辩证法"内容体系的每个篇章中至少选择一个主题展开教学，从而既兼顾教材体系的各方面，使学生通过学习对"自然辩证法"课程从整体上有个全面的把握；又通过重点环节，如"科学技术发展模式""创新思维方法"等力图使课程对学生的科研活动有所启发、有所帮助。

在笔者所有的8个教学班中涉及了南开大学诸多的理科专业，在今年的这个特殊时期以及这种前所未有的网上授课方式下，笔者针对不同班级、不同专业的学生提出不同的思考题，在助教的协助下组织学生们展开讨论。比如，针对医学院的同学，给他们布置了新冠疫情下对自己学业、职业的思考类的话题；给物理学院和药学院的同学们提供了现代物理学史的发展案例和屠呦呦研发青蒿素的案例，组织部分学生围绕相应话题和自己学业的发展展开讨论；在环科学院、化学学院的同学中，组织了围绕"塞罕坝精神"谈新时代中国生态文明建设和人工自然观的讨论；也围绕"自然辩证法概论"的课程主题，让同学们就他们科研过程中所使用的科学技术方法展开总结和提升；在计算机、生命科学等前沿学科专业的同学中，针对近年来出现的一些"基因编辑""网络攻击"等技术不道德事件进行了科学技术伦理的讨论。此外，笔者还了解到有部分同学曾经或打算参加暑期的社会实践活动，所以也设计了相应的题目请他们谈谈在社会实践中如何用自己的专业知识更好地服务于社会。

在讨论过程中，学生们通过课下全员参与查找资料、制作课件，然后课堂展示的环节加深了印象，很好地促进了习近平新时代中国特色社会主义科学技术思想进学生头脑。2018版的最新教材还没有出版，但结合习近平新时代中国特色社会主义思想中的科技创新以及创新驱动发展战略是书中必有之意。所以在教材的"马克思主义科学观"和"科学技术与中国现代化"章节中，围绕"习近平新时代中国特色社会主义生态与自然思想"以及"新时代中国科学技术发展"的主题组织学生开展讨论，有助于强化党的科技政策和科学技术发展理论在学生们头脑中的影响，也加深了学生们对中国化马克思主义科学技术理论对我国科学技术发展的重要作用的理解。

通过小组讨论，学生们在对科学技术史的回顾和梳理过程中，深刻地了解到自己的学科（专业）在科学史上的重要地位，也深刻地感悟到科学研究过程的艰辛，更感受到老一代科学家不畏艰苦、勇于奉献和孜孜以求的探索精神。不少同学还从屠呦呦发明青蒿素的事迹中感悟到"民族的也是世界的"，感慨中国传统医药的博大精深。

在科学研究方法论的讨论中，许多同学能够联系"系统科学方法与2020年上半年中国抗击新冠肺炎的多措并举"展开思考，对我国在疫情防控中所取得的成效尤为感慨。同时也加深了对"系统科学方法"和"系统思维方法"的学习体会。还有一些同学在讨论中，结合自己的学院，结合南开在此次新冠肺炎防控过程中的应急攻关展开讨论，用事实和数据让老师和同学了解了南开在防控疫情方面所做的贡献，特别鼓舞人心，也特别增加了同学们爱南开之情。疫情是这一学期始终围绕在学生们身边的现实问题，能够帮助同学们结合自己的专业、结合"自然辩证法"学科内容对新冠肺炎疫情及处置形成正确认识是我们思想政治理论课的职责所在。

在"科学技术与社会"环节的讨论中，有几组学生向大家展示了他们暑期社会实践的切身感受。他们在偏远地区支教，辅导孩子们学习的同时也带去了丰富的资讯，很多人还保持了和当地学生的联系，不时鼓励当地的孩子坚持学习。也有学生谈论自己在家乡帮扶的经历。学生们多接触社会才能更好地把所学服务于社会。更多的同学则围绕一些科技伦理的经典案例展开讨论，纷纷对科学研究过程中的失范事件予以针砭。始终心怀服务社会之心能够更好地促使学生们遵守科学伦理规范。在课程结束之时，笔者的最后一页PPT就是爱因斯坦在《科学的颂歌》中的一段话："为了使你们的工作能够增进人类的幸福，你们只懂得应用科学是不够的。关心人本身及其命运，应当始终成为一切技术上奋斗的目标；关心组织劳动和产品分配这个重大的尚未解决的问题才能保证我们的智慧的产物会促进人类幸福，而不致成为祸害。在你们埋头于图表和方程式中时，千万不要忘记了这一点。"[①]相信他们会在今后的科学研究道路上以史为鉴，走好各自的科研之路。

在这次前所未有的教学模式中特别让笔者感动的是，学生们虽然散在各自家中，但几乎全员参与了讨论环节，他们在课后组成线上小组，分工明确，各司其职，而最后呈现给大家的PPT包含了视频、图片，制作可谓精良。很多同学也在进行小组讨论的时候，表现出了研究生们强烈的问题意识，结合各专业前沿表达了深入钻研的决心，加深了对我国科学技术水平的认知，也立志为中国的科技事业做出自己的贡献。这种课后+课上小组讨论的形式在疫情期间的线上教学中确实能够提高起学生参与教学的活跃度，弥补了部分不能与学生面对面交流的缺憾。

在学期末的一个专硕短期班教学中，笔者尝试采用让学生们随堂写学习心得的形式，让学生们根据每堂的教学内容随时写出听后感想，并把学生每堂课的总结心得汇总和他们的学业成绩结合。通过这样的形式，调动学生上课听课的积极性，也促使学生思考课程内容以及对他们从事科研工作的启发。这样的形式对于及时掌握学生的思想动态也很有帮助，更有助于使"习近平新时代中国特色社会主义科学技术思想"融入学生的头脑。

本轮线上教学，实属非常时期的非常之举，但从总的教学效果来说基本达到了思想政治教育和知识传授的目的，也一定程度上让相关内容入学"心""脑"。学生们始终积极配合线上教学，数据反映出的到课率甚至高于平时。当然，这种全过程的网上教学难免存在一些不足。虽然互联网络和现代技术提供了充足的条件使学生直观地了解课程相关内容，但整个教学过程中确实感觉无法如平时上课一样及时准确地了解学生的上课学习状况和出勤情况，而且有些地处偏远地方的学生会出现网络信号不佳等状况，影响听课效果。

这样一个非同寻常的教学过程随着暑假的到来也画上了句号。这学期无论是对老师还是对学生来说都将是一段难忘的经历，一段非常独特的学习体验。正像学生们所乐观的：科学技术终将改善人类的生活。希望早日研发出新冠病毒疫苗，还教学以正常的秩序。

---

① 　爱因斯坦.爱因斯坦文集 第3卷.许良英等译.北京：商务印书馆1979：73.

南开大学思想政治理论课在2020年
春季疫情线上教学中交出圆满答卷^①

从朔风凛冽到夏日炎炎，从疫情汹汹到全面控制，节换时移，南开大学在6月中旬进入第18个教学周，本学期思想政治理论课的教学工作也随之圆满收官。

本学期南开大学本科阶段开设"马克思主义基本原理概论""毛泽东思想和中国特色社会主义理论体系概论""习近平新时代中国特色社会主义思想概论"和"形势与政策"四门思政课程，马克思主义学院38名教师担负着全校本科3个年级92个教学班共11932名学生四门思政课线上教学工作任务；研究生阶段（硕士、博士）开设"马克思主义与社会科学方法论""自然辩证法概论"以及"中国马克思主义与当代"课程，14名教师担负着全校研究生39个教学班共3841人三门思政课线上教学工作任务。面对繁重的工作量和几乎全新的各种教学平台，取得这样的成绩，来之不易。南开大学马克思主义学院全体思政课教师发挥学院的传统优势，推出线上教学的有力举措，齐心协力，在疫情中推进了思政课教学的创造性发展。以下是2020年春季学期南开马院思政课教学交出的成绩单，这既是对过去的回顾和总结，也是对未来的激励和期许。

一、领导班子齐抓共管，教学团队齐心协力

南开大学思想政治理论课在实践中形成了成熟的"学校——学院——教研室"的逐级部署，统一发力的领导组织模式。

2020年1月25日，《教务处、研究生院关于2020年春季学期教学工作的疫情防

① 作者为薛晓斌，南开大学马克思主义学院副教授；杨冬至，南开大学马克思主义学院2019级硕士研究生。

控预案》下发；2月3日，《南开大学2020年春季学期推迟开学期间本科教学工作方案》出台；2月28日，校党委书记杨庆山来马克思主义学院调研时明确指示，学院教师要在疫情防控期间努力开展好线上教学工作，要关注习近平新时代中国特色社会主义思想概论课程网上教学工作进展情况和学生上课情况。主管思政课教学的王新生副校长也时刻关注着思政课的教学情况。

根据《南开大学2020年春季学期推迟开学期间本科教学工作方案》有关通知和学校教务处工作安排，为保障本科教学工作正常运行，学院坚持"停课不停学、教学不延期、效果不打折"，确保疫情期间在线教学质量，于2020年2月16日成立本科在线教学工作小组，由学院院长刘凤义教授、党委书记付洪教授担任小组组长，教学副院长孙寿涛教授主抓思政课教学，小组成员为思政课各课程教研室主任，工作小组每周召开教学工作网络会议（后期改为现场会议），认真研讨线上教学方案，组织听课督课、资料审查，研究可能出现的问题及应对措施等，并实行周报制度，将相关会议纪要发送学院全体教职工，督促、推动全院教师开好线上课程。根据加强学院基层教学组织建设的现实需要，2020年3月出台《南开大学马克思主义学院关于加强基层教学组织建设的实施意见》，进一步完善和规范了马克思主义学院基层教学组织的建设与管理。

各教研室和教学团队在这个战"疫"的特殊时期发挥了强有力的战斗团队作用。微信群、各种在线会议平台以及电话等，成为疫情期间各教研室团队基本的沟通工具。2020年春季学期延期开学的同时，四门思政慕课（"基础""原理""纲要""概论"）于2月10日在"中国大学MOOC"平台进行新一轮开课，以此确保疫情防控期间师生能够利用优质教学资源开展在线教学与学习。2月17日全校开始线上教学时，思政课教学早做好了非常充分的准备。线上教学开始后，各教研室围绕疫情期间多平台多方式结合授课（慕课+线上直播+录播+讨论）进行了多次集体备课、集体研讨以及教学方法专题交流研讨，总结出了一系列行之有效的综合教学方法，提升了线上思政课的吸引力、亲和力和实效性，保证了教学进度和教学质量。老师们将备课资源、备课心得、授课经验等撰写成文，以"南开思政课教学经验谈系列"，通过"人民网公开课"发布，广受国内同行好评；以"疫情面前，南开思政课教师在行动"为主题，制作了疫情期间"进课堂"活动系列内容，"学习强国"连续推送，产生了良好社会反响。本学期思政课教学中非常有特色的大型教学专题活动《南开思政课堂热议全国大学生同上一堂疫情防控思政大课》（全校师生共同观看视频，各教研室专题学习，各课程教学专题讨论），引发了广大师生的强烈反响，通过该活动引导广大学生增强"四个意识"、坚定"四个自信"、做到"两个维护"，坚定在以习近平同志为核心的党中央坚强领导下打赢这场疫情防控人民战争、总体战、阻击战的信心和决心，引导学生深刻认识到中国抗"疫"彰显的中国共产党领导和中国特色社会主义制度的显著优势。

为深入学习贯彻习近平新时代中国特色社会主义思想，贯彻落实中共中央、国务院《关于全面加强新时代大中小学劳动教育的意见》要求，各教研室以集体备课会或支部会的形式组织研讨活动学习《意见》，并贯彻到教学实践中。5月5日，南开大学马克思主义学院组织了"把劳动教育融入大中小幼思政课教育教学——天津市大中小幼思政课教师'手拉手'集体备课会"（优学院直播课堂平台举行，人民网公开课总监盛卉、南开大学马克思主义学院党委书记付洪、院长刘凤义出席会议，副院长孙寿涛主持，来自甘肃省庄浪县通化镇中心小学以及天津市五所中小学幼儿园的14位教师参会并做主题发言），将劳动教育的精神理念贯彻到大中小幼儿的协同教学实践中。6月24日，南开大学马克思主义学院联合天津市高校习近平新时代中国特色社会主义思想研究联盟开展疫情期间高校思想政治理论课教学经验交流会，在天津全市推动本学期线上教学经验总结交流，合力提升全市思政课教学科研水平，以此作为本学期收官之作。

二、数据的力量：教学调查证明了成绩

南开大学马克思主义学院有教学调查的传统。自开始酝酿建设全国重点马克思主义学院以来，学院持续每年对各门思政课教学状况进行调查。问卷设计、抽样设计与问卷发放，都严格遵循了抽样问卷调查的科学规范。教学调查数据表明，从2015年到2019年，南开思政课教学质量呈现持续不断地进步提升。2020年5月底，为了切实了解疫情期间思政课教学状况，学院组织了春季学期疫情期间思政课线上教学状况调查。本次调查采用多阶段随机抽样方式，抽取本科92个教学班中2809名学生，回收有效问卷2613份，有效回收率超过93%。同时，调查小组还对8位任课教师进行了访谈。以下是这次调查所提供的基本数据状况。

1. 学生对线上教学的评价：高度认可

教师和学生共同构建了有效的教学环境。问卷通过两个多选题收集学生线上

教学环境体验。一个题目是列举线上教学的优点，另一个是列举线上教学遇到的困难。从下图中可以看出：南开的思政课线上教学给学生提供了充分自主的学习环境和丰富多样的学习资源。这是线上教学的两大关键。南开这方面的做法是成功的。同时，学生也反映线上教学没有在学校教室里学习的那种真实感和紧张感、容易开小差、对眼睛伤害大、缺少和老师面对面沟通的机会。这是大规模线上教学，尤其是各种平台不同程度存在各种问题的状况下比较容易出现的问题，也是以后线上教学需要切实提升的方面。

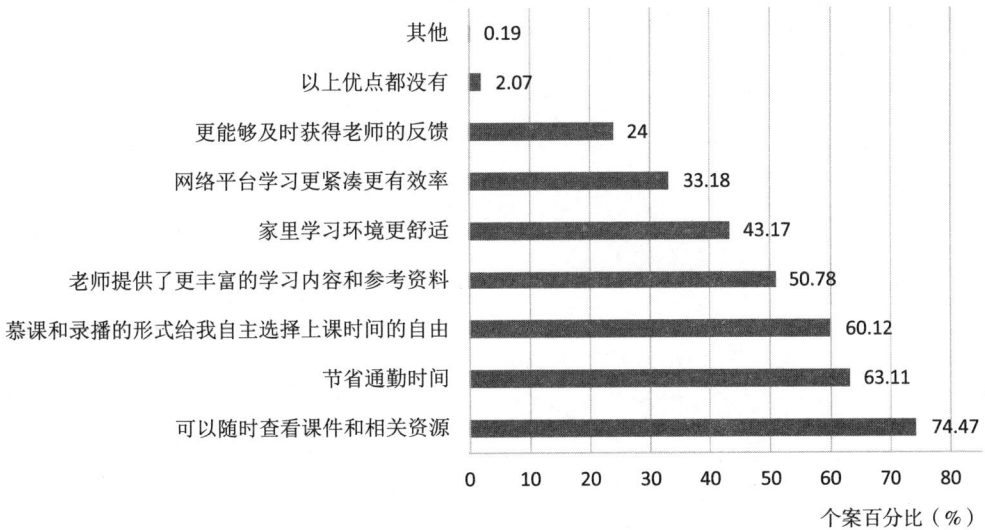

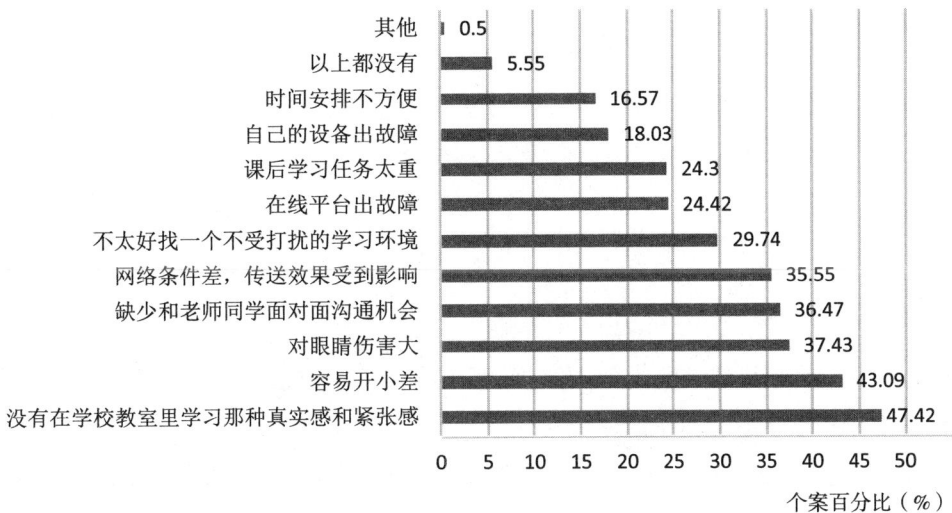

其他 0.19
以上优点都没有 2.07
更能够及时获得老师的反馈 24
网络平台学习更紧凑更有效率 33.18
家里学习环境更舒适 43.17
老师提供了更丰富的学习内容和参考资料 50.78
慕课和录播的形式给我自主选择上课时间的自由 60.12
节省通勤时间 63.11
可以随时查看课件和相关资源 74.47

个案百分比（%）

其他 0.5
以上都没有 5.55
时间安排不方便 16.57
自己的设备出故障 18.03
课后学习任务太重 24.3
在线平台出故障 24.42
不太好找一个不受打扰的学习环境 29.74
网络条件差，传送效果受到影响 35.55
缺少和老师同学面对面沟通机会 36.47
对眼睛伤害大 37.43
容易开小差 43.09
没有在学校教室里学习那种真实感和紧张感 47.42

个案百分比（%）

成绩考核方式获得学生高度认可。分析学生"对考试（考查）方式是否满意""对学业成绩评分结构是否满意"两个问卷题目答案选择分布，可以发现，学生选择"很不满意""不太满意"等负面评价总数分别占5%和3%，这是一个非常低的比例，说明各教研室针对线上教学的考查方式、成绩结构做出的调整受到了学生的普遍认可，这对于顺利完成思政课教学工作非常重要。

项目	很不满意	不太满意	一般	比较满意	非常满意
对考试（考查）方式是否满意	1.2	4.2	28.7	48.3	17.6
对学业成绩评分结构是否满意	0.8	2.2	26.1	54.0	16.8

学生学习内容体验丰富积极。问卷采用五分量表让学生评价"教学内容视野是否广阔""教学内容是否有深度""教学内容是否结合了现实问题""教学内容与自身是否有距离感"以及"教学内容是否有趣"，数据如下图所示，各自平均分是4.1、4.14、4.33、3.84、3.79，这说明学生体验到了高质量的学习内容，为教学效果的达成打下了非常坚实的基础。

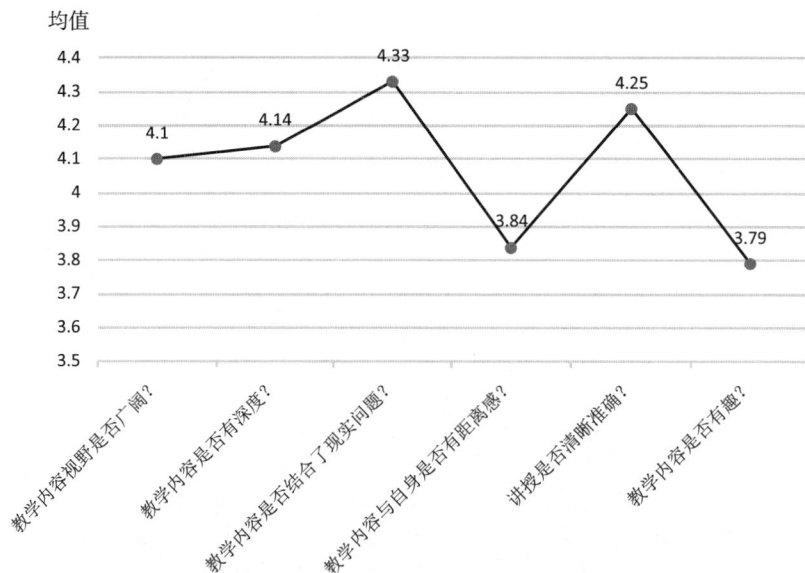

教师的表现得到学生高度评价。问卷针对学生对教师的教学态度、对学生的尊重友善程度、专业水平的评价进行评价，采用五分量表，各自平均分是4.56、4.62、4.53，这是非常高的评分，说明教师的基本素质获得了学生的高度认可。

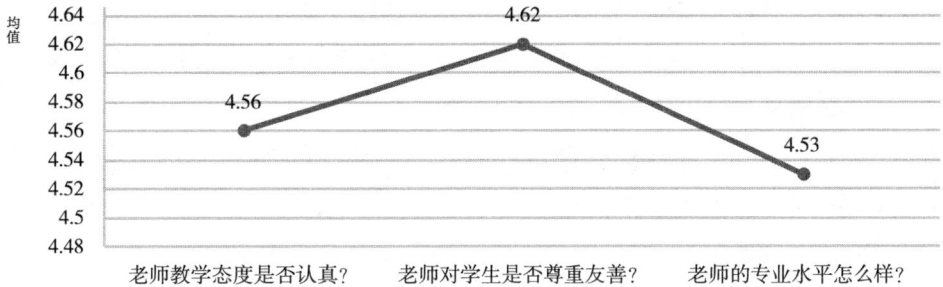

均值

4.64 | 4.62 | 4.6 | 4.58 | 4.56 | 4.54 | 4.52 | 4.5 | 4.48

4.56 老师教学态度是否认真？ 4.62 老师对学生是否尊重友善？ 4.53 老师的专业水平怎么样？

2. 学生的学习过程：充分并且有效

学生的学习动机水平高，理论学习意识强。问卷设计了一个题目测量学生对开设思政课的认同，三个题目测量学生思政课的学习动机水平。下表数据表明，学生对思政课的认同水平高，动机水平强。

项目	有效 N	最小	最大	均值	SD
开设思政理论课重要性评价	2613	1	10	8.00	1.893
思政理论课喜欢或排斥程度	2613	1	5	3.59	.083
学习思政理论课成就感	2613	1	5	3.50	.932
学习思政理论课对自身重要性	2613	1	5	3.97	.856

如下图所示，从学生学习目的来看，提高思想认识水平是学生的最主要目的。同时，半数以上的学生希望有一个好分数。这说明，成就性动机在学生的学习动力中占据主导地位，同时，学习也呈现出一定的竞争性，这进一步表明学生学习动机特点和学习目标定位为思政课教学奠定了非常重要的基础。

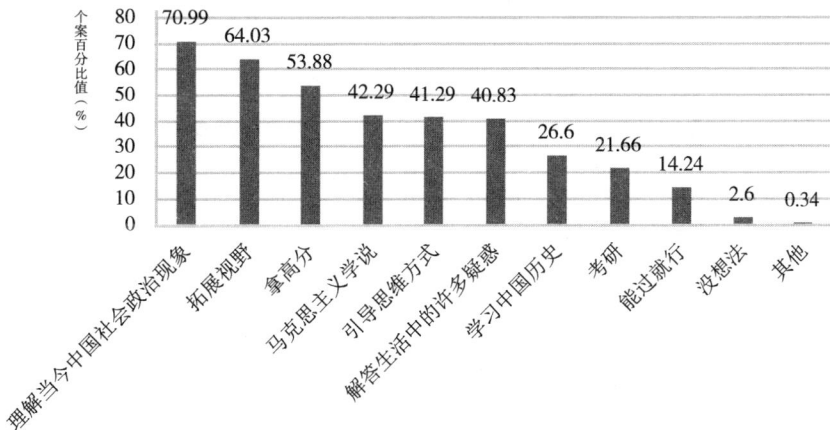

个案百分比值（%）

80 | 70 | 60 | 50 | 40 | 30 | 20 | 10 | 0

70.99 理解当今中国社会政治现象
64.03 拓展视野
53.88 拿高分
42.29 马克思主义学说
41.29 引导思维方式
40.83 解答生活中的许多疑惑
26.6 学习中国历史
21.66 考研
14.24 能过就行
2.6 没想法
0.34 其他

学生学习认真，师生互动充分，在线课堂感染力强。如下一系列图表明，学生按时上线上课、听讲的认真程度以及认真完成作业等指标非常好。同时，可能出乎很多人意料的是，线上教学过程中师生互动非常丰富，学生在课堂中受到了积极的感染和熏陶，得到了老师的充分肯定与鼓励。这说明，疫情期间的在线课堂是互动充分、充满活力的课堂。但值得注意的是，在深度学习方面，思政课在线课堂还大有可为。

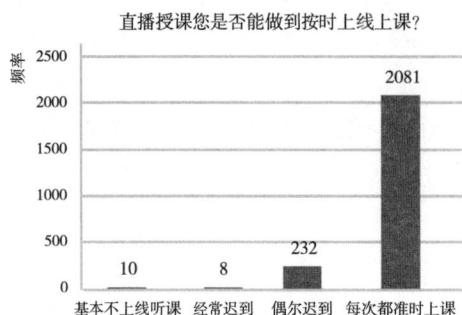

直播授课您是否能做到按时上线上课？

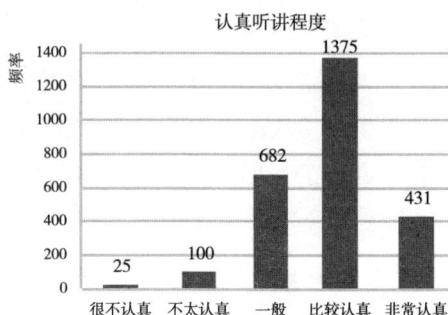

认真听讲程度

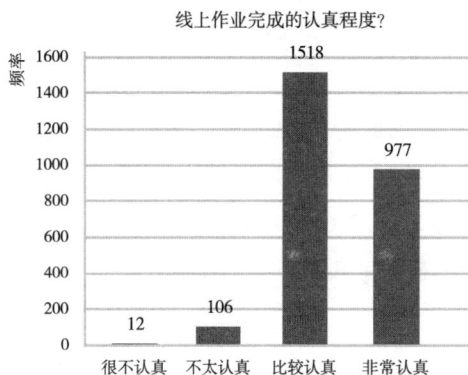

线上作业完成的认真程度？

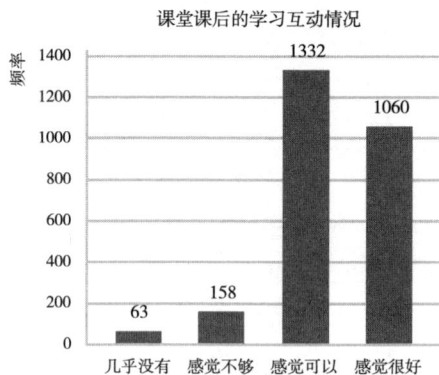

课堂课后的学习互动情况

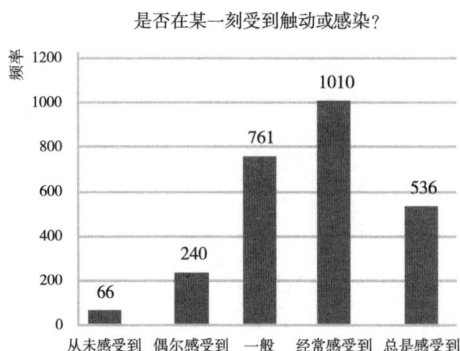

是否在某一刻受到触动或感染？

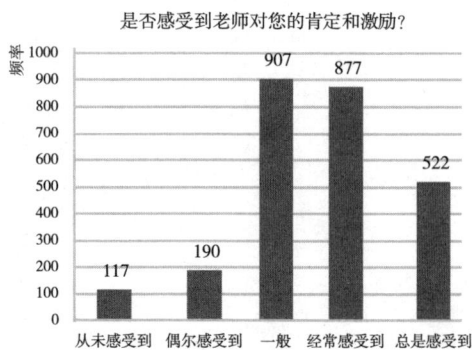

是否感受到老师对您的肯定和激励？

是否有想和老师同学探讨的问题？

频率

- 完全没有：169
- 有，特别少：455
- 有，比较少：1439
- 有，比较多：400
- 有，而且很多：150

是否有发现一些新问题需要搞明白？

频率

- 完全没有：132
- 有，特别少：387
- 有，比较少：1309
- 有，比较多：622
- 有，而且很多：163

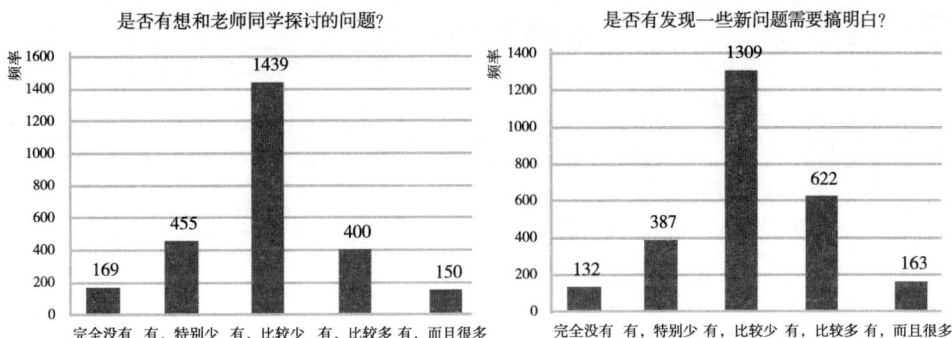

3. 学生的学习收获切实丰富

学生的收获感丰富。对于课程"拓展了思想或视野""引发了对生活的更多感悟""促进了对社会政治问题的思考"等探究学生收获感的问题，学生们给出了积极正向的反馈，五分量表平均分均接近4分或者4分以上。这是一个非常好的收获感分数，为学生思政课学习目标达成奠定了非常重要的基础。

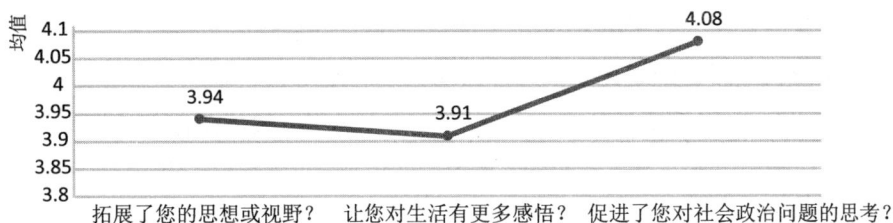

均值

- 拓展了您的思想或视野？：3.94
- 让您对生活有更多感悟？：3.91
- 促进了您对社会政治问题的思考？：4.08

学生的政治理论素养得到提升与巩固。从"我有义务支持现行政治制度""我很自豪生活在现行制度下""社会主义思想观念越多样化就越需要坚持马克思主义"以及"只有坚持中国共产党的领导，中国才能够实现现代化"等观点的态度上（五分量表）可以看出：学生的政治认同感普遍很高，反映出南开大学学生的思想政治导向坚定明确，这在一定程度上反映出思想政治理论课的重要作用。

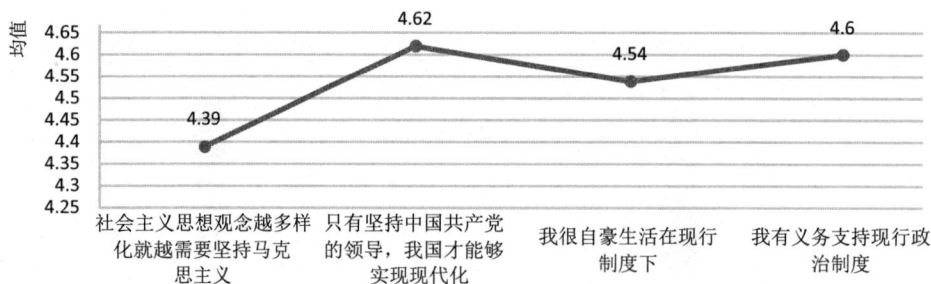

三、攻坚克难，勇于创新——青年教师尽展风采

南开大学马克思主义学院名师辈出。在本学期的思想政治理论课线上教学中，除了中老年教师们兢兢业业，努力克服各种困难讲好每一堂课之外，还涌现出了一批优秀"新青年"教师，他们视野开阔，思维灵活，知识素养好，锐意教学改革，勤于学术研究。面对新形势新挑战，他们坚守初心，不畏困难，倾力打造学生真心喜爱、终身受益的思想政治理论课。

紧扣鲜活素材，提升备课质量。面对举国上下共同经历的新冠肺炎疫情，学院教师将现实生动的抗疫实例与故事引入课程中，以"习近平总书记讲了什么""我们做了什么、被什么感动"等为主题，为学生解读疫情中的中国速度、中国担当、中国情怀及其背后的政治优势与制度优势；同时引导学生结合疫情防控深入思考当代青年的使命与责任，教育南开学子发扬爱国主义的传统和"越难越开"的精神。马克思主义基本原理概论教研室的叶冬娜结合教材相关内容与自身的专业特点，融入习近平生态文明思想，引导学生从人和自然关系的生态伦理角度对于疫情进行深入反思。她表示，"作为一名青年思政课教师，需要引领学生深刻理解抗击新冠肺炎疫情的中国实力、中国制度、中国力量，深入体会习近平总书记话语中的为民情怀、领袖担当。"同教研室年轻美丽的马梦菲老师是原理课慕课维护者，在她看来，慕课教学中，老师备课质量要求更高，和学生互动反而更紧密："转到线上教学之后真的是七天24小时随时可能都有学生问问题，我们都可能会有这种即时性的互动，然后包括对一些社会热点现象。包括对一些社会热点问题的评论分析啊等等，所以我觉得虽然没有面对面，但是接触的时间方式可能更充裕了，然后讨论的问题可能也更广泛，然后更深。"

巧用网络平台，创新教学方式。面对从"面对面"到"屏对屏"的被动转变，学院教师一方面提升自身的网络平台操作水平，不断实现直播、录播、慕课的有机融合，探索出小组线上合作展示的"云交流"模式，提升课程的吸引力和亲和力；另一方面适时更新签到方式、课堂提问方式等，增加课堂的多样性。毛泽东思想和中国特色社会主义理论体系概论教研室的孙炳炎老师积极向"超星"的工作人员学习录制课件的技巧，自行制作PPT并录制语音课件上传，收获了同学们的一致好评。原理课的叶冬娜老师这样总结："……通过线上教学的软件随时采集学生课前—课中—课后的学习行为信息，课前掌握学生需要的教学数据，课中实时动态了解学生学习状态的数据，课后采集学生对课上知识掌握情况的数据。根据采集的数据重新设计课堂教学方案，形成开放动态且灵活的智慧教学模式。"

注重学生反馈，实时精准答疑。面对学生不同方面的疑虑和需求，学院教师逐渐探索出了以班级群聊为主，以学习平台、邮箱等为辅的答疑途径，实时在线解答学生的疑问，并以此及时掌握教学效果并不断修正完善。陈文旭老师作为习近平新时代中国特色社会主义思想概论课程的负责人，他表示，"虽然线上教学跟学生之间隔着屏幕，但是一句'老师辛苦了'的留言就能提升老师与学生的亲近感，同时也是大家一起克服困难来完成教学的动力"。马克思主义基本原理概论教研室的马梦菲表示，"很多南开学子都具有问题意识，善于观察到社会当中的很多问题并积极探索答案，发表很有深度的见解，这使老师们很欣慰"。概论课王元老师的总结简单而又精辟："有的学生主题讨论时，思维和观点经常让人惊喜"。

一场疫情，一次大考，积累经验，稳步前行。以本学期的线上教学为契机，未来南开大学马克思主义学院将继续以全国一流马克思主义学院的定位，持续深入研究线上教学的内容设计和功能发挥，不断创新教学新方式，推动传统教学方式与现代信息技术在思政课教学上的更大发展。

后 记

　　我们党历来高度重视思想政治理论课（以下简称"思政课"）建设工作，在革命、建设、改革的各个历史时期，对思政课建设都做出过重要部署。党的十八大以来，党中央先后召开全国高校思想政治工作会议、全国教育大会、学校思想政治理论课教师座谈会等重要会议，习近平总书记从党和国家事业发展全局的高度，对新时代思政课的地位和作用进行了深刻阐述，为推动思政课改革创新指明了前进方向。

　　近年来，以全国重点马院建设为契机，在学校党委领导下，南开大学马克思主义学院切实把习近平总书记系列重要讲话精神转化为加强思政课改革创新的生动实践，从"思政课是落实立德树人根本任务的关键课程"的高度，不断推动习近平新时代中国特色社会主义思想进教材、进课堂、进头脑。2020年伊始，学院思政课教师针对线上教学、课程设计、学科建设、理论阐释等进行了深入探讨，先后在人民网公开课、红旗文稿、南开马院微信公众号等媒体发表数十篇文章，取得良好反响。为了进一步落实习近平总书记有关思政课建设的重要讲话精神，深入推进新时代思政课改革创新，总结学院在思政课建设方面的经验，现将这些教研成果萃集成册，方便思政课教师同行批评借鉴。

　　本书的顺利付梓，有赖于学院党委的大力支持，感谢文稿作者的大力配合。感谢人民日报出版社的责任编辑袁兆英和刘晴晴两位老师为本书付出的辛劳。统稿过程中，院办苏靖雯老师，研究生姚金桃、钟胜男、聂晓敏、李政仪等同学功不可没。当然，本书最后能够顺利面世，还应感谢人民网的潘娜、汤华鑫两位老师协调，在此一并致谢。

编者

2020年11月